U0939840

上外法硕论丛

比较法的视界

张海斌　主　编
王伟臣　副主编

本书获中央高校基本科研业务费资助
上海外国语大学 2017 年度校级重大科研项目
“区域国别法治动态跟踪与研究”的阶段成果之一

目录

比较公法

比较私法

比较司法

比较法律教育

域外法规

附 录

比 较 公 法

论经营许可制度与宪法赋予的自由权

［美］阿曼达·莎娜（Amanda Shanor）*

何传久** 译

近年来，主张以宪法为依据，废除经营许可制度的呼声越来越高。近日，美国哥伦比亚特区巡回上诉法院裁定，行政区要求导游取得经营许可证的规定违反了美国宪法第一修正案。[1] 与之类似地，第六巡回法院裁定认为，要求丧葬承办人取得经营许可证的规定违反了第十四修正案[2]的正当程序和平等保护原则。上述事实标志着法院和美国法律文化对待经济自由的态度发生了根本性变化。

宪法对经营许可制度的干预引起了争议。本文将在历史背景之下对这些争议进行探讨。这样做的原因是，笔者发现，宪法对经营许可制度反复无常的干预，仅仅是宪法干预立法规制的一个方面而已：宪法正在不断地被援引为干预某些经济立法规制的王牌。本文观点是，那些要求对经营许可制度进行严格司法审查的中心论点是站不住脚的，其落脚点不合逻辑。按他们的说法，个人权利高于任何形式的、为了维护自由市场秩序而存在的的行政管理规制。

如今，上述案例又在社会上引起了广泛、深刻而紧迫的争议：个人权利和

---

* 阿曼达·莎娜（Amanda Shanor），耶鲁大学法学院博士。本文原刊载于《耶鲁法学评论》2016年第314期，第126页。

** 何传久，上海外国语大学2015级法律硕士研究生。

［1］ Edwards v. District of Columbia, 755 F. 3d 996(D. C. Cir. 2014).

［2］ Craigmiles v. Giles, 312 F. 3d 220(6th Cir. 2002).

宪法司法审查的目的是什么？范围是什么？这些争议的背后是对宪法所赋予的自由权的不同观点之间的较量。有一种观点，或许是目前比较占优势的一种观点，反映出了自由市场的自由主义价值观；其他观点则将第一修正案和第十四修正案视为民主自治、反压迫和共和制等理想信念的象征。要解决经营许可制度违宪与否的这个争议，我们就要解决更深层次的问题。

一、简要回顾

近代以来，包括经营许可在内的大部分社会经济活动，都不受到宪法的干预。[1] 大量经济社会活动是非宪法化的，比如，经营许可制度——要求医生、律师、烛台制造商，在从业前要获得营业资格证（更不必说导游和证券公司了）。如果你对州的经营许可制度感到不满并寻求律师帮助，律师极有可能会建议你遵守该制度，或者组织政治团体以提出诉求，要求对该制度作出调整。试想，如经营许可制度是由宪法规定的，那么，你绝不可能想到要去挑战它。[2]

你的律师之所以没有建议你诉诸宪法，是因为自 20 世纪 30 年代起，宪法明文规定，只能对经济规制进行合理的司法审查，这基本上是最为宽松的司法审查了。这一广为接受的原则主要源于罗斯福新政。

在罗斯福新政前的数十年里，宪法作为干预经济活动规制的手段，起着更为明显的作用，这一时期被称为“洛克纳时期”（Lochner era）。它始于“镀金时代”的结束，贯穿了大半个“大萧条”时期。“洛克纳时期”已经成为运用司法极权、废除经济规制的象征。洛克纳主义成为罗斯福新政派的阻碍，因

---

〔1〕 *Cf* Slaughter-House Cases, 83 U. S. 36 (1872); Bradwell v. Illinois, 83 U. S. 130 (1872).

〔2〕 主要出于社会和文化因素，当熟知社会的律师和法官遇到大量会牵涉宪法的案子时，他们会对案子中可能牵涉宪法的部分视而不见。参见 Frederick Schauer, “The Boundaries of the First Amendment: A Preliminary Exploration of Constitutional Salience”, 117 *Harv. L. Rev.* 1765 (2004); Frederick Schauer, “Out of Range: On Patently Uncovered Speech”, 128 *Harv. L. Rev.* F. 346 (2015); Frederick Schauer, “The Politics of First Amendment Coverage”, 56 *Wm. & Mary L. Rev.* 1613 (2015); Amanda Shanor, “The New Lochner”, 133 *Wisc. L. Rev.* (2016)。目前，经营许可证（相关案例）也基本仍旧如此。

为新政派致力于扩大政府对经济事务的干预以解决大萧条危机。[1] 20世纪30年代末，法院否定了洛克纳主义，由此抛弃了其先前对于经济自由的阐释，呼吁各州成为更加主动的管理者。[2] 自此，"经济规制只接受合理的司法审查"这一原则，尽管仍旧受到挑战，但被社会逐渐接受。[3]

然而，近20年来，有证据可以证明，该原则已经开始动摇了。宪法第一修正案和第十四修正案对经济规制的挑战陡然增多，并最终成功废除了很多经济规制。基于第一修正案，在全国各州，援引言论自由条款作为护盾（对经济规制发起挑战）的案例越来越多。而这些普通的经济规制，在上一代人看来，只需接受宽松的司法审查，而无须接受司法审查的。[4] 比如，在最近的

---

〔1〕 *See* Lochner v. New York, 198 U. S. 45 (1905)（裁决规定，面包工人最长工作时间的法律违宪）; *see also*, e. g. , Adkins v. Children's Hosp. , 261 U. S. 525 (1923)（废除了关于妇女最低薪水标准的规定）; Adair v. United States, 208 U. S. 161 (1908)（废除联邦法典中的一条法规，该铁路公司拒绝雇佣加入劳工组织的工人，该法规对这项做法予以禁止）. 然而，在早期的决定中，最高法院对医师资格许可采取了相对灵活的方法，裁定其由警方予以恰当管理。比如，在 Dent v. West Virginia, 129 U. S. 114 (1889) 中，西弗吉尼亚州的一项法律受到了挑战。该法律要求医生需取得该州卫生协会的许可证，以证明其拥有行医资质，法院驳回了起诉西弗吉尼亚州的诉求。此外，在 Hawker v. New York, 170 U. S. 189 (1898) 中，法院再次肯定了该项法律，该项法律明确规定，医生行业归属警方的合理管辖。

〔2〕 W. Coast Hotel Co. v. Parrish, 300 U. S. 379 (1937).

〔3〕 这项原则经受住了实践的考验，也在理论上证明享受社会福利的权利在美国宪法中的地位。参见 Lindsey v. Normet, 405 U. S. 56 (1972); Dandridge v. Williams, 397 U. S. 471 (1971); Peter B. Edelman, "The Next Century of Our Constitution: Rethinking Our Duty to the Poor", 39 *Hastings L. J.* 1 (1987); Frank I. Michelman, "In Pursuit of Constitutional Welfare Rights: One View of Rawls' Theory of Justice", 121 *U. Pa. L. Rev.* 962 (1973); Frank I. Michelman, "The Supreme Court, 1968 Term—Foreword: On Protecting the Poor Through the Fourteenth Amendment", 83 *Harv. L. Rev.* 7 (1969); William E. Forbath, "Constitutional Welfare Rights: A History, Critique, and Reconstruction", 69 *Fordham L. Rev.* 1821 (2001); Goodwin Liu, "Rethinking Constitutional Welfare Rights", 61 *Stan. L. Rev.* 203 (2008)。

〔4〕 在否认洛克纳主义初期，最高法院主张商业言论不受司法审查。Valentine v. Chrestensen, 316 U. S. 52 (1942). 直到20世纪70年代，法院才开始将商业言论归于宪法保护的范围，决定仅仅对其进行宽松的司法审查。参见 *Va.* State Bd. of *Pharmacy* v. *Va.* Citizens Consumer Council, Inc. , 425 U. S. 748 (1976); *see also* Cent. Hudson Gas &Elec. Corp. v. Pub. Serv. Comm'n, 447 U. S. 557, 563 (1980)（宪法"对商业言论所实施的宽松保护"是与宪法给予其保障的其他言论的保护一样的）。正如我和其他一些人所说，最早从20世纪70年代起《第一修正案》就被作为恢复经济自由的手段了。*See* C. Edwin Baker, "Commercial Speech: A Problem in the Theory of Freedom", 62 *Iowa L. Rev.* 1, 4 11. 22 (1976); Shanor, *The New* Lochner, *supra* note 4. *Cf* Sam Lebovic, "Free Speech and Unfree News: The Paradox of Press Freedom in America (2016)"（探究早期自由论者在追求新闻自由方面的阻碍）; Jeremy K. Kessler, "The Early Years of First Amendment Loch-nerism", 116 *Colum. L. Rev.* (forthcoming 2016) 一文认为第一修正案洛克纳主义发源于20世纪30年代至40年代。

一次开庭中，最高法院下达调审令，调查 Expressions Hair Design V. Schneiderman 一案。该案中，第一修正案对信用卡收取刷卡费的规定作出违宪性推定。[1] 类似地，在西雅图，快餐店（经营者）以第一修正案为依据，向提高最低工资标准的规制发起挑战。[2] 此外，（规定商品包装上须附有）警示标识和必要信息公开——例如，标示营养成分、香烟盒上的警示语或公开商品原产地及原料采购信息——的规制被冠以侵犯言论自由权而被起诉。[3] 目前，以言论自由为由，挑战经济规制的诉讼如洪水一般，上述例子不过沧海一粟。

与此同时，以第十四修正案的经济自由权为由，对经济规制发起挑战的案例也越来越多。[4] 有人提出，要恢复严格的、以实质性正当程序为基础的司法审查。虽然该要求未被普遍接受，[5] 但越来越多的保守的法律界人士，

---

〔1〕 该法规引起关注之处在于，要求在商品价格签上标示出其中所含有的刷卡费，这样消费者就可以选择付现金以得到折扣，而不必支付额外的刷卡费。参见 Expressions Hair Design v. Schneiderman, 808 F. 3d 118 (2d Cir. 2015), *cert, granted*, No. 15 - 1391, 2016 WL 2855230 (Sept. 29, 2016) (mem.)。

〔2〕 Int'l Franchise Ass'n, Inc. v. City of Seattle, 803 F. 3d 389 (9th Cir. 2015).

〔3〕 *See e. g.*, Am. Meat Inst. v. U. S. Dep't Agric., 760 F. 3d 18 (D. C. Cir. 2014) (en banc); R. J. Reynolds Tobacco Co. v. FDA, 696 F. 3d 1205 (D. C. Cir. 2012), *overruled in part by* Am. Meat Inst., 760 F. 3d 18; N. Y. State Rest. Ass'n v. N. Y. C. Bd. of Health, 556 F. 3d 114 (2d Cir. 2009).

〔4〕 近期，大部分以《第十四修正案》经济自由权为依据的诉求都涉及经营许可制度。参见 *e. g.*, Young v. Rickets, 825 F. 3d 487 (8th Cir. 2016)（第一修正案和第十四修正案对州的发地产许可法进行审查）；Hettinga v. United States, 677 F. 3d 471 (D. C. Cir. 2012)（根据平等保护和正当程序原则，对奶制品管理规制进行审查）；Craigmiles v. Giles, 312 F. 3d 220 (6th Cir. 2002)（依据实质性正当程序及平等保护原则，对丧葬承办人经营许可法进行审查）；Complaint for Declaratory and Injunctive Relief, Vogt v. Ferrell, 2:16 - 0^ - 04492 (S. D. W. Va. May 19, 2016)（《第十四修正案》和《商业条例》对移动服务行业许可的审查）；Cornwell v. Hamilton, 80 F. Supp. 2d 1101 (S. D. Cal. 1999)（依据实质性正当程序以及平等保护原则，对美容机构经营许可制度的审查）。

〔5〕 现在，主张恢复洛克纳主义的人仍在少数。最近，包括罗伯斯大法官和斯卡利亚大法官等在内的法学家还将洛克纳主义视为批评的对象。参见 *e. g.*, Obergefell v. Hodges, 135 S. Ct. 2584, 2618 (2015) (Roberts, C. J., dissenting); Stop the Beach Renourishment, Inc. v. Fla. Dep't of Envtl. Prot., 560 U. S. 702, 721 (2010) (Scalia, J., concurring); Lawrence v. Texas, 539 U. S. 558 (2003) (Scalia, J., dissenting)。

不再认为洛克纳主义是反权威的。〔1〕

近期,以第一修正案和第十四修正案为由对经营许可制度发起的挑战,只不过是当下大趋势的一个侧面。它们以维护言论自由自我标榜,实际上却是为了扩大第一修正案对经济活动的干预所做的努力。以第十四修正案为由时,则是在已设好的"宪法陷阱"下,以恢复经济实质性正当程序原则和洛克纳主义式的原则为目的。无论是以第一修正案还是第十四修正案为依据,上述案例都反映出洛克纳主义拥护者们以经济自由权为由,呼吁实现更严格的司法审查。〔2〕

近期,围绕经营许可制度的相关案子已引起巨大分歧,甚至导致法院之间的意见分裂。以第五巡回法院与哥伦比亚特区巡回法院为例,两院就要求导游取得经营许可证的规定,是否违反了第一修正案产生了分歧。〔3〕 例如,在其他行业的经营许可制度方面,在同一个州,仅对某一行业或集团施以惠利的做法,是否构成了实质性正当程序原则所要求的合理基础,法院在这一

〔1〕 *See* Roger Pilon, "The Cato Institutes Center for Constitutional Studies", in Lee Edwards ed, *Bringing Justice To The People: The Story Of The Freedom-Based Public Interest Law Movement*, 2004, pp. 134, 135; Bernard H. SieGan, Economic Liberties And The Constitution 113 – 14, 203 (1980).

〔2〕 正如维多利亚·诺斯恰当的描述,与洛克纳时期更为宽松的司法审查相比,宪法对个人权利(如言论自由)的审查已经变得更加严格。参见 Victoria F. Nourse, "A Tale of Two Lochners: The Untold History of Substantive Due Process and the Idea of Fundamental Rights", 97 *Calif. L. Rev.* 751 (2009)。这意味着:如果目前对经济自由的诉求已经变得与对人权的诉求一样重要,比如依据第一修正案,那么它们就会将自己的诉求置于更高的层次,甚至比洛克纳时期还要高。

〔3〕 *Compare* Edwards v. District of Columbia, 755 F. 3d 996 (D. C. Cir. 2014) (主张导游经营许可制度是违宪的), *with* Kagan v. New Orleans, 753 F. 3d 560 (5th Cir. 2014), *cert, denied*, 135 S. Ct. 1403 (2015) (主张经营许可制度是合宪的), *and* Billups v. Charleston, —F. Supp. 3d—, 2016 WL 3569534 (July 1, 2016). *See also* Noah Feldman, "Free Speech Protects Tour Guides (Even the Ignorant Ones)", *Bloomberg View* (July 12, 2016), http:// www. bl00mberg. c0m/view/articles/2016 – 07 – 12/free-speech-pr0tects-t0ur-guides-even-the-ignorant-ones. *Cf* Liberty Coins, LLC v. Goodman, 748 F. 3d 682 (6th Cir. 2014), *cert, denied sub nom.* Liberty Coins, LLC v. Porter, 135 S. Ct. 950 (2015) (主张稀有金属的营业许可制度属于经济活动的范畴,与言论自由无关).

问题上也产生了分歧。[1] 过去，经营许可制度在大多数情况下是非宪法性的问题，但现在正被推向成为宪法性问题。[2]

我们应如何看待最近出现的经营许可制度的宪法性转向呢？[3]许多评论家和学者评价这一趋势为“洛克纳式的”，含蓄又准确地指出该现象是消极的。[4] 大卫·伯恩斯坦、克拉克·尼勒及许多其他评论家也认为，仅仅对洛克纳主义进行批判不足以告诉我们这一问题——严格的司法审查是好的吗——的标准答案。[5] 同样，我们也不能仅以史实——法院早期拒绝就经济活动进行司法审查——来作出合理判断。[6] 我们必须思考，严格的司法审查在今天有没有存在的理由？如果有，原因是什么？[7]

宪法对经营许可制度的干预存在许多严重的问题：政府能否依据宪法，禁止没有政治权利的个体从事任何有报酬的工作？对于这个问题的答案基本上是否定的。另外，政府又能否阻止这类个体从事其“已决定要做”的工

---

〔1〕 *Compare* Sensational Smiles, LLC v. Mullen, 793 F. 3d 281(2d Cir. 2016), *cert, denied*, 136 S. Ct. 1160(2016), *and* Powers v. Harris, 379 F. 3d 1208(10th Cir. 2004), *with* St. Joseph Abbey v. Castille, 712 F. 3d 215(5th Cir. 2013), Merrifield v. Lockyer, 547 F. 3d 978(9th Cir. 2008), *and* Craigmiles v. Giles, 312 F. 3d 220(6th Cir. 2002). *Cf.* Cass R. Sunstein, “Naked Preferences and the Constitution”, 84 *Colum. L. Rev.* 1689(1984).

〔2〕 正如弗雷德里克·绍尔所言，这在宪法上正开始变得显著。参见 Schauer, *The Boundaries of the First Amendment, supra note* 4。

〔3〕 基于最高法院和州法院所面临的案子所表现出的趋势，我认为这些新的转变是经过深思熟虑的。斯卡利亚(Scalia)大法官去世后，法院就进行了改组，这必定会影响对这些问题的法律意义。参见 *Cf.* Adam Liptak, “Supreme Court Nominee Could Reshape American Life”, *N. Y. Times*(Feb. 18, 2016), http://www.nytimes.com/2016/02/19/us/politics/scalias-death-offers-best-chance-in-a-generation-to-reshape-supreme-court.html.(对 Scalia 大法官的去世可能对法律带来的影响作出推测)。

〔4〕 *See e. g.*, Sorrell *v.* IMS Health Inc., 131 S. Ct. 2653, 2685(2011)(Breyer, J., dissenting).

〔5〕 *See e. g.*, David E. Bernstein, “The Due Process Right to Pursue a Lawful Occupation: A Brighter Future Ahead?”, 126 *Yale L. J.* F. 287(2016), http://www.yalelawjournal.com/forum/the-due-process-right-to-puruse-a-lawful-occupation; Clark Neily, “Beating Rubber-Stamps into Gavels: A Fresh Look atOccupationalFreedom”, 126*YaleL. J.* F.(2016), http://www.yalelawjournal.org/forum/beating-rubber-stamps-into-gavels.

〔6〕 *Cf.* Jeremy K. Kessler, “The Struggle for Administrative Legitimacy”, 129 *Harv. L. Rev.* 718, 772(2016); Suzanna Sherry, “Property is the New Privacy: The Coming Constitutional Revolution”, 128 *Harv. L. Rev.* 1452(2015).

〔7〕 *See* Amanda Shanor, The Expanding Constitution and the Erosion of the New Deal Settlement (Oct. 8, 2016)(unpublished manuscript)(on file with author).

作？如果能的话，有何依据？这些问题更为严峻。

本文不对经营许可制度可能存在的任何局限性进行探究，也不分析其局限性存在的背景，尽管这可能是《宪法》所要求的。本文将以（严格司法审查）支持者们反对经营许可制度的核心论点为焦点。其中，当前主要的论点——也是被法院接受了的——本身就会引起许多问题。从宪法方面挑战经营许可制度本身存在许多严重问题，要解决这些问题需要用大处着眼、小处着手的方法。

二、反对经营许可制度的论点是不堪一击的

在以《宪法》为依据挑战经营许可制度的案例中，主要以《宪法》第一修正案和第十四修正案为依据。在这一部分，我将对司法审查支持者们所持有的中心论点进行探讨，逐一揭开其中的“宪法陷阱”。〔1〕

（一）言论自由

以第一修正案为依据，支持者们主张个人权利经营许可制度的规约，其重点强调的是商业活动中的“言论自由”。他们中的核心人物声称，某些“交流的职业”（比如导游或室内设计师）尤其应接受以第一修正案为依据展开严格的司法审查。〔2〕他们立足点在于：其一，“言论”都是平等的；其二，任何“言论”都应适用于同样严格的司法审查。

“交流的职业”包括什么？我们暂且抛开这个无法定性的问题。上述观

---

〔1〕我对这个案子主要关注在公众争论的焦点和诉讼策略。许多著名的思想家包括：Judge Alex Kozinski，Richard Epstein，Randy Barnett，George Will，and David Bernstein 开始回归支持对洛克纳类型经济限制的审查。参见 *e. g.*，Barnett，*supra* note 14；Epstein，*supra* note 14；Randy E. Barnett，“Does the Constitution Protect Economic Liberty?”，35 *Harv. J. L.* & Pub. Pol'y 5（2012）；Randy E. Barnett，“Foreword：Why Popular Sovereignty Requires the Due Process of Law to Challenge‘Irrational or Arbitrary’Statutes”，*Geo. J. L. & Pub. Pol'y*（forthcoming，2016）；David B. Bernstein，“The Mainstreaming of Libertarian Constitutionalism”，77 *L. & Contemp. Probs.* 43（2014）；Alex Kozinski & Stuart Banner，“The Anti-History and Pre-History of Commercial Speech”，71 *Tex. L. Rev.* 747（1993）。他们的论辩比我的更丰富、更微妙。

〔2〕*See e. g.*，Brief of Plaintiffs-Appellants at 26－27，Edwards v. District of Columbia，755 F. 3d 996（D. C. Cir. Sept. 16，2013）（No. 13－7063）；Paul Sherman，“Occupational Speech and the First Amendment”，128 *Harv. L. Rev.* F. 183，195－96（2015）.

点本身就存在一个严重的原则性问题。如果某职业的“交流”特性足以引发对于这个职业严格的司法审查,那么像玩忽职守和欺诈这样的失职行为就更应接受严格的司法审查了。然而依据惯例,二者都不曾接受过任何第一修正案的司法审查。此外,那些坚持要对“交流的职业”的经营许可制度进行严格司法审查的人,也没有对该做法的合理性做出有力论证。〔1〕

举例来说,假如我是你的医生,我建议你做腿部截肢手术,然而依据专业标准,我们不应当这么做。随后,你起诉我玩忽职守,而你的起诉实际是针我的“言论”,这种“言论”与导游用以维生的“言论”别无二致。但是,你可能会说,这个例子中玩忽职守会带来实际的伤害——你是要砍掉我的腿啊！当然,你是对的。但是,从理论分析来看,这种伤害与“言论”之间的关系,与其他“伤害”,比如,对健康和安全的伤害,与“言论”之间的关系并无不同。而避免这些伤害的出现,恰恰是经营许可制度存在的初衷。欺诈或玩忽职守可能带来的危害与“交流类职业”的“言论自由”也有密切联系。〔2〕

据笔者以及其他研究者所调查,“言论”从未成为司法审查的对象,更不必说是接受严格的司法审查了。大多数社会活动,包括以专门从事语言表达的活动,都在第一修正案影响范围之外(如果理论分析不是如此,那么,至少现实中是这样的)。这基本上囊括了各种社会活动:从义务性的纳税申报、合同法到联邦法院的罪证发现规则(完全是白纸黑字的言论);从对作伪证的惩治到关于欺诈罪和共谋罪的条例;对受托人责任的明确规定;关于证券、反垄断以及商标法的规定;1964 年美国《民权法案》第 7 条中对职场性骚扰的规定。

可见,“言论”无处不在。那岂不是说,援引第一修正案,就可以推定所有法规都是无效的。〔3〕 我并非夸大其词,但若将一切话语冠以“言论”之名,

〔1〕 *See e. g.* , Sherman, *supra* note 25. *See generally* Claudia E. Haupt, “Professional Speech”, 125 *Yale L. J.* 1238(2016).

〔2〕 *See* Robert Post & Amanda Shanor, “Adam Smith's First Amendment”, 128 *Harv. L. Rev.* 165, 178(2015).

〔3〕 *See e. g.* , Mark Tushnet, “Art and the First Amendment”, 35 *Colum. J. L. & Arts* 169(2012).

且相关职业都需要接受严格的司法审查，将给政府带来不可能完成的任务。[1] 具体而言，这将导致两种情况：一现代化行政国家的彻底重组——包括大幅削减个别机构的职能，如证券交易委员会、联邦贸易委员会和消费者金融权益保护局；二对司法审查的极度轻视。这一结论是符合逻辑的。然而，以第一修正案的保护主义为由，对经营许可制度进行挑战的那些人，并没有在他们的论点中解决上述问题。

(二)实质性正当程序

当前，在对经营许可制度提起诉讼的案例中，诉讼当事人通过找到经济规制中的边界性——这可以被理解为不合理，来强化经济实体性正当原则的重要性。[2] 这样做的目的是彻底废除“合理依据标准”，以支持更为严格的司法审查。[3]

他们的核心论点在于，经营许可制度可能意味着对一州内某一行业或集团的偏袒(如在牙医和牙齿美白行业中偏袒前者)。他们认为，对不同行业的区别性对待应该接受更彻底的司法审查。至少，他们声称，偏袒主义应该引起“强力的合理依据”的审查，就像是在 City of Cleburne v. Cleburne Living Center 案和 Romer v. Evans 案中那样。在这些案子中，规制建立的基础是对某一个群体的敌意。[4]

根据上述观点，严格司法审查的支持者们认为，对不同群体进行区分这一行为必定要接受严格的司法审查。然而，这一论点在多个方面都是有问题的。

其一，如果就按照他们对“偏袒主义”的定义——一种非法的立法基础，那么，基本上所有法律都难以避嫌。联邦法院在 Fitzgerald v. Racing

---

〔1〕 *See Post & Shanor*, *supra note* 27; *Shanor*, *The New Lochner*, *supra note* 4.

〔2〕 *See* sources cited *supra* note 17.

〔3〕 *See e. g.*, Barnett, *supra* note 14; Evan Bernick, “Towards a Consistent Economic Liberty Jurisprudence”, 23 *Geo. Mason L. Rev.* 479 (2016); Clark Neily & Evan Bernick, “Putting The Rational Basis Test to the Test”, *Inst, for Justice* (2016), http://ij. org/ll/april-2016-volume-25-issue-2/putting-rational-basis-test-test [http://perma. cc/Y2RN-H3FB].

〔4〕 Powers v. Harris, 379 F. 3d 1208, 1223 – 25 (10th Cir. 2004).

Association of Central Iowa 案中曾面临这个问题。该案的原告以平等保护原则起诉爱荷华州的一项法律,认为该法律在对游船投币机和赛道投币机征税方面偏袒了前者。法院基于合理依据标准,驳回了原告的诉讼请求,指出"毕竟,如果任何的法律下有利于赛道的子法条,只能完全偏袒赛道方,那么赛道方可能就不会纳税了,因为只要还存在更低的税率,就是对赛道方的损害。"[1]法院的意见是正确的,即一定程度上进行群体区分。也就是说,给予个别群体、个别行为或活动好处,对立法工作来说是必要的。[2]

其二,司法审查的支持者们提出,既然其他形式的个人权利,如政治自由基本上都要接受严格的司法审查,那么,对经济自由的规定应该与对这些权利的规定是类似的。他们指出,所有形式的"权利"都是平等的,因此,都应该接受严格的司法审查。比如,来自司法研究所的伊万·伯尼克(Evan Bernick)认为"法院必须坚持:除非具备正当合理的理由,否则政府决不能限制个人通过和平手段行使自己的自由权。"[3]就此观点,对于法院应该承认,并进行严格司法审查的退出的"权利"范围没有明确的规定。

要举例证明上述观点的局限性,进而证明上述观点会导致严重问题并非难事。既然我有怀有种族歧视的自由,那么根据《宪法》我是否有权拒绝雇佣你?如果你因为我家门口的一摊水滑倒了起诉我,而我有在家门口撒一摊水的自由,那么我是否拥有拒绝被起诉的权利?既然我有言论自由权,我有(或者,撒谎)任何我想说的自由,那么我是否有权拒绝被以诈骗罪起诉?很明显,这样的问题完全可以无限次重复。其核心在于,如果个人自由被当作用于阻碍立法和规制的王牌,绝不能是毫无限制的自由,否则我们就不可能

---

〔1〕 Fitzgerald v. Racing Assn of Cent. Iowa, 539 U. S. 103, 108 (2003); *see also* Ferguson v. Skrupa, 372 U. S. 726, 730 – 31 (1963).

〔2〕 *See e. g.*, Sensational Smiles, LLC v. Mullen, 793 E3d 281 (2d Cir. 2016); *Powers*, 379 E3d 1208.

〔3〕 Evan Bernick, "Griswold at 50: An (Incomplete) Constitutional Revolution and Is Meaning Today", *Huffington Post* (June 9, 2016). http://www.hufhngtonpost.com/evan-bernick/griswold-at-50-an-incompl_b_7544458.html.

生存在有序的环境中,更别提什么社会了。[1]

所有的权利(按照第一修正案的说法,所有的"言论")必须被平等对待,这一观点会牵涉一个更深刻的问题:该观点既对"权利"的组成和范围,也对严格的司法审查的目的做出了假定。然而,他们没有明确阐释"权利"应该接受严格的司法审查的原因,即第一修正案和第十四修正案学说体系的目的是什么;他们也没有明确阐释,什么活动是可以接受严格司法审查的"权利"范围内的。基于此推测,司法审查的支持者们基本上不会接受享受社会福利的权利,因为"利益"需要接受严格的司法审查,共和党人可能会这么认为。对经营许可制度持反对意见的人似乎认为,无论是依据第一修正案还是第十四修正案,他们的目的是维护市场秩序不受政府管理的干扰。通过这种做法,他们反映出了一种对自由权的幻想,这种自由权是由个体市场选择的,完全摆脱了政府的。然而,他们的观点既不是对第一修正案和第十四修正案目的和自由观的唯一理解,也不是必要的理解。此外,他们也从没能明确、有效地证明自己是对的。

通过上述探讨和案例,本文希望能够帮助读者理解当今社会上与宪法有关的深刻现象。更为严格的宪法审查的范围正在不断扩大,并扩展到经济活动领域内。这些变化引起我们对宪法体系的深刻思考,敦促我们思考哪些活动应该归政府管(只需接受宽松的司法审查或不受司法审查),哪些活动应该归法院管(需要接受更为严格的司法审查),让我们深入思考本质上互相矛盾的两个观点:自由权及其与司法审查的关系,其中包括,自由权是不是仅仅指不受制度约束的自由,还是包括了自治自由。然而,至今那些支持对经营许可制度实施更为严格的司法审查的主要论点,还没有开始着手解决这些

---

〔1〕 一些著名的自由主义学者和倡导者,包括那些主张对经营许可制度进行严格的宪法审查的人;都认识到经济权利高于政府监管的原则必须有所限制。参见 *e. g.* , Barnett, *supra* note 14, at 262 - 63(主张政府应保留规制财产、合同以及刑法的权力);Gary Johnson, "A Message from Gov. Gary Johnson for Libertarian Delegates", Facebooic(May 22, 2016). *See e. g.* , Amicus Curiae Brief for The Chamber of Commerce of the United States of America in Support of Plaintiff-Appellee and Affirmance of the Decision Below, R. J. Reynolds Tobacco Co. v. FDA, 696 F. 3d 1205(D. C. Cir. 2012)(No. 11 - 5332)。

问题,遑论得出答案了。

经营许可制度是否能够促进健康和安全,或是否能够促进保护主义?这是政坛所面临的重要问题。但立法原则或“言论”并不足以成为使它们接受严格司法审查的原因。我们必须要对宪法在什么情况下方可被援引作为反对经济规制的挡板作出明确的规定,否则,我们的世界就会彻底背离民主管理的理想。

尽管我们对于不同宪法条款下,经营许可制度的地位抱有或同意或反对的观点,但是通过本文所提及的案例,我们重新思考:在今天,宪法所规定的自由的目的和范围是什么?第一修正案和第十四修正案的目的是市场自由吗?还是民主自治?或是其他的目的?要回答这些问题,仅仅通过经营许可制度这一个狭隘的方面是不够的,仅仅关注立法原则或言论自由也是不够的。我们必须以当代法律界和法学界发生的重大变化为背景,对围绕宪法自由权而存在的、针锋相对的深入观点展开严肃的思考。

联邦宪法法院宣布《遗产与赠与税法》违宪

[德]汉诺·库伯(Hanno Kube)*

李妮桑　程东健** 译

一、德国遗产继承税法由来

德国遗产继承税法在漫长的历史发展中历经频繁改动,[1]20世纪通常在联邦宪法法院作出某一判决后即作出相应的变革。例如1995年,联邦宪法法院宣布1974年的德国《遗产与赠与税法》(*Erbschaft-und Schenkungsteuergesetz*-ErbStG)与德国宪法(*Grundgesetz* or"Basic Law")第3条第1款的平等保障条款不符,[2]特别是在不动产及资产评估方面,据此立法委在1996年年底制定了新的继承税制,[3]在这一新体制中引入了具有重要意义且影响深远的商业资产免税政策。随即在2002年,联邦财政法院再次对这部法律的合宪性提出了质疑,并且根据德国《基本法》第1节第100条,向联邦宪法法院递交具体案件以求作出相应裁定,因为只有联邦宪法法院才有权宣布议会制定的法律违宪。[4] 在诉讼结果悬而未决之时,2005年

---

* 汉诺·库伯,海德堡大学教授,金融与税务研究中心主任。本文原刊载于《德国法学日报》2015年10月1日。

** 李妮桑,上海外国语大学2016级法律硕士研究生;程东健,上海外国语大学2016级法律硕士研究生。

〔1〕 See Meincke, *Erbschaft-Und Schenkungsteuergesetz Kommentar Einführung*, 2012, S. 13 ff.

〔2〕 BVerfG 93, 165.

〔3〕 BGBL. I 1996, 2049 [2055].

〔4〕 BFH 2002, 598.

新选任的政府有意重新制定这部法案以进一步简化公司的承继。考虑到联邦宪法法院即将作出的裁决,立法议程最终被迟延。不久后,就在2006年联邦宪法法院公布了最终裁决并再次宣布现行《遗产与继承税法》违宪,尤其是对企业资产评估、公司股权以及不动产评估规则提出了批判,[1]要求立法机构在2008年年底之前作出相应的变革回应。直至2008年的圣诞节前夕,为了遵循宪法法院的裁决,大量针对《遗产与赠与税法》的修改得以颁布实施。[2] 虽然历经了2009年的政府新组,但后续修改并未中止。[3] 然而,关于遗产税的合宪性仍然是有争议的。联邦宪法法院将会再次面临这一难题,一切只是时间问题。2012年9月当联邦财政法院再次提交新案时,问题出现了。[4] 正是在这种情况下,联邦宪法法院关于此案的判决才得以被提出,并在此予以讨论。

二、2014年12月联邦宪法法院决议——案件事实及法院立场观点

案件的事实相当简单。初审诉讼中的原告是遗嘱中的共同继承人,而立遗嘱人正是他的亲叔叔,这份遗产包括各个银行账户的存款以及一份退税申请。税务机关最终确定,遗产税额在第二税收等级以内合计达30%。原告并没有对第二税收等级的适用提出质疑,但却辩称在个人税收领域同等适用第二、第三税收等级的规定是违宪的。然而,他的这一反对意见却被税务机关和财政法院一审驳回。在上诉过程中,联邦财政法院还认为,第二类和第三类税收方面的平等对待是合宪的,但根据德国《遗产与赠与税法》第一部分第19条结合第13a条和第13b条,却会使商业资产所享有特权的合宪性产生争议。因此,联邦财政法院最终根据德国《基本法》第1节第100条,向联邦宪法法院提交了这一合宪性问题。

---

〔1〕 BVerfG,117 [1].

〔2〕 BGBL. I 2008,3018.

〔3〕 See Meincke, *Die Einführung einer Zusammenfassung*,2009,S. 18 ff.

〔4〕 BFH 2012,899.

在2014年12月17日发布的这份期待已久的判决书中，联邦宪法法院第一参议院宣布《遗产与继承税法》第13a条、第13b条和第一部分第19条违宪。[1] 立法机关可以向中小企业授予税收优惠待遇，以确保其继续存续并保持就业机会。然而，联邦宪法法院却认为，对超过中小型规模的企业给予商业资产承继的特别优待，而不进行经济效益需求的测试，是不合理的。同样，对于拥有20名以上员工的公司，给予其特殊待遇而不要求这些公司必须维持一定的最低工资总额，抑或是无视资产中超过50%的投资资产比例，但仍然全部减免其在商业资产承继时产生的税额，这些规定都是不恰当的。德国《遗产与赠与税法》的第13a条和第13b条（减免企业资产遗产税的条款）的违宪性也影响了其第19条（关税条款）的适用性，进而影响了整部法案。根据联邦宪法法院的说法，这些条款当前仍将继续适用，但立法机关必须在2016年6月30日之前通过新的规定。无论是这一结果或是其所依据的理由，最终均获得了一致同意，同时，3位主审法官也联合提交了各自的独立意见。

三、宪法视角下的本案

联邦宪法法院的决议实际上非常值得深思，因为它解决了一个意义非凡的重要问题，即从经济利益角度出发可接受的税务特权范围问题，若细细探究则还有许多更深层次的原因。事实上，法院是提出了一系列关于宪法性法律的基本问题。

（一）关于此案上诉的可受理性——平等保障的范围

虽然公众和媒体一开始就着眼于案件的实质问题，但联邦宪法法院对这一请求是否会予以受理，依旧不甚明晰。根据德国《基本法》第1节第100条规定，关于合宪性问题的上诉案件，其前提是初审判决结果所依据法律的合宪性是值得质疑的。德国普通法院没有向宪法法院递交抽象问题案件的权

〔1〕 NJW 2015，303.

限。在这种背景下，德国政府在口头诉讼中先于宪法法院发声，称联邦财政法院呈递的问题不具有可受理性，因为《继承与赠与税法》第13a条和第13b条的合宪性或违宪性，即其中关于商业资产免税的规定并没有对原告的税负产生影响。因此，一些评论家认为，尽管还缺乏一个合适的案件，联邦财政法院仍递交了这一案件，其目的仅仅是打击商业资产的继承税特权制度。

然而，联邦宪法法院却受理了这一案件。法院解释道，通常情况下，如若基于税法典的只是与个人法定义务不相关的部分税务法规违背公平原则而偏袒第三方的利益，纳税人的宪法平等保障权（德国《基本法》第1节第3条）并不会受到影响。然而，如果这种违宪的特权破坏了税收的总体结构以及整体的负担平等，情况就变得不尽相同了。在这种情况下，宪法法院承认，如此一来，给予某些纳税人的特权的违宪性即会导致整个税收制度的违宪。在本案例中，此优惠待遇具有破坏税收整体结构的重要分量——在它与宪法相违背的情况下，非商业资产的税收终不能免受其影响。因此，宪法法院最终认为初审程序的结果确实需取决于《遗产与赠与税法》第13a条和第13b条的合宪性。

在这里，宪法法院以显著的方式扩大了宪法平等保障的范围。在先前的判决中，法院已经明确表示，在一个纳税人依法缴纳税款，而相对的其他纳税人却实际上并没有纳税的案件中，纳税人可以依法提出违背公平原则的诉讼，这是由于适用规则的属性来源于实施规则方面存在的结构性缺陷。[1]因此，税务机关自身对于税法规范适用的不适当性、不公平性，导致了税法规范本身的违宪。即便纳税人被严格依照法律征税，他也可以以在其他案件中实施税法规范的确存在的结构性问题为由来成功反驳针对自己的税费征收。因此，法院现在认为，在新一轮的判决中，保障平等也有助于纳税人认识到给予其他人的大量税收优惠实际上是与宪法相违背的。

这一新论点，当然与税收平等的总体思路相一致。不过，必须引起注意

〔1〕 BverfG 84,239.

的是，在未来出现的案例中纳税人可能会倾向于援引这一主张，以便攻击赋予竞争对手或其他群体的各种特殊免税政策。鉴于此，强调法院的立场显得尤为重要，法院认为，只有具备极大分量与影响度的违宪的免税特权，才能影响到整个税法制度。

如果并不满足这一条件，依法纳税的纳税人便无法针对授予其他部分人所享有的违宪的免税特权提起诉讼。在这种情况下，其他机构有权宣告这些特殊权益违宪（例如根据《基本法》第二章第1节第93条由联邦议会、联邦政府或州政府启动的诉讼）以及启动后续的改革措施。

（二）联邦政府有权颁布《遗产与赠与税法》——“国家利益的必需”？

在本案例中还存在另一个重要的超出实质意义的继承税法问题，即对联邦政府征税权的争议。在目前关于德国财政联邦制改革的政治讨论中，许多人认为州政府应当被授予更多的权限来完成各自的征税。根据传统，各州的预算在很大程度上取决于联邦政府征收的税收。而同时，各州又必须自掏腰包来执行联邦政府颁布的法律。最近，由于新的禁令可能引起的任何结构性债务，导致各州的财政预算进一步被削减（《基本法》第3节第109条），即所谓的“债务刹车”。州政府被赋予的新的征税权力不仅能够为他们争取一定的自主权，同时也能突出税收和支出之间的关联。

值得一提的是，州政府正在商议遗产与赠与税领域的新权力。根据德国《基本法》第2节第106条的规定，这项税款的收入应计入各州的预算。但是，联邦政府依仗《基本法》第2节第72条以及第105条的规定，对这一领域进行了调整。若是出于国家利益的必需，或是出于维持法律体系的一致性，抑或是维持经济利益统一性的考虑，此时，联邦政府即拥有立法权。然而，有质疑提出，在此种意义上，一套综合的联邦遗产税收法规是否真的有必要。部分学者认为，联邦政府完全可以只颁布一些旨在对各州继承税征收进行协调的规定，特别是颁布一些避免对个人财产进行双重征税或双重非征税的规定。[1] 因此，当听闻宪法法院可能会在此案中提及关于联邦政府征税权的问题的消息，着实引发了整个学界的高度关注。

法院裁定，联邦政府有权颁布提交关于重新审议的规定，且认为根据德国《基本法》第2节第72条和第105条的规定，联邦法规对于国家利益的必要性不仅仅是在于对其维持法律体系或者经济利益的统一性的考虑。如若联邦立法机关本来就能够预料到国家法律和经济统一发展的艰难过程，也就足够了。立法机关有权评估联邦法规的施行条件，及其对整个国家利益的必要性。在当前案例中，联邦立法机构鉴于它的这一特权可以假定，没有联邦法规就可能导致法律的分裂，而必然将给立遗嘱人、企业资产的继承人以及税务管理机关带来很严重的不利影响。

法院向民主选举出的立法机关指出其特权，这无疑是明智之举。然而，联邦立法机关针对一项特权出台的法律在其他案件中能否推定适用仍然值得怀疑。在先前的判决中，宪法法院对《基本法》第2节第72条进行了严格的解释，[2] 对此条文的修改使州政府具有更大的立法自由，以便使2006年的改革行之有力。而在本案例中，情况却恰恰相反，法院更强调联邦政府的权威。当然，如果法院一开始便认为整部《遗产与赠与税法》都是违宪的，那将是一个相当无畏且令人惊异的判决，因为联邦立法机关无法在没有权限的情况下正式颁行了这一法案。然而，继承税仍然可能是在考虑联邦政府和州政府之间新形式合作章程方面的一个很好的借鉴，即由联邦政府颁布关于征税标的和税收协调的一般规定，再由各州政府来补充规定税务豁免、税率等具体细节。

(三)优惠待遇的合宪性

1. 比例原则

毫无疑问，本案的核心在于商业资产的税率优惠待遇问题。近几十年

[1] Hey, VVDSTRL, 2007, Vol. 66, S. 277 ff, SS. 311 ff; Korte, Die Konkurrierende Steuergesetzgebung Des Bundes Im Bereich Der Finanzverfassung, 2008, SS. 153 ff.

[2] BverfG 106, 62; BverfG 111, 26.

来,联邦宪法法院根据判例法的原则对于这个问题所持的理论观点已经有了长足的发展。[1] 尽管德国的成文宪法对于限制由自由和平等权利引发的税收问题一直保持缄默,但公正地说,宪法法院以及相关科研团体对于出台专门针对税收的宪法条文做出了充分的贡献。

在税法领域中,自由和平等的宪法保障要求纳税个体在被征税时考虑其自身经济状况,这就给立法机关在征税对象的选择和税率的制定两方面留下了相当大的自由裁量空间。但是,征税对象一经决定(收入、财富、消费等),据此制定的税法就必须与其保持一致(一致性)。

即使公平的税收是以个人支付能力为基础来征税,但也不能阻止立法机关在狭义的财政范围之外,特别是通过免税来扶助特定的纳税对象。立法机关拥有广泛的自由裁量权来评估其认为值得扶助的对象,以及为促成其成就所提供的税收减免,但立法机关仍要受到平等原则的约束。因此,税收优待需要特殊的客观理由,而所需正当理由的分量则取决于税收待遇所引起的不平等程度(比例原则)。

2. 一般减免的比例原则——对大型公司经济需求测试的要求

根据这些原则,联邦宪法法院认为《遗产与赠与税法案》中第 13a 条和第 13b 条所提到的对于商业资产的税费减免政策,要和宪法中的平等保障原则(《基本法》第 1 节第 3 条)相协调。而这部分税费减免法规,将直接导致商业资产以及占极大比例的非商业资产的继承人受到不平等待遇。依照德国《遗产与赠与税法》第 13a 条和第 13b 条,85% 甚至 100% 的商业资产价值、农林业资产价值以及部分公司份额,仅需满足些许法律条件就可以保持税费的减免。此外,与《遗产与赠与税法案》第 19a 条配套使用的还有一套降低税收等级的通用实施方案。由此看来,有无受到税收优惠待遇的资产之间的差别

---

〔1〕 P. Kirchhof, Besteuerung Im Verfassungsstaat, 2000; Birk, Steuerrecht Und Verfassungsrecht-Zur Rolle Der Rechtsprechung Bei Der Verfassungskonformen Gestaltung Der Steuerrechtsordnung, 2009; G. Kirchhof, In Herrmann/Heuer/Raupach, Einkommensteuer-Und Körperschaftsteuergesetz Einführung Zum Einkommensteuerrecht-Teil B, 2014; A. Kube, *Financing The State-The Tax-Funded State Versus Multiple And Mixed Financing Strategies*, Berlin, Pünder&Waldhoff, 2014, p. 146.

是巨大的。因此，立法机关倾向于一套严格的比例原则标准。再者，继承人们通常不足以对其继承的财产是否有资格获得税费优惠造成影响，这也同时体现出考察标准的严格。

将比例原则应用到案例中的同时，联邦宪法法院首先确定了适用税费优惠待遇的目的。税费减免法规最主要是为了保护与立遗嘱人或是继承人有特殊人身关系的公司，典型的就是指家族企业。为了避免企业因为税收而导致资金周转不济从而危及其存续以及导致就业机会不理想，所以立法机构根据税法授予这些企业的生产资本以税收优待。联邦宪法法院认为，这些目的并不会造成整体上的合宪性问题。

在下一步针对比例原则的测试中，宪法法院发现《遗产与赠与税法案》中的第13a条和第13b条是合理的，或至少在原则上对于所追求目标的实现是必要的。立法机关在这个领域，有着很大的自由裁量权。以此为背景在对公司转让征税的情况下，完全可以以一种合乎情理的方式确认资金流动问题所带来的重大风险。联邦宪法法院认为，无须用特殊的案例去证明征税是否会提高企业运营的风险。依据需求测试来决定的减免税费不但不平等合理，反而是一种欠缺渗入性的方法，因为这将需要一套相当复杂的程序，尤其是评估方面的问题。而对于债务的宽限，也不会成为一种公平有效却减低约束的方法。

最后，联邦宪法法院发现，即便它会导致税费100%的减免，受税收减免法规影响的不平等待遇在总体上也和充分性原则的要求相一致（狭义上的比例原则）。然而，对于这种不平等造成的重大影响，宪法法院在这一点上所持的观点却有所不同。完全不考虑涉事公司的规模大小而授予其完全无条件的税费豁免，这与《基本法》第1节第3条的规定相冲突。更准确地说，如果对于商业资产的税收优待在没有任何经济需求测试的基础上全部覆盖中小型企业，这显然是不符合比例原则的。换句话说，中小型企业可能无须经过经济需求测试，即可获得税费优惠待遇。而对较大规模的公司而言，情况却恰恰相反，公司在获得遗产税费优惠待遇时则必须提交经济需求的证明。立法机关如果想要坚持目前基本通用的减免规划，就一定要创设出一项有意义的经济需求测试。

3. 税费减免具体要求的合宪性

在这个决议的一般性构成要件上，联邦宪法法院同时对税费减免的一些具体要求的合宪性进行了判断。

(1) 最低参股数

根据德国《遗产与赠与税法案》，获得税费优惠待遇的继承人需要在其公司的最低持股数超过 25%。这项规定的目的，在于排除单纯的金融投资并将税费优惠待遇限制在那些真正参与公司运行的股东范围内。宪法法院对于立法者的这项论证，并没有发现任何违宪的问题。此外，对于合伙企业股权收购的普遍优待也被认为与平等保障原则是一致的。立法机关同样可以推测，在农林业贸易中，持股个人为了免除所持股份的遗产税将会普遍地参与到公司实际业务运行当中。

(2) 合计薪资要求

根据工资总额规定，只有在公司转让后 5 年内所付工资和薪水的总和，不低于公司转让前年平均工资总额的 400% 的情况下，才能保证可以减免税费。这项合计工资的规定，是立法者基于保持工作岗位的目的而设定的。联邦宪法法院认为，对于决定适用合计工资的规定而不是严格承诺保留一定的工作岗位，立法者具有自由裁量权。然而，根据法律，合计工资要求只适用于员工规模超过 20 人的公司。这项资格认定旨在实现行政简化，其目的是在一定程度上为征税不平等做一般辩护。然而，宪法法院却指出，事实上在德国有超过 90% 企业的员工未超过 20 人。因此，未来几乎所有公司都可以在实际上不保留工作岗位的情况下申请税费优惠政策。同时，由于认证最小工资薪水总和而产生的行政负担并没有时常宣称得那么高。因此，联邦宪法法院并不认可 20 人的雇员数量的限制。如果立法机关决定继续目前的减免政策计划，它就不得不考虑采用其他办法来防止因合计薪资要求而给税务机关造成的不合理的行政负担。

(3)投资资产

联邦宪法法院最终在针对投资资产的判决中,设定了50%的限制。根据此项法案,若商业资本中所包含的投资资产达到50%,即可以准予全部税费减免。立法机关的目的在于支持生产性资产同时防止通过纳税计划逃税避税。这个目的毫无疑问是合情合理的。随后,联邦宪法法院认为,这个目的无法证明包含50%以上的商业资产可以完全受益于税费减免政策,同时这项规定很难达到其企图通过纳税规划维持就业岗位的目标。相反,这更有可能鼓励私人投资资产进入商业资产领域。因此,联邦宪法法院仍将如此慷慨的50%的投资资产限制认定为违宪。

(4)一部允许非计划内税收减免的税法的违宪性

另外,联邦宪法法院关注了遗产税法的实行情况,特别是在避税方面。对于这个问题,法院认为,除极个别非典型案例以外,如果一部税法在无法认定是否符合平等原则的其他情况下仍授予计划外的税率减免,那么它就是违宪的。在《遗产与赠与税法案》的背景下,举一个典型的例子:一些员工数量少于20人的公司,通过企业重组成功地规避了合计薪资的要求。同时,对于投资资产50%的限制,也可以有效地通过多层次的公司结构加以规避。

联邦宪法法院通过宣布一部客观上允许逃税的法律存在违宪的可能性,再一次扩大了对平等原则的保障。如果在法律的实施中存在结构性的缺陷,法院可以宣布一部税法违宪;[1]如果其他的税收条款通过违宪的方式授予其他纳税人以纳税特权,那么即便对于纳税人合理适用的纳税条款也可能同时与平等保障原则相抵触,[2]故法院现在认定纳税人逃税行为本身就可以导致法律的违宪。一方面,这项规定在表面上看起来与以往保持一致性,另一方面却似乎相当有革命性,因为纳税人事实上的逃税行为实际上最终是归责于立法者的。笔者认为,法院这次新的论证是值得支持的,因为它确保诚实的纳税人不会因为一部留给那些旨在偷税漏税者漏洞的法律而遭受损失。

---

〔1〕 BverfG 84,239.

〔2〕 See Supra Section 3.1.

然而,确定正确的审查标准在未来的案例中就再次变得尤为重要。联邦宪法法院提供了一些指导性意见,它主张法律只有在大量允许逃税的情况下才会被认为违宪。这就给《一般税法法案》第 42 条留下了很大的适用空间,这条法律作了关于逃税后果的规定,它预设了被规避法规的合宪性和有效性。

(四)从总体上看《遗产与赠与税法案》的违宪性——有效性至2016年年中

对于平等原则的违反存在于法案的第 13a 条、第 13b 条,以及第 19 条第 1 款的关税条例,既包括适用税收减免的资产也包括不减免的资产。这样使《遗产与赠与税法案》在总体上就不再适用了。然而,联邦宪法法院还是宣布此项法案可以继续生效至 2016 年 6 月底,之后立法机关必须重新颁布新的法律。

同时,考虑到纳税计划,联邦宪法法院对于保护合法期望的态度十分明确。法院认为,违宪性条款的持续有效性并不意味着对这些规定的合法期望进行保护,以对抗有溯及力的新条例的生效。换句话说,立法会议员可以在 2016 年年中之前颁布一部新的《遗产与赠与税法案》,且该法案的效力可以追溯至 2014 年年底。这种观点,也与近期其他关于法律溯及力的判决相一致。

(五)不同的观点——社会状况原则

法院的决定是全票通过的。然而,盖尔法官、马辛法官和贝尔法官对于该判决又增加了一个不同的观点。他们提出,《基本法》第 1 节第 20 条所保障的社会状况原则,在未来必须作为一个考虑的因素。正如这些法官写道,只有通过这个原则,相关案件中与正义有关的维度才清晰可见。遗产税的征收不仅仅可以提供财政收入,而且也是调节社会状况的工具,它确保财富不会因为世代的继承而积累在少数人手中,也不会仅因为背景和私人关系而不成比例地增加。这一点确实是如今的一大挑战,正如财富的实际分配发展所表明的那样。对于关于 1993 年资产税的决定,博肯弗德法官持反对观点,他已经指出在德国18%的私人家庭拥有60%的总金融净资产。[1] 到2007年,私人家庭拥有金融资产的比例只占10%。法官认为,虽然立法者对此没有裁量权,但他们仍有义务去弥补这种不平等,否则这种趋势将会永久存在。3位法官总结道,当那些已经在经济市场上占有优势的人获得税费减免时,对于解决不平等征税的公正成本就提高了。因此,对于《基本法》第1节第3条的平等保障原则的解读还需遵循《基本法》第1节第20条所规定的社会状况原则精神。

尽管社会状况原则的概念与平等的观念有联系,但在具体的情况下,宪法意义上的社会状况原则能否对平等保障起到切实有效的补充作用,从表面上看似乎是值得怀疑的。当然,立法者在制定海关税时会考虑到社会状态原则,因为海关税决定了以税收为基础的财富再分配(单一税、累进税、累进税率)的规模。然而必须要谨记的是,税法总会不断地蚕食公民个人的权利。因此,税额的计算,特别是评估基础的核算,必须从大体上遵循自由和平等保障原则。因此,任何由税法特别是由税费减免引发的不平等,必须要根据其造成不平等的程度提出同等充分的理由。这样看来,社会状态的原则也不会产生本质性的差异。

四、未来视角

现在取决于立法者会如何对联邦宪法法院的观点作出回应,尽管法院给予立法者一定的时间去对现行的法律作出修改。然而来自柏林的第一个信号表明,联邦财政部将会试图尽快起草新的法律来结束现阶段不确定的状态,为纳税人,更准确地说是为了给未来的经济规划提供一个坚实的规范的基础。

立法者似乎试图在继续支持经济发展的基础上做出最低限度的改变(最低限度侵袭)。财政部表示,法院针对大公司为了合宪的税费减免所要求的

---

〔1〕 BverfG 93,121,149,164.

经济需求测试，必须尽快通过法律作出规定，而不应留待税务行政机关处理，[1]这将使典型代表规范化。关于对小公司（目前是雇员不超过20人）税费减免所提出的合计工资的要求，财政部考虑提出一种不同的规则，允许每年合计工资总和达到100万欧元的小公司，无须在5年内维持一定的合计工资即可得到税费减免优待。最后，对于公司运营资产中一部分投资资产的对待也需要找到解决方案，针对这一点，立法者考虑全部或仅部分取消投资资产的税费减免。

上述所有观点都表明，立法者确实在努力做到尽可能少的改变。而这一战略能否推动一部符合宪法精神的《遗产与赠与税法案》的有效实施，还留有疑问。当然，联邦宪法法院认可私人财产和商业资产的基本区分，并赞同仅以支持经济发展为目的而给予商业资产以税费减免的举措。但实际上，设计出具体的切实符合宪法法院期待的法规还是相当艰难的。

在此背景之下，立法者应当考虑另一种基础的必然的选择，即一部公正的，无须复杂区分不同种类的资产和公司类型，平等对待所有人的遗产税法。如果一位公司的继承人，特别是家族企业的继承者，不能一次性支付遗产税，应该给予他分期偿付的选择。例如，预定一个合理的10%的税率，同时给予税务人10年的分期偿付宽限期，这就意味着每年税率仅为1%。在正常情况下，这样的税务负担应该不会将公司置于困境。

〔1〕 Frankfurter Allgemeine Zeitung [Faz] 21(Jan. 10,2015).

哥伦比亚法律稳定协议:维护境外投资者和哥伦比亚利益的真正利器?

[哥] 胡利亚纳·卡斯塔诺(Juliana Castaño)
帕拉·加莱亚诺(Paola Galeano)*
潘昱铮　祁　航** 译

导论

如今,境外投资对一个国家的发展而言是必不可少的。但是,对法律不稳定性极高的国家而言,吸引此类投资并非易事。在这种两难境地下,就出现了法律稳定性机制,其能调和国家推动投资和投资者在稳定透明环境下固化其资本的需要。为促进境外投资,哥伦比亚在2005年签发了第963号法规(Ley 963 de 2005),使政府得以与国内外投资者签订具有法律稳定性合同。本文旨在分析963号法规和迄今为止已经签订的关于法律稳定性的国际合同,以及被选用的稳定性机制,能否同等地保护投资者的利益和哥伦比亚的国家主权。

近几十年来,全球化的世界一直处在各个国家吸引境外直接投资(Inversión Extranjera Directa, IED)的激烈竞争下。随着市场的放开,许多政

---

* 胡利亚纳·卡斯塔诺,哥伦比亚管理金融科技大学律师。曾在洛斯安第斯大学攻读国际商法专业。目前就任于美国纽约的一家律所。帕拉·加莱亚诺,哥伦比亚管理金融科技大学律师。哥伦比亚社会、政治与历史研究组成员。本文原刊载《国际法杂志》2011年第2卷(1月至7月),第1号。

** 潘昱铮,上海外国语大学2016级法律硕士;祁航,上海外国语大学2016级法律硕士。

府逐渐认识到,获得此类资源是一个国家成长、发展和繁荣的基础条件之一。[1] 但是,国内法律法规的不稳定性(尤其是在发展中国家)会对吸引此类投资造成不利影响。与之相反,那些具有稳定透明法律环境的国家在这场竞争中位居上游,其原因无外乎是投资者将此视为减少交易成本的方法之一,这样一来计算项目收益和获取投资资源就更为容易。在这一背景下,稳定性机制已成为调和国家推动投资需求和投资者固化资本需要的工具。

为促进境外投资,哥伦比亚于2005年签发963号法规,使政府和投资者们得以签订法律稳定性合同。通过它们,政府可以对投资者保证:如在稳定性合同存续期间有被视为投资决定性因素的条款受到不利的修改,他们将有权在各自合同期限内继续实施上述条款。[2] 这种稳定性机制,被国际学界称为"冻结条款",并一直受到严厉批评。这是由于一个国家,在其主权范围内,可以随时修正其立法并修改被认为受到不可修改保障的合同。该领域的一些专家指出,这一机制"为顺应最新经济平衡条款而已停用"。[3] 由此,应当提出质疑:由2005年的963号法规产生的法律稳定性合同,是否成为能够保护投资者利益,并反过来成为维护哥伦比亚国家主权和规划公共利益问题的正确工具。

在回答这个问题之前,有必要了解关于法律稳定性的一些理论。在此背景下,本文第一部分将会介绍各种稳定性机制,分析其优势和劣势,并着重介绍其如何在世界范围内使用。第二部分将论述这些机制在国内制度中的作

[1] Prueba de ello son las 1.097 reformas adoptadas entre 1992 y 2000 alrededor del mundo en leyes nacionales de IED, de las cuales el 94 por ciento crearon un clima más propicio para los inversionistas. (MIGA, "World Investment and Political Risk", Sitio web MIGA, [en línea], 2009, disponible en: http://www.miga.org/documents/flagship09ebook.pdf, consulta: 15 de enero de 2010, p. 28).

[2] Colombia, Congreso de la Republica, Ley 963 de 2005 Por la cual se instaura una ley de estabilidad jurídica para los inversionistas, Diario Oficial No. 45.963, Bogotá, 8 de julio de 2005, art. 1.

[3] Andrea Shemberg, "Stabilization Clauses and Human Rights. A research project conducted for IFC and the United Nations Special Representative to the Secretary General on Business and Human Rights", Sitio web IFC, [en línea], 2008, disponible en: http://www.ifc.org/ifcext/enviro.nsf/AttachmentsByTitle/p_StabilizationClausesandHumanRights/$FILE/Stabilization+Paper.pdf, consulta: 4 de enero de 2010, p. 7.

用。第三部分将从法律稳定性合同的特征、作用及将其适用于解决冲突的司法实践的限制上，分析2005年颁布的963号法规。

一、法律稳定性工具

稳定性工具，已经被定义为“所有（无论是合同形式或者其他方式）寻求将合同条款适用于特定（在合同达成之时被认定为适宜的）经济和法律状况的机制”。[1] 尽管也存在法律稳定性合同和明文列入法律的稳定性条款，但其传统的表达是包含在国家和境外投资者之间的合同内的稳定性条款（Cláusulas de Estabilización，CE）。

（一）稳定性条款

如今，在世界范围内被使用的CE已经被学术分类[2]为：（1）冻结条款（Cláusulas de Congelamiento，CC）；（2）经济平衡条款（Cláusulas de Equilibrio Económico，CEE）；（3）混合条款（Cláusulas Híbridas，CH）。

1. 冻结条款

顾名思义，此类条款意在于合同存续期间冻结现行法律。如此一来，也就能避免投资者和被投资国之间已签订的合同受到更改。[3] CC可以是全面性冻结条款（Cláusulas de Congelamiento Total，CCT），其将冻结所有具有潜在可能影响到投资者和被投资国之间合同的法律。CC也可以是限制性冻结条款（Cláusulas de Congelamiento Limitado，CCL），其将冻结与确切内容相关联的法律或行政法规。

CC最早出现在战争期间，被授予采矿业，将其作为保护机制以对抗出现

---

[1] Peter D. Cameron, "Stabilisation in Investment Contracts and Changes of Rules in Host Countries: Tools for Oil & Gas Investors", Association of International Petroleum Negotiators, 2006, [en linea], disponible en: http://lba.legis.state.ak.us/sga/doc_log/2006-07-05_aipn_stabilization-cameron_final.pdf, consulta: diciembre de 2009, p. 28 (Traducción del autor).

[2] P. Cameron, Op. cit.; A. Shemberg, Op. cit.

[3] M. Sornarajah, The International Law of Foreign Investment, New York, Cambridge University Press, 2004, p. 407.

在拉丁美洲的国有化浪潮的特许合同里。[1] 这类条款是最常用的稳定性机制,但是随着逐渐的演变,在过去的20年,它们已经被CEE(经济平衡条款)逐步取代。[2] 有以下原因:[3]首先,CC在许多情况下和被投资国的法律及宪法体制不兼容。其次,被投资国逐渐认识到保留其监管权力的重要性,尤其是在环境问题方面。最后,提出CC废止的目的是避免投资被直接征收,[4]而如今有其他机制可以同时避免直接征收和不直接征收,且无须相应补偿。比如双边投资协定(Tratados Bilaterales de Inversión,BIT),其中明文规定禁止任何形式的征收。因此,新的稳定性形式就要在保护投资者和被投资国之间寻找一个平衡点。

通过上述我们可以看出,并不是所有国家都需要为投资者提供法律稳定性保障。典型例子是挪威和英国,其体制具有强大的稳定性,且其法制环境的清晰度和透明度使其无须提供这种类型的机制。[5] 反之,在一些自然资源,尤其是石油资源丰富的国家,比如沙特阿拉伯,投资者可预期的高收益弥补了政治风险,这也使这类国家无须采取这类机制来吸引投资。[6] 从这个角度上来说,稳定性的保障是在谈判能力方面相对弱势的国家为吸引境外投资的产物。

2. 经济平衡条款(Cláusulas de Equilibrio Económico,CEE)

CEE囊括了国家将新的法律适用于需要补偿投资者,或者至少需要恢复

---

〔1〕 M. Sornarajah, The International Law of Foreign Investment, New York, Cambridge University Press, 2004, p. 15.

〔2〕 Thomas J. Pate, "Evaluating Stabilization Clauses in Venezuela's Strategic Association Agreements for Heavy-Crude Extraction in the Orinoco Belt: The Return of a Forgotten Contractual Risk Reduction Mechanism for the Petroleum Industry", The University of Miami Inter-American Law Review, Lexis Nexis [base de datos en línea], 2009, artículo 40 U. Miami Inter-Am. L. Rev. 34, internet, consulta: enero 2010, p. 11; P. Cameron, Op. cit. p. 15.

〔3〕 Ibid.

〔4〕 P. Cameron, Op. cit. p. 15.

〔5〕 P. Cameron, Op. cit. p. 13.

〔6〕 Ibid., p. 13.

合同经济平衡的情况下的投资权能。换言之,国家要承担执行新规则的成本。[1] 一些为实现再平衡的机制依赖于调整运价机制、扩大优惠、减税或经济补偿等。

同样,也有全面性经济平衡条款(Cláusulas de Equilibrio Económico Totales,CEET)和限制性经济平衡条款(Cláusulas de Equilibrio Económico Limitado,CEEL)。CEET用于保护投资者的预期经济利益,以对抗任何可能对其造成不良后果的制度变化。从这方面来说,CEEL只能适用于某些方面,一般都与税收有关。这类条款的措辞使其影响范围变化相当大,但是一般带有CEEL的合同都包括确保该稳定性条款适用公平的元素。

目前的趋势表明,CEE在现代合同[2]中占主导地位,它们在世界所有区域内被广泛使用。在发展中国家,相较CEEL,CEET的使用率更高,与之相反的是发达国家更倾向于使用CEEL。[3] 因此,发展中国家习惯在已经确立的法律里加进一些社会和环境问题,但不包括国家和投资者之间共享风险的可能性。与此相反,经合组织成员国使用的条款,则常常建立包括针对投资者的歧视性法律的合同的经济再平衡。在其他情况下,则提供补偿或是共享与项目相关的特定法律风险的可能性。这些发达国家的合同排除了针对公共秩序和社会福利的法律,这使投资者有义务承担一定风险。此外,在一些协议中法律稳定性条款也有适用于国家的可能性,在这个层面上,投资接收国在更低成本或是更高收入的项目中是获利的。[4] 上述证据证实了,发达国家和发展中国家所使用的条款是有区别的。

---

〔1〕 M. Sornarajah,"The Settlement of Foreign Investment Disputes,Chapter Two. 3. 7 Renegotiation Clause" En:James Crawford, R. Doak Bishop, W. Michael Reisman, Foreign Investment Disputes. Cases, Materials, and Commentary, The Hague, Netherlands, Kluwer Law International, 2005, p. 306; A. Shemberg, Op. cit p. 6.

〔2〕 Lorenzo Cotula,"Regulatory Takings, Stabilization Clauses and Sustainable Development" (Global Forum on International Investment Ⅶ), Sitio web OECD, [en línea], 2008, disponible en: http://www. oecd. org/dataoecd/45/8/40311122. pdf, consulta: enero 2010, p. 7.

〔3〕 A. Shemberg, Op. cit., p. 26.

〔4〕 Ibid., p. 8.

3. 混合条款(Cláusulas Híbridas,CH)

混合条款包括了上述两种类型条款的元素。它要求国家有义务恢复投资者其初始商定的经济地位,从这个层面讲它类似于 CEE,但是,混合条款为做到这一点所使用的方法之一,是将投资者从造成经济不平衡的法条中豁免。虽然 CEEL 或明文或暗示要求投资者遵守新规则,但 CH 并不履行这样的义务或明文接受法律豁免。从这个层面上讲,CH 使合同更稳定或更能促成重新谈判。

(二)法律稳定性合同

法律稳定性合同(Contratos de Estabilización Jurídica,CEJ)是由一个国家和某个投资者直接缔结的合同,旨在保护该投资者免受法律变化带来的潜在损害。与稳定性条款不同的是,CEJ 在合同中宏观调控投资者和国家间的任何活动,CEJ 类型合同的目标仅仅是法律稳定性。它可以有其他不同的形式,法律的排除适用可以通过以下方式完成:(1)投资者和国家之间协议排除规范的具体列表,(2)不能由国家更改的有利条件的预定列表。[1]

一些拉丁美洲国家已经开始适用这个稳定性机制,尽管其调控方式和哥伦比亚的不同。智利和秘鲁在合同的措辞起草、标准范围和持续时间上使用同样的 CEJ,来限制投资者的谈判能力。[2]

除去这些差异,这 3 个国家的共同点在于其立法只允许签署限制性稳定性合同,[3]也就是只能冻结一些法规。在这些国家 CEJ 的诉讼形式就仅与片面法律稳定性挂钩,主要是在经济和财政方面。

(三)立法稳定性

一些国家在其国内立法中,包含能够直接影响投资某些方面的法律稳定性条款。这种形式的稳定性往往是有限的,因为其中没有包含能够间接影响

---

〔1〕 UNCTAD,"Análisis de la política de inversión extranjera en Colombia",Sitio web UNCTAD,[en línea],2006,disponible en:http://www. unctad. org/sp/docs/iteipc200511_sp. pdf,consulta:5 de febrero de 2010,p. 26.

〔2〕 Ibid. ,p. 27.

〔3〕 Ver clausulas de estabilidad limitadas en la sección 1. 1. 2.

投资的条款，如环境法或劳动法。在《哥伦比亚采矿守则》第46条可以找到范例，其规定适用于合同的采矿法律必须是在合同生效之时有效力的法律。另一例子是2000年的2080号法律第11条，其规定不得以对投资者不利的方式，变更收回投资所付款项或者在投资登记之日出现有效利益延迟的情况。

有法律稳定性作用的其他条款，可以在创建自由贸易区的法律中找到，许多国家都用这些法律来鼓励投资。危地马拉就用这种方式在满足一定条件的情况下以15年为期免征自由贸易区内管理实体的所得税。[1]

上述工具都不能完全代表现存所有对抗政治风险的稳定性机制，但是它们体现了这项工作最重要的发展形势。现在，有必要仔细分析它们是否在国内法的框架下合法有效。

二、法律稳定性在国内法中的效力

法律稳定性被认为是国际经济法[2]中最复杂的问题之一。因此，为研究这类保护机制的作用和效力，本文第二部分将对它们在国内法律制度中所受待遇进行分析。需要说明的是，虽然在本部分中涉及的是稳定性条款的综合理论，但是由于评价理由相同，其有效性分析可以延伸到其他稳定性机制。

由于要适用的法律是国内法，所以分析CE（稳定性条款）在国内法律制度中的效力是最基本的。这种情况可以通过“可适用法律条款”来呈现，谈判双方可以选择某个国内法，用它来支配由合同产生的关系。同样，如果谈判双方没有选择可以适用于合同的法律或者做出模糊的或是自相矛盾的选择，也会适用国内法。在这个层面上，重要的指标（如主要活动的位置、项目选址、项目直接管理机构的所在、国家管辖范围、谈判地点、合同的订立和订立合同所依据的法规）都能决定国内法应当适用的法律。[3]

---

〔1〕 Guatemala, Congreso de la República de Guatemala, Decreto 65 – 89 Ley de Zonas Francas, Art. 21.

〔2〕 T. W. Walde, op. cit. p. 29.

〔3〕 Ibid.

因此，要分析针对任何一种稳定性制度的作用，首先必须放在国内法的大框架下来谈。这种类型的制度保障在一方是国家的协议内会发生效力，或是它们产生了直接效力，或是它们通过某个国家机关产生了间接效力。为实现后者，则要求以国家的名义签署合同的一方有权限制国家的监管权力。

在检验稳定性作用时，有必要调查国内法律制度是否对这类机制的适用附加宪法或法律限制。这是“联邦”法系中一些国家的情况：其国会不能放弃其由上位法（如宪法）所赋予的立法功能。此外，在其他法规下，特别是在中东和非洲的一些前法国殖民地国家，采矿协议被认为涉及公共利益，因此被认为具有凌驾于合同不可侵犯原则（合同圣洁性原则）之上的效力。[1]有些立宪派甚至把它进一步推进，在不强调任何具体的法律的情况下，宣称“在国内宪法法律原则下，一个政府提供的保障对提供它的政府没有约束力，尤其是当政府内部发生了革命性变化的时候。”[2]无论国内法律附加了怎样的限制，很显然稳定性协议不能违反国家的宪法或法律制度。因此，“在越权行为和宪法无效性之下商谈出的条款，除了在与政府机关谈判时对其谈判能力赋予合法外观之外，不能产生真正具有效力的权利”。[3]

第三个需要考虑的问题是，即使根据国内法律稳定性机制的效力，国家也不会失去其最高的监管权力。因此，“从被投资国的角度来看，新法律的颁布或者既存法律的修订是其主权的表现，期待被投资国不能修改其自己的法律是荒谬的。”[4]换句话说，被投资国可以撤销它已经给出的利益，而且没有什么可以阻止立法者追溯性地取消或撤回其已经授予的权利。事实上，国际法一再强调：即使有先存的法律或合同提供了相反的保证，只要其得到了相应的补偿，政府仍然有征用权。[5] 但是，在这方面还是有必要进行区分。正

〔1〕 Amaechi D. Nwokolo, “Is there a legal and functional value for the stabilisation clause in international petroleum agreements?”, Sitio web Universidad de Dundee, [en línea], disponible en: http://www.dundee.ac.uk/cepmlp/car/html/car8_article27.pdf, consulta: 15 de enero de 2010.

〔2〕 M. Sornarajah, op. cit. p. 111 (Traducción del autor).

〔3〕 T. W. Walde, op. cit. p. 29 (Traducción del autor).

〔4〕 T. J. Pate, op. cit. p. 18 (Traducción del autor).

〔5〕 P. D Cameron, op. cit. p. 14.

如 T. W. 沃尔登(T. W. Walde)所告诫的,尽管一个无效的 CE 出于宪法或法律原因不会产生任何效果,但是如果这类保证是先被授予而后再被一个追溯效力追认无效,则这样的情况是不同的。[1] 在这种情况下,可能会出现针对侵犯所有权或是征用等问题的合法抗议。

现在,尽管针对 CE 存在法律和宪法上的限制,国家也有不履行法律稳定性保障的倾向,但适用国内法律仍然是对其最有利的。因此,投资者们就有了排除被投资国针对境外投资的监管权,并将 CE 并入一个不变的、超国家系统的需要。这样就产生了"合同国际化"的理论,其主要目的就是把合同放进一个结构超越国内法律的超国家的系统里。这一理论已经受到严厉批评,因为它的理论支柱之一在于坚信境外投资合同可以像一个和国家挂钩的合同一样去挂钩一个国内法律。据 M. 索纳拉加(M. Sornarajah)的观点,上述假设仍待商榷,至少在目前,投资者们在国际法领域仍然不具备全部法人资格。可以看出,这一立场既有拥护者也有反对者,用 T. W. 沃尔登的话说,在解决一场纠纷的时候,任何论据(无论是受到国内法的保护还是由协议强制维护)都可以得到有效的捍卫。尽管立场不同,境外投资者都寻求使合同国际化、将国际法律作为其可适用法律,并将国际仲裁法庭作为其解决纠纷的场所,在这样的情况下他们才会更有安全感。

三、哥伦比亚 2005 年 963 号法规中关于合同法律稳定性的相关内容

(一)合同法律稳定性的特点

由加维里亚·特鲁希略[2](哥伦比亚前总统)政府贯彻实施的国家改革,旨在推动国际化和经济开放的进程。境外直接投资极为重要,"因为大多数人认为有必要加强和引进国外投资,并且使其成为提高闲置资源利用率与投资水平的机制。此外,还要使其成为一个旨在提高生产力与产品竞争力的

---

〔1〕 T. W. Walde, op. cit. p. 29.

〔2〕 Cesar Gaviria Trujillo fue presidente de Colombia entre los años 1990 – 1994. 特鲁希略在 1990 ~ 1994 年任哥伦比亚总统。——译者注

新兴机制”。[1] 在实现吸引外国投资者这一目的的进程中,较大障碍就是法律与税收的不稳定,这一障碍甚至超越因国内冲突而使投资者产生的恐惧。[2] 具体来说,哥伦比亚在1990年至2004年,基本上每年都会通过一项新的税收改革,到目前为止,共计11项,这说明上述担心是有理有据的。除此之外,与智利、[3]厄瓜多尔、[4]巴拿马、[5]秘鲁、[6]委内瑞拉[7]等国家相比,哥伦比亚缺乏一个在运作规则上向投资者提供完全保障及信任的机制。而上述国家,均有具备稳定性的法规来鼓励投资,这就使哥伦比亚在吸引外国投资者的竞争力上大大落后。

在这一大背景下,乌里韦政府向共和国参议院提交法律草案,[8]通过这一草案来创造合同的法律稳定性,最终达到鼓励投资的目的,并使国外投资成为经济发展与促进就业的重要力量。该法律草案的目的是设立合同的法律稳定性,这在草案第1条得到了充分体现:“目的是促进新的投资,增加在国家领土内的现存投资。”

为获得法律稳定性,投资者需要:一是完成其所承诺的投资。二是为政

---

[1] Esteban Restrepo Uribe, “Mecanismos Multilaterales de Protección (MIGA, ICSID) y OPIC)”, en Philippe de Lombaerde, ed., Régimen Jurídico y Análisis Económico, Santa Fe de Bogotá D. C., Universidad Sergio Arboleda, 1997, p. 3.

[2] Esta es una de las conclusiones a la que llegó la Agencia de Desarrollo del Gobierno de Estados Unidos (USAID) en su estudio de Competitividad para la Inversión. Ver: “Los contraltos de estabilidad jurídica”, en: http://www.semana.com/documents/Doc-1281_2006711.pdf, fecha de consulta: 12 de enero de 2010.

[3] Chile, Estatuto de la Inversión Extranjera o Decreto Ley 600.

[4] Ecuador, Ley 46 de 1997 “Ley de Promoción y Garantía de las Inversiones”, 19 de diciembre de 1997.

[5] Panamá, Ley 54 de 1998 “Por la cual se dictan medidas para la estabilidad jurídica de las inversiones”, 24 de julio de 1999.

[6] Perú, Decreto Supremo 162 de 1992 modificado por Decreto Supremo N° 084-98-EF, 14 de agosto de 1998; Decreto Legislativo n° 662 “aprueba Régimen de estabilidad Jurídica a la Inversión Extranjera”, 2 de setiembre de 1991.

[7] Venezuela, Decreto N° 356 de 1999 “Ley de Promoción y Protección de Inversiones”, 3 de octubre de 1999.

[8] El trámite legislativo correspondió con el proyecto 15 de 2003 en el senado de la República y el proyecto 14 de 2004 en la Cámara de Representantes.

府提供的法律稳定性支付一定的费用作为补偿。[1] 三是为其投资方面可预期的经济与社会冲击承担责任，这些冲击可能会在就业、出口与外汇方面产生一定的增长。四是遵守在投资活动中的具体规则。

在投资方面，法律规定如下：第一，必须是新的投资或者是对现有投资的扩大；第二，金额必须大于或等于 150,000 UVT；第三，必须在某些指定领域内发展，这在 2005 年的 963 法规第 2 条中已经指出。关于投资的特点，需要强调的是法律没有对证券投资进行规定，这也反映了政府在吸引外来投资方面的喜好，其原因是证券投资具有不确定性与不可预测性的特点。

只要 CEJ，即法律稳定性合同，是由哥伦比亚政府签订的，其性质就是公共的，就会受到公共贸易体系的限制。但是，CEJ 有其自成一格的性质。在任何情况下，要成为一种国家性质的合同，行政诉讼管辖权就要负责解决可能出现的冲突，除非其中附加仲裁条款。2005 年颁布的 963 号法规，允许双方在合同中规定可以求助于仲裁法庭。[2]

(二)求助国际仲裁法庭的可能性

2005 年确立的 963 号法规第 7 条：具备法律稳定性的合同应当包含仲裁条款，以解决因条款本身产生的争议。在这种情况下，需要建立一个国家仲裁法庭，仅适用哥伦比亚的法律。宪法法院在 2006 年 C－961 号与 2007 年 C－155 号裁决中宣布关于这一规定的裁决，这一规定可能违反以下原则：一是自愿及选择适当途径诉诸法律的原则(《哥伦比亚宪法》第 229 条)；二是机会平等原则(《哥伦比亚宪法》第 13 条)；三是宪法规定的强制性义务和哥伦比亚为与国际接轨而签署的国际条约。

具有争议的问题之一，就是哥伦比亚在这一方面可能违反国际条约。尤其是 1956 年的《华盛顿公约》，这一公约创建了国际投资争端解决中心，以及

---

〔1〕 El inversionista deberá pagar una prima igual al uno por ciento (1%) del valor de la inversión que se realice en cada año o si la inversión contempla un período improductivo, el monto de la prima durante dicho período será del cero punto cinco por ciento (0.5%) del valor de la inversión que se realice en cada año (Ley 963 de 2005, artículo 5).

〔2〕 Ley 963 de 2005, artículo 7.

1958 年的《纽约公约》和其他双边投资条约。在此考虑之下,宪法法院认为,哥伦比亚签订的有关经济贸易一体化的国际条约不符合法律合宪法性原则,因此其职能不能得到发挥。然而,由于该争议,宪法法院针对在国内法规中,一体化条约所扮演的角色,与《华盛顿公约》《纽约公约》及哥伦比亚所签订的双边条约所扮演的角色做了澄清。即使上述条约不符合合宪法性原则,双方机构都有义务遵循这些条约,在国内立法与上述的国际条约存在矛盾冲突时,这些机构应当选择一个有利于其和谐且符合哥伦比亚所签订的国际承诺的解释。[1]

宪法法院分析了立法机构在强制推行国际仲裁法庭时,是否完成哥伦比亚政府在《华盛顿公约》中所承诺的国际义务。在审查上述条约后,可以得出结论:尽管公约赞成调解,并且国际仲裁法庭是解决国际投资争端的机构,但是,这并不能够自动强制签约国服从于国际投资争端解决中心。并且,它不仅要求国家是该公约的成员国,而且要求双方书面同意通过此种方式解决争端。除此之外,上述法规的第 26 条规定,签约国能够把要求通过行政或者司法途径解决争端作为其同意仲裁的条件。因此,宪法法院认为哥伦比亚政府为解决由 CEJ 在国际投资争端解决中心引起的争议,不是违反公约,而是行使其合法权利。

最后,宪法法院研究发现,根据第 7 条的规定,外国投资双边协议有违其规定,这些双边协定批准可用于解决投资者与国家间矛盾的相关条款。比如哥伦比亚的 BIT[2](双边投资协定)规定,在国家与另一国家的投资者之间存在争议的情况下,并且这一争议不能在 12 个月内解决,投资者可以向以下单位提出仲裁申请:(1)国家主管法庭,(2)根据贸易法委员会规定而设立的特设法庭,(3)国际投资争端解决中心。在这一情况下,宪法法院指出,如果

[1] Corte Constitucional de Colombia, Sentencia: C – 155 de 2007, op. cit.

[2] Colombia, Ministerio de Comercio, Industria y Turismo, Bilateral agreement for the promotion and protection of investments between the Republic of Colombia and Colombian Model, Bogotá, [en línea], 2007, disponible en: http://www.iisd.org/pdf/2007/inv_model_bit_colombia.pdf, 2007, consulta: enero 20 de 2010.

一个国际条约赋予投资者求助于国际仲裁法庭的可能性，那么仲裁法庭也不应当放弃这种可能性。仲裁法庭承认，法律允许投资者拥有放弃签订或者签订具备法律稳定性合同的权利，但是第 7 条的仲裁条款除外，根据其意见，这一条款授予投资者直接求助于国际仲裁法庭的权利，以此来保障其权利不受到侵害。〔1〕

有些仲裁法庭坚持认为，如果这一条款用一种足够宽泛的语言编撰，以此来使其管辖权扩大到“一些”或者“所有”的与投资相关的争议中，也包括合同索赔。例如，在萨利尼诉摩洛哥一案中，适用的是 BIT 中第 8 条的规定：争议解决机制可以用于一方是合同方，另一方是被保护的投资者的“所有的争议或者分歧”。在这一条款中，法院进行解释：条款所述的情况包括合同索赔。由仲裁法庭通过的同一条款的提出是在波基洛诉巴基斯坦的案件中，这一案件根据意大利与巴基斯坦所签署的 BIT，以及通用公证行诉菲律宾的案件，而后者是基于瑞士与菲律宾所签订的 BIT。〔2〕

与此相反，其他的仲裁法庭已经表示对 BIT 中条款的使用，并不足以建立其对合同不履行的管辖权。在通用公证行诉菲律宾的案件中，即使其承认在索赔中引起的争议违反了 BIT 的内容，从索赔引起的纠纷基于违反合同可以被描述为“有关投资的争议”（在 BIT 第 9 条使用），合同双方并没有打算将条约的范围涵盖合同违约。

上述案件揭示，在有关解决管辖权方面没有一个统一的趋势，尤其是关于一个在 BIT 中措辞笼统的解决争议的条款能否足够给予仲裁法庭管辖权，以此来解决合同中的要求。由哥伦比亚制定的 BIT 与其草案有所不同，因此一个外国投资者基于合同违约而求助于争端解决机制的可能性，取决于庇护他的 BIT。就像与西班牙签订的 BIT，减少解决争端机制的应用领域，这些争

〔1〕 Corte Constitucional de Colombia, Sentencia: C－155 de 2007, op. cit.

〔2〕 Naciones Unidas, “Investor State Dispute Settlement and Impact on Investment Rulemaking”, Geneva, 2007, p. 27.

端的出现与该条约限定的问题相关。[1] 同样的问题也存在于同智利签订的BIT,其中对应用的领域有所限制,即仅限于出现在本条约中相关领域的争端。[2] 根据上述两个条约,试图求助于规定的解决机制并且援引合同违约是非常困难的。相反,与英国签订的BIT扩展其领域到"任何出现在合同一方领土内,在这一方与合同另一方的一个国家或者公司之间的与投资有关的合法争端"。同样,在与秘鲁签订的BIT中,扩展其领域到"合同一方与另一方的国家或者公司基于本协议而产生的与投资有关的争议"[3]。因此,其应用领域是广泛的,可用于基于合同的无限制的要求。然而,其要求是否能够取得成功,如前面所述,取决于其在仲裁法庭中选择的位置。

综上所述,尽管根据宪法法院所述,一个外国投资者很难立即到达因BIT而对其庇护的国际法庭,但其可以了解与合同稳定性相关的争议。首先,BIT应当以足够宽泛的方式编撰,以此来保护投资者免受合同违约的侵害,就像在所有的与哥伦比亚签订的BIT中所陈述的一样。其次,如果足够幸运,法院能够考虑到BIT的撰写的宽泛措辞,是足够使其了解合同索赔的。

(三)法律稳定性合同的效力

另一个由CEJ引发的争论,是关于限制国家立法与管理权,这一担忧也在哥伦比亚2006年的C-320裁决中有所阐述。在这一裁决中,宪法法院认为2005年的963号法规,是违反宪法的,根据原告的说法,其损害了民主原则和国家监管主权。

哥伦比亚高院说明,国会不能通过一项普通法规加强其对宪法权限的限制,不能解释、改革或者修改相同级别的规范性文本,也不能限制政府的管理支配权。因此,法院寻求保护国家的管理能力,在这种意义上,它建议"具有

---

〔1〕 Acuerdo para la Promoción y Protección Recíproca de Inversiones entre la República de Colombia y el Reino de España, suscrito en Santafé de Bogotá D. C., el 9 de junio de 1995. Artículo XI.

〔2〕 Acuerdo entre la Republica de Colombia y la Republica de Chile Para la Promoción y Protección Recíproca de las Inversiones. Artículo IX.

〔3〕 Convenio entre el Gobierno de la República de Colombia y el Gobierno de la República del Perú sobre promoción y protección recíproca de inversiones. Artículo 12.

法律稳定性的合同不能对投资者进行法律稳定性的保证,只能向投资者保证在一定期限内,其与国家签订的协议具有与其签订时相同的法律效力”。根据前面的内容,上述公司宣布受限于上述法律第1条的合宪法性,可以理解为:国家在任何情况下,在不危害投资者利益的前提下,保留其规范性的竞争力,投资者可不必求助于法律诉讼而获得因为修改规范而造成的与案件有牵涉的损害的补偿。

结论

在研究国际稳定性合同的已有惯例以及哥伦比亚的法律稳定机制后,可以确认,一方面,这些法律稳定合同均有若干缺陷,它们并非是真正保护投资者利益的工具;另一方面,这些合同却能够保护哥伦比亚的主权,并且具有调节公众利益的能力。

首先,立法者在稳定机制方面采用固定标准的模式是错误的。正如前面提到的,目前推荐贯彻执行法律稳定机制,这使投资者在立法变化且影响合同的经济平衡性时,能够对国家提出抗议。因此,在制定旨在保护投资者与国家利益的法律稳定机制时,其真正问题不在于确定国家是否能够修改其规定,这个问题已经在保护国家主权利益的倾向之下得到解决,而在于明确这一行为的结果,它可能是将新的贸易践行到底的义务,或者造成损害时承认并提供补偿。

其次,CEJ 会对政府规范公共利益方面造成严重阻碍。当其在运用稳定机制时,主要建议之一在于避免冻结条款的运用,因为冻结条款会影响到人权。因此,在人们的第一印象中,CEJ 中的大部分具有经济与财政性质的稳定性条款对人权的贯彻都不造成威胁。但是存在5个包含劳动稳定性规定的合同确实会令人担忧。事实上,虽然只有少部分合同会有这样的后果。但是针对合同未来会面对的风险,这一问题还是非常普遍的。

再次,国家仲裁法院认为根据哥伦比亚法律的要求,可以约定仲裁条款,这表明 CEJ 并不是能真正保护投资者的工具。即使宪法法庭已经指出 2005

年963号法规第7条符合宪法以及国家认可的关于国际仲裁的国际条约,但是事实上,它也并不能真正地推动与保护境外直接投资的机制。对于外国投资者来说,商定一项实质上可以运用的法律以及解决争端的司法程序,并且这一程序能在大多数情况下通过国际仲裁法庭,才是避免受到一国政治影响的真正利器。从国际的角度来看,这些仲裁法庭是灵活、高效及中立的,因此第7条的推行不仅体现对境外直接投资的阻止,而且能够产生对CEJ严肃性的怀疑。然而,立法者并不在意这个,并且根据宪法法庭的要求,现在求助于仲裁法庭的唯一可能性,就是签订CEJ的投资者是一个国家且哥伦比亚与其签订了投资双边协定。但是,他们应当提前考虑到,要达到上述要求会面对的困难。

最后,可以得出结论,CEJ在保护投资者及哥伦比亚这一国家的利益方面,是一个有缺陷的机制。然而,可以在法律稳定委员会及支持这一委员会的技术秘书处(这一秘书处负责为合同做备案)通过调整合同签订者的需要及宪法法庭的需要,弥补这些缺陷。通过这一方式,CEJ的签订者们不仅不再局限于具有不可修改性的规定,还可以对修改造成的后果加以调整。除此之外,委员会更应当注意已经订立的规定,尤其是与劳动相关的规定,还应当更加注意对司法及约定条款的修改,以此来避免因争端解决方式的模棱两可所造成的问题。

有关沉船保护规范形成的现状：以双边条约、地区条约为例

[日]中田達也*

魏彤丹** 译

在全世界的海洋中，约有300多万艘未被发现的沉船，迄今为止所做的调查可以证明，各国沿岸一定距离的海域内的确存在大量沉船。1982年的《联合国海洋法公约》第303条第2款，对在缔约国的毗连区（从测量领海宽度的基线起不超过24海里的区域）内发现的"考古和历史性文物"的移出进行了规定，但对于24海里以外的沉船并没有进行说明，该海域被称为国际水域。

1958年在第一次联合国海洋法会议上，各国就领海宽度的问题并未达成一致。当时领海以外的海域都是公海，在公海里发现的沉船只能在《大陆架公约》里寻求规制。早在起草《大陆架公约》（1956年）时，就有国家曾向国际法委员会咨询公海里的沉船能否成为沿岸国家主权权利的对象，但得到的回复是，"在海底横亘或者被下层土砂覆盖的沉船及装载物（包括金块）之类的物品"都不属于主权权利的对象。在随后的第一次联合国海洋法会议上，包括英国在内的6个国家又提出了沉船及其装载物是否属于非生物资源的问题，但最终，沉船及其装载物都未被列入主权国家权利的对象。

过了大约半个世纪，有关领海外的沉船规范开始急速形成。尤其是1985

---

* 中田達也，东京海洋大学研究生院副教授，本文原刊载于日本《法政论丛》（第45·第1期），第37~62页。本文是对原文的节译。——译者注

** 魏彤丹，上海外国语大学2016级法律硕士研究生。

年在加拿大沿岸300海里外的海域内发现了泰坦尼克号沉船，无论其所处海域的位置及深度怎样，都极有可能打捞这艘沉船，因此必须制定相关的国际规约。

此种情势下形成的关于毗连区外的沉船规范，大致可分为两类：一类是第三次联合国海洋法会议结束后，由于欧洲各国不满会议产生的模糊不清的条约，于是单独制定了且逐渐得到国际认可的规范，后来逐渐演变为2001年的《保护水下文化遗产公约》（以下简称《公约》），在1956年时未曾预想到会将主权权利纳入沉船规范中。《公约》在2008年10月2日获得生效所需的第20个缔约国巴巴多斯（Barbados）后，于2009年1月2日正式生效（公约第27条），生效后的《公约》会在国际社会产生怎样的影响至关重要。另一类是由双边或地区间缔结的条约而形成的规范，由于这些规范是在具有实效性的国家间产生的，因此会影响整个国际社会中的规范形成。

本文将基于以上两种类别，把双边和地区条约作为重点讨论。由于第一次联合国海洋法会议已经过去了半个世纪，因而主要考察国家间的协定对于国际社会规范的形成产生了怎么样的影响。从19世纪70年代后半期到2001年《公约》草案的制定过程中，很多国家虽然没有投赞同票，但依然承认沉船规范所具有的实效性，并在之后的双边或地区条约的制定过程中达成共识。因此有必要对双边或地区条约进行研究，本文主要探讨1972年以来重要的双边或地区条约，并与《公约》进行比较，以归纳出在水下文化遗产保护上能为国际社会广泛接受的规范所需具备的条件。水中文化遗产是指“至少100年来，周期性地或连续地，部分或全部位于水下的具有文化、历史或考古价值的所有人类生存的遗迹”（《公约》第1条）。

一、双边协定（1972年）—遗物的分配（设立联合委员会）

（一）《澳大利亚与荷兰签订的关于荷兰古沉船的协定》[The Agreement between Australia and the Netherlands Concerning Old Dutch Shipwrecks（以下简称澳兰协定）]

澳兰协定签订于1972年，主要规制大陆架海域内的海洋遗物。为制定

《公约》,在1996年的联合国教科文组织政府专家会议上,把澳兰协定评价为水下文化遗产保护中具有开创性合作关系的例子,也将其作为制定《公约》草案的基础进行参考,同时举荐将其作为水下文化遗产保护领域中国际协定里的基础协定。

在处理位于澳大利亚州西部大陆架海域范围内沉没的荷兰东印度公司的失事船只及遗物打捞时,澳兰协定采取了设立委员会进行相互分配的制度,此项制度基于双方合意将属地管辖权和对物管辖权进行了协调。参与了协定谈判的帕特里克·J.奥基夫(Patrick J. O' Keefe)指出,在1978年的欧洲理事会第484号建议书之前,澳兰协定及针对澳洲海洋遗物的各项立法措施,都表明了国际社会对水下文化遗产的广泛关注,而澳兰协定是对涉及水下文化遗产活动设定管辖权的尝试,国际社会的关注促进了1972年水下文化遗产保护研究的展开,并对欧洲理事会的教育以及文化委员会产生了影响,这与之后可以被称为《公约》原型的欧洲理事会第484号建议书具有紧密联系。

1. 两国观点的分歧

1950年至1970年在澳大利亚州西部海域,接连发现了数艘荷兰东印度公司的沉船,调查结果是荷兰东印度公司在其扩张航线上曾约有一百多艘贸易船只失踪,由于其他失踪船只在同片海域被发现的可能性很高,因此关于失事船只的所有权问题就产生了分歧。当时荷兰是该公司的权利继承者,因此无论沉船海域位于何处,荷兰都主张对这些船舶始终享有所有权,而澳大利亚以把这些沉船作为历史性遗物陈列在西澳大利亚博物馆为由也主张所有权,为了解决矛盾,于是两国签署了澳兰协定。

2. 协定的内容

澳兰协定规定,在澳大利亚西部大陆架海域内所发现的荷兰东印度公司的沉船,荷兰虽作为该资产的继承者,且无论根据荷兰国内法对这些沉船享有何种权利,荷兰都将所有权转让给澳大利亚。这里所说的资产是指,无论是否与沉船分离,包含船舶所有的装置物件及器具、货物和其他财产。澳大利亚承认,荷兰对于从沉船中打捞的物品尤其是具有特殊历史及文化价值的物品所拥有的连续权益,但由于该权利不是作为请求权被承认的,所以澳大利亚在探索、打捞沉船物品时产生的费用不能要求荷兰支付。

受让权利的澳大利亚和拥有连续权益的荷兰之间,为了调整利益分配、处理打捞物品及认定所有权的问题成立了委员会。委员会由荷兰、澳大利亚各任命 2 名,共计 4 名委员组成。如果对打捞物的分配问题无法达成一致,可就具体问题单独制定顾问,然后将意见做成报告再送交委员会探讨,如果在此基础上还无法达成共识,就由两国政府进行交涉。委员会支出的费用分为交通费、通信费、运输费,荷兰承担所有费用的 1/3,澳大利亚承担其余 2/3。

为了妥善管理打捞物,委员会就审议时应遵循的原则达成契约,并做成澳兰协定的附属文件。契约包含了考古收集时注意事项的一般性原则,对打捞物进行分割时应注意保持它们的一体性,也就是说,虽然从考古学上打捞物是两国共有的,但分配时应采取能保持物品完整性的最佳方式。打捞现场不仅是一件件遗物的发现地,而且其整体收集价值要远远大于单件遗物的价值,因为其中还包含了每件遗物与其散落地之间的关联所蕴含的历史价值。契约中还规定了遗物分配时的两项原则:第一,为了统计或学术研究,必要时可将所有遗物汇集;第二,对于极其稀有不宜分割的遗物应尽可能保持其完整性。假如要进行分割,也应保证能将其再次复原。第一条原则已经被澳大利亚国内法加以吸收并具体化。如此一来,所有打捞的遗物都可以在各国博物馆展出,如果是金属货币,两国政府就可将沉船内的巨额财产完整地交接。除此之外,每隔两三年会收集一次稀缺遗物的原件,委员会将在审议分配前讨论是否需要制作副本。

(二)评价澳兰协定

澳兰协定签订于 1972 年,此时北海大陆架案(1969 年)刚过不久,在该案中提出了大陆架自然延伸论,澳兰协定正是基于这一观点对大陆架进行的划分,采取了沿岸国与沉船起源国之间按照双方合意对沉船遗物进行分配的方式,并引起了广泛关注,有意思的是,澳兰协定中把一些重要的权利分配给了沿岸国。但是,澳兰协定并没有关注沉船周围的海洋环境保护问题。

二、客船“爱沙尼亚号”(Ferry Estonia)协定——划定沉没区域

(一)协定的产生

归属于爱沙尼亚国的客船爱沙尼亚号,从其首都塔林驶往瑞典的首都斯德哥尔摩的航行途中,在芬兰附近的波罗的海域沉没(1994 年 9 月 27 日)。852 人遇难,沉没地点位于芬兰渔业水域的大陆架上,遇难者大多是瑞典人,也有一些芬兰人。1994 年 12 月 15 日,瑞典政府决定对爱沙尼亚号及遇难者遗体不予打捞,1995 年 2 月 23 日,《爱沙尼亚、芬兰、瑞典三国就保护爱沙尼亚号沉船的协定》(Agreement between the Republic of Estonia, the Republic of Finland and the Kingdom of Sweden regarding the M/S Estonia,以下简称爱沙协定),目的是禁止打捞沉船,对遇难者墓地以示尊重(爱沙协定第 1 条、第 3 条)。

爱沙协定将沉船及附近区域作为遇难者最终安息之地,认为此地应得到尊重(爱沙协定第 1 条),并对船体及周边的矩形区域加以保护(爱沙协定第 2 条)。各缔约国的国内法中皆有规定,凡擅自干扰沉船及附近区域,尤其是以打捞遗骨或财物为目的进行的潜水活动都视为违法行为(爱沙协定第 4 条第 1 款、第 3 款),而违反者将被判处监禁(爱沙协定第 4 条第 2 款)。爱沙协定于 1995 年 8 月 27 日生效。第二年(1996 年),又制定了旨在加强保护爱沙尼亚号沉船的附加协议书。2000 年丹麦、拉脱维亚、俄罗斯和英国作为缔约国加入了爱沙协定,从国际法角度来看,爱沙协定尽管在沉没区域没有设定执行管辖权,但却有属人管辖权。

(二)三国的国内法内容

如前所述,各缔约国分别制定了国内的相关法律。首先,芬兰将潜水活动追加在刑法保护主义的列举事项中,但是,由于保护主义及属人管辖权在实际中难以适用,因而也存在一定的质疑声。例如芬兰《刑法》的第一章第 7 条规定,只有对条约或总统令中特别规定的罪名才可执行普遍管辖权,但是

1996 年 9 月颁发的总统令中并没有提及爱沙协定,在此情况下,当有外国人参与沉船打捞时,芬兰法院将无权管辖。其次,瑞典政府签署协定后,为了防止私人对沉船区域进行潜水开发活动,认为有必要采取具体措施,便将爱沙协定编入其国内法。在 1995 年 6 月 8 日举行的瑞典议会上,制定了《关于"爱沙尼亚号"客船海洋墓地和平保护法》(Act Concerning the Protection of Peace of the Maritime Grave at the Passenger Vessel Estonia,以下简称爱沙尼亚法),并于同年(1995 年)7 月 1 日正式生效,主要内容是禁止在沉船及周边区域进行潜水活动,这里所指的区域与爱沙协定中的区域含义相同。但在特殊情况下,当同时经过瑞典、芬兰及爱沙尼亚 3 国的许可后,可以进行但只能以保护沉船或防止海洋污染为目的的潜水活动(爱沙尼亚法第 4 条第 3 款),如有违反,将被判处 2 年以下有期徒刑并收取罚金,除没收违法所得以外,违法人员的补助款也可能被没收。爱沙尼亚法虽然不适用瑞典《刑法》的特别规定,但法院依然可以进行判决,尽管此法结构完整,但对于检察院和法院是否具有执行权并无明确规定。

瑞典此次立法的依据源于政府提出的法案,由于沉船处于芬兰渔业水域中的大陆架上,且该水域为公海的一部分,而所有国家对公海都有自由使用的权利,因此,瑞典政府在法案中强调"公海供所有国家平等地使用,不受任何限制"。然而,国际法上有很多事例都表明,不允许对外国船只采取刑事控制措施,由此可得出结论,假如船舶没有从瑞典入港进入内水,那么将难以走法律程序解决纠纷。

(三)评价爱沙协定

爱沙协定签署时正处于国际法协会(ILA)参考《保护水下文化遗产欧洲公约(草案)》(1984 年制定、未生效)制定《公约》草案(1994 年)的阶段,1996 年以后,联合国教科文组织将《公约》草案作为国际性条约草案,前后共召开 4 次(准确地说由于第 4 次会议召开了两届,因而共计 5 次会议)政府专家会议(1998 年至 2001 年)进行研讨,经过这几次会议,大体上确定要赋予沿岸国以管辖权,而爱沙协定作为地区性条约却未提及沿岸国的管辖权,只对沉船及其周边区域加以规制,但其把沉船区域视为海洋墓地,并将侵犯行为入刑的做法是值得肯定的。

三、《英美法加保护泰坦尼克号协定》(2000 年通过)

(一)《泰坦尼克号海事纪念法》(1986 年)

1. 泰坦尼克号沉船的发现与美国的政策

1985 年 9 月 1 日,在美法联合探测队发现了泰坦尼克号残骸的具体位置后,首先令人担心的就是这些遗物将遭到疯抢。1986 年在泰坦尼克号打捞之际,美国探险家巴拉德(Ballard)博士特意没有公布沉船的准确位置,以阻止这些疯狂的掠夺者。由于泰坦尼克号在全世界范围内引起了广泛的关注,美国商船及渔业委员会向国会申请将泰坦尼克号认定为国际海事纪念物加以保护。同时美国还制定了一项草案,规定任何人无论以何种方法对沉船开展的学术研究或探测活动,都禁止损害、盗窃沉船中的遗物,此草案于 1985 年 12 月通过,这便是《泰坦尼克号海事纪念法》(以下简称 1986 年法)。

在泰坦尼克号沉船保护事项上,美国国家海洋和大气管理局(NOAA)从 1985 年起就处于核心地位,这一点美国海洋局前副局长在保护泰坦尼克号会议上也有说明,美国国家海洋和大气管理局(NOAA)的总顾问也指出,“1986 年法超越了各国的属地管辖权以达到保护遇难船只和海底资源的目的,并极具有前瞻性”,同时倡导所有关注泰坦尼克号探测方针的国家应进行协商,于是便由商务部海洋大气局理事负责与英国、法国、加拿大及其他相关国家进行协商谈判,国务卿将泰坦尼克号定为海事纪念物,负责交涉对泰坦尼克号进行探索、探测及在适当的情况下打捞的相关事宜,内务部长也参与谈判。虽然美国与英国开始协商,但起初法国与加拿大对此并未重视。

尽管制定了 1986 年法,美国、法国也从 1987 年开始有所行动,但泰坦尼克号的发现者巴拉德博士却产生了以下的担忧:

“我最担心的就是深海技术被私人掌握,因为他们很有可能在那些遗物未被统计之前就进行打捞,必须进行国际合作来防范这些私人活动,我在议会上说过,在沉船区域打捞的遗物应该加以保护并向世人展示。由于海事法的模糊规定,美国法院认为我和我的团队不是'正式'的泰坦尼克号发现者,理由是我们没有从沉船上带回任何东西,而在国际水域中最初从遇难船只中获取遗物的人才可以主张返回遇难船只并进行遗物打捞的排他性权利。"

正如巴拉德博士所担心的那样,美国为了促进国际合作而制定的法律,与海事法院所认定的打捞者的独占权之间存在两种不同的观点,本文由于篇幅的限制,主要针对制定法进行讨论。

2. 美国对法国政策的应对

法国根据1985年与美国的联合调查结果,知道了"泰坦尼克号"的沉没位置后,脱离了美国,由法国国立海洋开发所着手独自进行探测。法国政府以发展诺蒂尔号潜水艇的名义进行资金援助,同时还获得了与欧洲商业往来频繁的美国宝马最大的经销商的支持,经销商投资潜水活动无非是想夺取遗物并从中获利,起先组织了泰坦尼克号冒险队,后来发展为泰坦尼克号风险投资公司,通过购买打捞泰坦尼克号及遗物的权利,最终成为泰坦尼克公司(总部位于纽约)。于是,有了充裕资金的支持后,法国海洋开发研究院于1987年开始着手探测工作,第一次探测就打捞了800多件遗物,而那时法国依然没有公布泰坦尼克号的准确位置。

美国针对法国1987年的打捞行为,在同一年制定了《被弃沉船法》(Abandoned Shipwreck Act),禁止出于商业目的进口从泰坦尼克号上取得的遗物,在探测、打捞泰坦尼克号及遗物时,虽然受国际协定的约束,但可随时结束该项禁止进口措施以应对来自法国的威胁。之后,泰坦尼克公司使用法国海洋开发研究院的调查船与诺蒂尔号对泰坦尼克号进行了探测。

3.《泰坦尼克号海事纪念法》的注意事项

1986年法将泰坦尼克号沉船视为在灾难中遇难者的纪念碑,利用探测机会,宣布将泰坦尼克号作为海事纪念物,并提出制定规范打捞沉船协定的必要性。无论是第6条第1款的国际协定的适用规定,或是第5条的在国际方针实施之前的适用规定。美国议会中多数认为,都要持续对泰坦尼克号进行探测,以促进科学、文化、历史的发展。1986年法也包含了沉船所处的海洋区域涉及的“放弃域外主权”的条款,规定美国无论如何不能对沉船区域或泰坦尼克号主张主权、排他性权利、管辖权及所有权(1986年法第8条),但是这些条款在美国法院并不适用。换言之,1986年法规定美国放弃对沉船区域及泰坦尼克号主张的主权、排他性权利、管辖权及所有权,与为了保护海洋遗物而行使某些权力是两种不同的含义。如此解释的原因,是1986年法中没有禁止包括美国国民在内的任何人对泰坦尼克号进行探索。在国际协定缔结之前,1985年的会议中也提到不会对打捞者采取禁止措施。

4. 四国联合的缘由及其他利益相关国

本节将对1986年法明确记载的英国、法国、加拿大与泰坦尼克号之间,存在的法律关联性进行探讨。

第一,英国。泰坦尼克号是以英国为船旗国,属于大洋洲远洋运输公司所有,由英国白星航运公司制造的一艘客船兼邮轮,约瑟夫·布鲁斯·伊斯梅(Joseph Bruce Ismay)担任英国白星航运公司主席兼总经理,白星航运公司是经过约翰·皮尔蓬·摩根(J. P. Morgan)融资而成立的,由美国航运联合企业控制,这就说明泰坦尼克号实质上处于美国掌控之下。但是,由于英国是泰坦尼克号的设计者及融资者,所以依然是把握泰坦尼克号命运的主导者。英国交通部在2003年公开表示,由于泰坦尼克号是以英国为船旗国的船只,且在爱尔兰的贝尔法斯特建造,从南安普敦出发,加之船上乘客多数为英国人的原因,因此对泰坦尼克号表示高度重视。再者由于泰坦尼克号的沉没地点在1912年时是英国的殖民地,1949年以后成为加拿大的纽芬兰州,具体位于纽芬兰州东南四百海里、大西洋西北部的国际水域,这一点这也被认为是泰坦尼克号与英国之间的一种关联。

第二,法国。法国与美国因在确定泰坦尼克号的沉没位置上做出了贡献,由此也主张权利,而加拿大利用其与泰坦尼克号在地理位置上的接近来主张存在关联性,英、美、法与其他国家相比,也确实是地理位置上距离泰坦尼克号相对较近的国家,并且拥有沉船行打捞的技术。除此之外,泰坦尼克号在航行途中途经了法国瑟堡,法国就这一点也认为是其与泰坦尼克号具有关联的因素之一。

第三,加拿大。加拿大在泰坦尼克号被发现以后,立即主张沉船位于本国的海域内,美国对此予以否认。辛西娅(Cynthia)指出,即使基于不精确的信息(巴拉德博士有意模糊地将沉没地点记载在《时代周刊》上)得知泰坦尼克号的沉没地点距离海岸500英里,但加拿大仍然是距离泰坦尼克号沉没地点最近的沿岸国。但英国及其国民声称,由于他们建造了泰坦尼克号并购买了保险,因而对泰坦尼克号拥有历史及财产上的权益,基于船体及船内的物品具有历史价值,相对于在地理上与沉船距离最近的国家而言,所有权应归属英国。之后,加万默夫(Gavin Murphy)表示,若要加拿大参与协定的话,必须考虑加拿大与沉船位置的接近性。1949年以后,距离泰坦尼克号沉没地点最近的纽芬兰成为加拿大的一个州之后,加拿大才开始关注制作协定。

基于以上各国与泰坦尼克号之间的关联,英、美、法都对沉没地点进行了探测,而加拿大只能依靠这3国的探测来获悉情况。虽然根据《联合国海洋法公约》第76条规定,泰坦尼克号的沉没地位于加拿大的大陆架边缘地带,但是在美法联合探测过程中,加拿大不仅没能行使直接管辖权,甚至连监视的权利都没有。直到1987年加拿大对泰坦尼克号沉没区域的保护依然没有任何贡献,也没有进行海底作业。另外,泰坦尼克公司因在打捞遗物时使用了法国的潜水艇,便与法国政府签署了协定,其中规定禁止贩卖从泰坦尼克号沉船中打捞的遗物,这项规定也被纳入泰坦尼克公司与英国国家海洋博物馆之间的合作方案中。

(二)英、美、法、加四国保护泰坦尼克号协定(2000年通过)

《英、美、法、加四国保护泰坦尼克号协定》(以下简称《泰坦尼克号协定》)是在1986年法的基础上制定的,与2001年通过的《公约》不同,虽然考虑到沿岸的周边国家,但并没有赋予沿岸国以规制权。有学者认为《公约》所规定的框架,由于期望让尽可能多的国家参与进来而无法保证其实效性,因此,有必要通过其他途径制定地区协定以确保实效性。

1.《泰坦尼克号协定》形成的经过

泰坦尼克号沉船的发现者巴拉德博士表示,在他刚发现沉船的时候就提议,如果能将包括沉船及附近的海底区域划定为考古区域,把所有遗物的流动都仔细记载下来的话,那么就可以从泰坦尼克号这场悲剧中吸取教训,因此,应尽快地制定纪念法。但实际上,英国在 20 世纪 90 年代中期才开始着手缔结此项协定,制作协定从 1997 年持续到 2000 年,英国的交通部、文化媒体体育部及外交部等官员花费 6 年多时间与美、法、加的官员进行谈判协商。1996 年 8 月,交通部在制作协定的准备工作中探讨修订《商船及海上安全法》(以下简称 1997 年法)时,认为应针对公海中类似泰坦尼克号具有重要考古意义的沉船制定相应的法律。由于与其他海洋墓地的法律保护有一定的关联性,因此在对泰坦尼克号进行保护之前,英国在 1999 年先加入了《保护爱沙尼亚号沉船的协定》,并准备将其纳入国内法。

当时英国与沉船有关的有《商船法》(1995 年制定)、《沉船保护法》(1973 年制定,以下简称 1973 年法)这两部法律。前者主要规制对沉船及遗物的打捞行为,明确沉船遗物保管人的监督义务及对遗物的管理权限;后者则是对具有考古价值和有危险性的沉船现场加以保护的规定。但是,1973 年法规定在沉船及保护方面只适用于英国水域,英国船舶若在国际水域沉没则不能适用,因此,1997 年法第 24 条中规定可以适用国际协定,如此一来,在以后的国际合作中,也能有效地保护国际水域中的沉船,从"就地保护"的优先原则和泰坦尼克号的遗物保存及管理的角度出发,这也许是考古学上最好的实施办法。

《泰坦尼克号协定》并没有像水中文化遗产定义中那样,对所有超过 100 年的海洋遗物加以保护,只对有特殊意义的沉船进行保护。美、英、法、加为了制定《泰坦尼克号协定》进行谈判时表示,未经规制的潜水活动会对遇难者遗物、沉船的整体性造成损害,这次谈判是在代表团成员互相尊重、理解且极具诚意的氛围中进行的,最终签订了附属协议书 B《关于泰坦尼克号沉船的协定》。

英、美、法、加四国,在2000年1月5日结束了谈判。四国均表示,对泰坦尼克号的保护、探测要遵守《泰坦尼克号协定》的附属文件,即《关于针对泰坦尼克号和/或其物品的活动的规则》(以下简称《规则》)。《规则》总共32条,是在《泰坦尼克号协定》基础上发展而来。四国表示,为尽快在协定上署名将开始着手准备国内的手续,英国作为委托国,从2000年开始在伦敦对所有国家开放签署《泰坦尼克号协定》。

2.《泰坦尼克号协定》主要的内容及特征

《泰坦尼克号协定》出于为现在及后代子孙的利益考虑,对泰坦尼克号及遗物进行保护。各缔约国一致认为,应"就地保护"优先,仅在出于教育、科学或文化的目的时才可进行科学探查(第4条第2款)。泰坦尼克号自沉没以来进行过多次打捞,已确认被打捞上来的遗物就有5000多件。另外,《泰坦尼克协定》还将《联合国海洋法公约》第303条包含的海洋法条约的相关规定纳入在内。

《泰坦尼克号协定》第1条第2款,将遗物定义为"散落在沉船现场附近的相关物品,以及船体中的装载物及其他物品"。各缔约应基于本国管辖权而采取一切合理措施,确保所有从沉船上打捞出来的遗物在遵守相关规定的基础上得以妥善保存(第3条)。该协定生效后,各缔约国应采取一切必要措施防止对沉船及周边区域进行干扰(第4条第1款)。遇有申请批准针对沉船进行的新项目时,缔约国应将该申请副本以及本国对申请的初步意见通知其他缔约国,并在决定采取行动时,参考其他缔约国的反馈意见(第5条第2款),如果项目涉及多个缔约国国民或船舶,有关缔约国应相互协商,以便规范调整相关活动。(第5条第4、5款)。另外,缔约国要进行针对协定的实施情况及效果进行探讨(第6条)。所有规定不得损害《联合国海洋法公约》中对国家权力、管辖权及相关义务的规定,也不得损害水下文化遗产国际法的发展与相关国家在海洋法中所主张的法律意见(第9条第1款)。如果有关于保护水下文化遗产的多边公约在所有缔约国之间生效,那么将由缔约国协商讨论本协定与该公约之间的关系(第9条第2款)。本协定自两个国家签署之日起生效(第10条、第11条第2款)。由于签署时要做出意思表示,美国、法国及加拿大的代表又开始进行协商。目前为止各国只能对本国的领域、船舶、国民及企业进行规制,如果所有谈判国都成为缔约国,那么协定的实效性将大大增加。

《泰坦尼克号协定》格外注重实效性,其主要框架是规制缔约国船舶及国民的活动。缔约国应根据协定采取适当措施,禁止在其本国港口及领海内的活动(第4条第5项),在沉船区域的沿岸国家和与沉船可能有关联的国家成为缔约国后才能产生实际效力,于是,应该争取将拥有深海技术的其他国家(如日本、俄国)纳入缔约国。

《泰坦尼克号协定》将泰坦尼克号沉船,定为"具有独特象征性及特殊国际意义的历史性沉船"(第2条第2款)。德洛姆戈尔(Dromgoole)在看过这条规定后,注意到其用语与《公约》的用语一致,这表明在制定《泰坦尼克号协定》时借鉴了其中的相关内容,英美两国对《公约》的宗旨和目的表示赞同。

协定中将沉船及附近区域作为遇难者墓地的规定,更多地是为了保护沉船的文化价值,但从遇难者的角度出发,也可能有人认为应该优先考虑这片区域作为墓地所具有的意义。"就地保护"的原则,是在沉船现场就地使用管理技术来保护沉船及遗物。

另外,如前文所述,作为协定附属文件的《规则》是为了保护泰坦尼克号而对探测活动做出的具体规定。英国交通部认为此《规则》是联合国教科文组织制定《水下文化遗产保护和管理宪章》的基础。

3.《保护水下文化遗产公约》和《泰坦尼克号协定》的区别

在制定《公约》时各国已达成共识,但在《公约》通过后海洋发达国家反而脱离了《公约》,这些国家为何又不能接受了呢,英美两国反对《公约》的最大理由之一是,《公约》没有着眼于海洋遗物本身所具有的重要性,而对所有超过100年的海洋遗物都进行保护。在制定《公约》协商时,两国就曾极力倡导应基于海洋遗物的本身的重要性来制定法律,相比对所有遗物都进行保护来说，将资源投入保护重要且独特的文物中才是更好的选择。两国认为，100年以上的沉船现场达数千个之多，不可能每个都适用《公约》的规定进行保护。根据2001年10月31日涉外及公益事务局与相关缔约国之间传阅的《公约》中有关于“英国投票的说明”，其中有两个弃权理由：①没有重要性的标准；②沉没的军舰及其他政府船只所涉及的沿岸国与船旗国的利益不平衡。但同时，英国政府也明确表示，支持《公约》最终版本中的大部分规定，特别是附属文件的规定。

4. 评价《泰坦尼克号协定》

《泰坦尼克号协定》中包含了1986年法的立法目的。有美国政府的职员表示，如果泰坦尼克公司遵守协定附件中的《规则》，也不会对其享有的独占的排他性打捞权产生消极影响，自1985年发现泰坦尼克号沉船以来，打捞出的遗物就有5000多件。《泰坦尼克号协定》与2001年通过的《公约》有所区别，《公约》规定，在对本国大陆架上的沉船进行探测时，给予沉船沿岸国强有力的许可权，但是协定中没有赋予沿岸国此项权利。另外，《公约》否定了打捞法与打捞物法(指海事法规)(第4条)，并对违反行为采取严格的制裁措施(第17条、第18条)，这是对《联合国海洋法公约》第303条的实质性否定。

就目前情况而言，由各国对《公约》表示的普遍认同可推测，在《公约》生效后有可能会被各沿岸国所采纳，但是，包括英、美在内的一些重要国家似乎在将来也不会加入《公约》，这意味着在执行和管理上可能会存在一定的难度和缺陷，《公约》虽然具有一定的实效性但却无法统一适用。总体来说，《公约》依然产生了较大的影响力，促进了许多非缔约国的法院和立法机构修订了考古学上的救助回收法，重新修改了一些作为各国海事法的传统规则，这也意味着《公约》附件中规定的标准，成为处理水中文化遗产的一般性准则。

四、结语

首先，从传统国际法的时代开始，有关领海以外的沉船，最终都给予了发现者以奖励,在海事规则中认为这才是海底探索的诱因。这里所说的海事规则,主要是美国判例中适用的规则,而在1972年订立澳兰协定时还不存在这些规则,澳兰协定将打捞的遗物在关系国之间分配并共同承担费用的做法,对《公约》的非缔约国之间的合作具有重要的借鉴意义。

其次,1995年签订爱沙协定时,《联合国海洋法公约》已经生效(1994年)。国际法协会也已制定出《公约(草案)》(1994年)。爱沙协定尽管重视地域性,却没有赋予沿岸国强有力的管辖权,把沉船及其周边区域划为公共利益区,各缔约国制定了国内法并配以刑事处罚,因而爱沙协定具有很强的实效性。而传统的海洋法中因考虑到公海的自由原则,而设定了管辖权。也就是说,芬兰大陆架的海域不在芬兰沿岸国家管辖权的范围之内,对爱沙协定的缔约国所设定的沉船沉没区域采取特别法来进行管理,这与《公约》的内容不符。

最后,关于保护泰坦尼克号的四国协定。《泰坦尼克号协定》虽然以美国1986年法为基础制定而成,但在2000年才得以通过。在此期间,尽管为了制定《公约》另行召开了政府专家会议,但《泰坦尼克号协定》制定时依然借鉴了《公约》的内容。《泰坦尼克号协定》和《公约》都从原则上否定海事法这点来看具有相似性,但在规制沿岸国家权利这一点上却有根本性的区别。由于现实因素的影响,《公约》于2009年1月2日正式生效。此外,《泰坦尼克号协定》只在两个国家中生效。自英国制定了相关国内法(2003年)后,美国已将修订的《泰坦尼克号海事纪念法》(2007年)递交到上议院,预计不久将要生效。这两部法律在缔约国间产生的实际效用仍值得关注。

《公约》中吸收了许多考古学界的观点。这意味着《公约》放弃了对传统的海事法规则的修改,而以制定新的国际法规则为导向,即力求建立以缔约国为中心的许可体制,并采用《联合国海洋公约》中海域的划分方法。正因如此,管辖权的分配才成为核心关注点,一元性的国际机构是无法加入的,因为新体制将会以缔约国间有效的执行措施与关系国间的协定为中心。值得注意的是,无论是在《公约》缔约国间形成的规范,还是在具有实效性的国家间所形成的有具体内容的双边或地区性条约,都具有较高的规范性。由双边条约开始形成的沉船规范,利用了海洋法中海域划分的方式,从考古学的角度出发,订立了严格的打捞标准,并对欧洲相关规范的制定产生了影响。此外,《泰坦尼克号协定》包含了《公约》的原则和要点,而且从实际效果来看,也成为了规制沉船及其周边区域的另一种方式。英美在受《泰坦尼克号协定》影响后制定的国内法虽然稍有差别,但从推动对旧的海事法规则作出重大修改这点来看效果是一样的。由于这些国内法的所产生的实效性,将会影响今后的国际性规范的制定,因此关于这方面将在以后再进行研究。

世界银行下属争端解决机构国际投资争端解决中心对企业的偏袒：以环球矿业公司诉萨尔瓦多政府为例

[美]罗宾·布罗德(Robin Broad)* 尹 晔 译**

一、导论

本文主要关注于投资者——国家争议仲裁的主要管辖地——世界银行下属争端解决机构(以下简称中心)，同时本文的分析建立在中心严重偏袒企业以及商业利益的基础上。

本文主要将萨尔瓦多政府在没有授予加拿大矿业公司[1]的特许采矿权后，基于其环境因素的考虑，暂缓了加拿大矿业公司在萨尔瓦多金矿开采工程的事件作为研究案例。选择这个案例的部分原因是：一个低收入国家的政府能将开采金矿产生的环境问题，看得比潜在巨额外汇收入还重要是不同寻常的。本文先从案例中金矿所在地区层面入手，其后演变至萨尔瓦多国家层面。随着环太平洋开曼公司向中心起诉萨尔瓦多政府，最终将该案例上升到国际层面的全过程逐一为读者解读。

---

* 罗宾·布罗德，美国大学国际学院国际发展专业教授，本文原刊载于《宾夕法尼亚大学国际法杂志》2015年第36期。

** 尹晔，上海外国语大学2015级法律硕士研究生。

〔1〕 依据作者原文内容，加拿大矿业公司系仲裁申请人环太平洋开曼公司的母公司，以下简称"环太平洋公司"。——译者注

通过对萨尔瓦多仲裁案例的研究,读者将会对中心有更全面的认识。首先笔者简要介绍,从50年前成立之日起就一直饱受争议的中心历史。随着对萨尔瓦多仲裁案例研究的深入,笔者开始反思现存或拟议的投资贸易协定中的中心与投资者——国家争议仲裁机制。

笔者通过对萨尔瓦多仲裁案例进行分析,揭示中心在两方面有偏袒与瑕疵:(1)与政府以及非营利性非政府组织相比,中心更偏袒企业和商业利益;(2)中心完全将尤为重要的非商业利益排除在考虑范围之外,如环境与公共利益。正如笔者所认为的那样:"这两大偏袒与瑕疵相互加强,让中心不再适合处理当下和未来面对的主要挑战性事务。"

二、中心的历史简介

首先,先介绍一下中心的重要历史概要,这不仅有助于我们建立关于中心的讨论框架,而且可以更好地帮助我们进行萨尔瓦多仲裁案例的进一步研究。中心成立于50年前。在1966年,中心第一次处理政府征收外国投资者财产的仲裁。[1]

笔者通过研究中心历史发现,其实早在中心成立之前便饱受争议。1964年在东京举行的世界银行年会上,21个发展中国家对在世界银行中新成立一个外国投资者能够直接起诉当地政府部门的提案投了反对票。[2] 这21个国家包括19个参加会议的拉美国家以及菲律宾、伊拉克。这个历史性的投票,被称为"不不,东京"("El No de Tokyo No")或者"东京说不"("Tokyo No")。[3] 但值得注意的是,在世界银行提案投票的历史上,参加会议的大部分国家与以拉美国家为首的联盟站在对立阵营的情形是具有重要意义的。

同时,21个反对票背后的原因也是意义非凡的。一位当时的智利代表

---

〔1〕 ICSID, *ICSID Convention, Regulations and Rules*, p. 5, ICSID/15(Apr. 2006).

〔2〕 Antonio R. Parra, The History of ICSID, *OUP Oxford*, 2012, pp. 66 – 67.

〔3〕 Silvia Karina Fiezzoni, The Challenge of UNASUR Member Countries to Replace ICSID Arbitration, *Beijing L. Rev*. 2, 2011, pp. 134, 136; Andreas F. Lowenfeld, The ICSID Convention: Origins and Transformation, *Ga. J. Int'l & Comp. L*. 38, 2009, pp. 47, 54.

菲利克斯·鲁斯(Felix Ruiz)在提及拉美国家投反对票的依据时如此说道:"现如今,世界银行中所有拉美成员国的法律与宪法体系都会给与外国投资者与本国国民同样的法律保护。他们禁止没收与歧视,但如果是基于公共利益的合理理由,也会要求给予外国投资者公正的补偿。而外国投资者最终也有在本国法院的上诉权。"

其次,尽管有如此多的反对声音,在1965年3月18日至1966年10月14日,各国政府之间仍然签署了关于投资者—国家争议仲裁的公约,建立了中心。[1] 从会议记录来看,巴西没有参加会议,且巴西反对通过建立投资者—国家争议仲裁机制授予投资者特权。

三、萨尔瓦多与加拿大的矿业公司仲裁:从地区层面、国家层面、再到国际层面了解案件事实

在了解中心的创建历史以及围绕其是否创建的争论之后,我们来梳理环太平洋开曼有限责任公司诉萨尔瓦多仲裁案的基本案情。笔者在中心总部华盛顿特区实地调研以及4次到萨尔瓦多进行调查之后,整理了案件基本情况。之后,本文将会深入探讨中心在投资者—国家争议解决的偏袒问题。

一般来说,最佳梳理案情的方式是以大事记形式从地区、国家和国际3个层面来整理。

(一)地区层面

卡瓦纳(Cabanas),坐落于萨尔瓦多北部,且是全国最穷的省份之一,人们大部分以种植玉米和大豆为生。但卡瓦纳拥有一条横穿中美洲的邻国瓜地马拉(Guatemala)、洪都拉斯(Honduras)和尼加拉瓜(Nicaragua)的金脉。21世纪初,随着金价暴涨,来自加拿大的矿业公司——环太平洋公司在2002

[1] ICSID, *ICSID Convention, Regulations and Rules*, p. 5, ICSID/15 (Apr. 2006).

年收购了一家拥有8年开采许可证但只剩3年开采期的公司,进入了卡瓦纳。[1] 萨尔瓦多和大多数国家一样,获得采矿许可证不一定就获得实际采矿特许权。而环太平洋公司(Pac Rim)在获得采矿许可证后,就直接开始开采金矿。

受访者表示,当地居民刚开始对这项工程很感兴趣,但随着金矿的开采,人们渐渐有些担心。因为一些生活在水域附近的人感受到了河流的变化。当地居民知道需要用有毒的氰化物来开采金矿,而且卡瓦纳和世界上大多数国家一样,在开采金矿的过程中,散发出岩石中的砷元素会导致排泄酸性矿水。正因如此,当地居民才逐渐担心金矿开采将会对他们小型农业赖以生存的土地和水造成影响。总体来说,当地居民主要担心的是金矿开采会污染为超半数萨尔瓦多居民提供饮用水的力拓伦帕(Rio Lempa)河流域。[2]

在讨论国家层面之前,有必要让大家注意到这样一个事实:反对开采金矿的民众与支持采矿工程的人员,包括当地市长以及环太平洋公司当地分公司的员工,爆发了激烈的冲突。而由于社会矛盾不断升级,在2009年,有3名反对金矿开采的活动人士遭到了残酷的暗杀。

---

〔1〕 Pac Rim Cayman LLC v. Republic of El Sal, ICSID Case No. ARB/09/12, El Salvador's Rejoinder on the Merits 6, Accessed July 11, 2014, http://www.italaw.com/sites/default/files/case-documents/italaw3321.pdf [hereinafter Pac Rim].

〔2〕 See Robert Goodland, Responsible Mining: The Key to Profitable Resource Development, Sustainability 4, 2012, p. 2099 (describing the adverse environmental impact of gold mining in El Salvador and in general, including the release of arsenic and the problem of acid mine drainage). See also Dina L. Lopez, Professor and Department Chair, College of Arts & Sciences, Ohio Univ., http://www.ohio.edu/geology/lopez/, Accessed Mar. 28, 2015 (explaining that her research includes focusing on acid mine drainage and contamination in water). On arsenic and gold mining in particular, see Jochen Bundschuh et al. "One Century of Arsenic Exposure in Latin America: A Review of History and Occurrence from 14 Countries", *Sci. of the Total Env't* 429, 2012, p. 2; William Holden & R. Daniel Jacobson, *Mining and Natural Hazard Vulnerability in the Philippines: Digging to Development or Digging to Disaster*, 2012. 关于如何评估采矿制度的环境,社会和经济成本和收益,参见 Robin Broad, "Responsible Mining: Moving from a Buzzword to Real Responsibility", *The Extractive Industries and Soc'y* 1, 2014, pp. 4 – 5 (explaining the need for valid definitions of responsible mining); Andres McKinley, Mitos y Realidades de La Mineria de Oro en Centroamerica, Caritas El Salvador, Accessed Nov. 2013, http://www.movimientom4.org/wp-content/docs/mitos y realidades de la mineria de oro en centroamerica.pdf (assessing the environmental, social, and economic costs and benefits of mining regimes)。

（二）国家层面

随着在卡瓦纳公民反采矿的活动越来越规模化，引发了国内其他团体的建立。2005 年经过评议，建立了萨尔瓦多反金属矿开采国家领导委员会（La Mesa Nacional Frente a la Mineria Metalica），其主要工作职能是推动国家政府出台禁止开采金属类矿物的政策。在萨尔瓦多，民众普遍反对金矿开采。到 2007 年年底，调查显示超过 60% 的萨尔瓦多人反对金矿开采。[1] 著名的有天主教派，还包括环境保护者、人权倡导者、大学教师、其他宗教教派、当地居民以及大量依赖河流生存的农民等。[2]

所以，从 2005 年开始，部分政府官员也开始担心采矿引起的环境破坏与社会矛盾，以及政府无法规范采矿公司的问题。有趣的是，调查显示直到 2005 年政府才开始关注这个问题，在 2006 年保守党总统安东尼奥·萨卡（Antonio Saca）执政期间才引起重视。于是，萨尔瓦多政府在经济部与环境部之间，建立了一个有重大意义（笔者这样认为）且有远见的联盟，他们的任务是在任何金矿开采活动开始之前或者任何金矿开采的申请之前，进行"战略环境评估"而不仅仅是经济评估，于是就产生了暂缓金矿开采的决定。实际上，战略环境评估工作交给了 2009 年就任的改革论者——马蒂民族解放战线（Farabundo Marti National Liberation Front）政府。

总统莫里斯·富内斯（Mauricio Funes）在 2009 年 6 月 1 日就任之后，仍执行金矿开采暂缓令。由于总统富内斯密切关注力拓伦帕（Rio Lempa）河流域的环境问题，于是总统宣布："在他执政期间，不会再颁发任何矿物开采的

---

〔1〕 调查的问题是："你认为适合在萨尔瓦多开采金属矿物吗？"62.4% 认为不适合。Consulta De Opinion Publica De Octubre De 2007, Instituto Universitario de Opinion Publica, Universidad Centroamericana 54, Accessed Nov. 2007, http://www.uca.edu.sv/publica/iudop/Web/2008/finalmineria040208.pdf.

〔2〕 关于公民社会的角色分类、私营部门和政府，以及萨尔瓦多（El Salvador）总体的政治经济的相关问题，参见 The Poor and the Environment: Friends or Foes?, supra note 15, pp. 420 – 423。对萨尔瓦多社会各部门的角色分类的假设，参见 RachelNadelman, *Sitting on a Gold Mine: El Salvador's Departure from Extractive-led Growth*, 2013 (unpublished Ph. D. dissertation, School of International Service, American University) (on file with author). Given Nadelman's 2014 fieldwork in El Salvador, her Ph. D. dissertation is likely to contribute significantly to this literature。

许可证或特许证”,但这种态度导致其迅速下台。2014 年 6 月 1 日,第三任总统桑切斯塞伦(Sanchez Ceren)总统就职。笔者采访了桑切斯塞伦(Sanchez Ceren)政府的经济部部长,他仍强调:“我们的国家就应该叫伦帕(Lempa),因为这条河对我们来说就是一切。”[1]

国家层面的金矿开采政策与萨尔瓦多仲裁案例中具体情况,仍有重大区别。正如上文所提及的一样,环太平洋公司有金矿开采许可证,但关键是,它并未获得实际金矿开采的特许。为了拿到这样的特许,需要满足特定的 3 个条件,但记录显示,它从未满足这 3 个条件(我们将在下文国际层面讨论),而环太平洋公司辩称:“在颁发了金矿开采许可证后,就意味着萨尔瓦多政府为其金矿开采亮起了绿灯。”

(三)国际层面和中心

环太平洋公司没有选择上诉至萨尔瓦多的本国法院,而是在 2009 年 4 月 30 日,向世界银行的下属机构——中心,对萨尔瓦多政府提起了国际仲裁申请。[2]

应该注意的是,正式向中心提交仲裁申请的是环太平洋开曼公司,并不是其总部位于加拿大的环太平洋公司母公司。简言之,环太平洋的请求逻辑就是在之前所讨论的,即我们拥有金矿开采许可证,政府就应该给我们实际的矿物开采特许权,而萨尔瓦多政府是不稳定的,所以我们希望能获得政府一如既往的支持,但实际上政府的采矿政策却变化无常。笔者认为,这是不公正且违法的。因此,应该命令萨尔瓦多政府依照未开采的金矿市场价格进

〔1〕 Interview with Tharsis Salomon Lopez, Minister of Economy, in San Salvador, July 18, 2014.

〔2〕 See Pac Rim, Notice of Arbitration, Pac Rim Cayman LLC v. Republic of El Sal, ICSID Case No. ARB/09/12, El Salvador's Rejoinder on the Merits 6, Accessed July 11, 2014, http://www.italaw.com/sites/default/files/case-documents/italaw3321. To note some key dates: The Notice of Intent was filed in December 2008 and the Notice of Arbitration in April 2009, before the Funes administration took office. June 15, 2009 (just two weeks after the start of the Funes presidency) was when ICSID registered the Request for Arbitration. Ibid., p. 3. Note that the ICSIDsite was changed sometime in late 2014 or early 2015; this was formerly (https://ICSID.worldbank.orgICSID/FrontServlet).

行合理补偿。[1] 以上为环太平洋公司的根本的诉讼请求。

之后,依据中心协议,组建了由 3 位仲裁员组成(均为律师)且人均日薪为 3000 美元的仲裁庭。第一阶段是管辖权听证。[2] 例如,在被公众所诟病的"协议搜寻"中,[3]环太平洋公司提交了两份仲裁协议:一份是《中美自由贸易协定》(简称 CAFTA),另一份是萨尔瓦多本国投资法。[4] 最后,仲裁庭决定不适用《中美自由贸易协定》(这样做是正确的,因为加拿大并不是中美自由贸易协定的签署国,虽然加拿大的公司准备将其在开曼群岛的外壳公司的国籍改为美国国籍,但这也并不意味着,新建立的美国公司能够享受《中美自由贸易协定》成员国的利益)。[5] 然而,仲裁庭决定接受萨尔瓦多本国投资法的管辖。[6] 这已经表明了中心对企业的偏袒。根据双方所提交的证据,仲裁庭本不应该受理这份仲裁,因为环太平洋公司宣称其在 2008 年 8 月才知道矿物开采的特权存在问题,但从环太平洋高层在 2005 年年初的邮件来看,这个说辞不攻自破。

在确定管辖权之后,仲裁进入法律依据及实质阶段。法律依据的听证将

---

〔1〕 参见第三部分(环太平洋具有开采许可证,但是没有满足获得开采特许的必要条件)。

〔2〕 Case Details, International Centre For Settlement Of Investment Disputes, Accessed Apr. 3, 2015. https://ICSID. worldbank. org/apps/ICSIDWEB/cases/Pages/casedetail. aspx? CaseNo = ARB/09/12&tab = DOC.

〔3〕 See Inna Uchkunova, Drawing a Line: Corporate Restructuring and Treaty Shopping in ICSID Arbitration, Kluwer Arbitration Blog, Accessed Mar. 6, 2013. http://kluwerarbitrationblog. com/blog/2013/03/06/drawing-a-line-corporate-restructuring-and-treaty-shopping-in-ICSID-arbitration/ (defining treaty-shopping "as the process of routing an investment so as to gain access to a BIT where one did not previously exist or for gaining access to a more favorable BIT protection").

〔4〕 Pac Rim, Hearing of Objections to Jurisdiction, Pac Rim Cayman LLC v. Republic of El Sal, ICSID Case No. ARB/09/12, El Salvador's Rejoinder on the Merits 6, Accessed July 11, 2014, http://www. italaw. com/sites/default/files/case-documents/italaw3321, Hearing on Jurisdiction, 6:18 – 7:12 (May 2, 2011).

〔5〕 Pac Rim, Decision on Jurisdiction, Pac Rim Cayman LLC v. Republic of El Sal, ICSID Case No. ARB/09/12, El Salvador's Rejoinder on the Merits 6, Accessed July 11, 2014, http://www. italaw. com/sites/default/files/case-documents/italaw3321, P 7. 1, June 1, 2012. This involved the change of nationality of Pac Rim Cayman LLC from the Cayman Islands to the United States, without Pac Rim Cayman having any substantial business activities in the United States (More details later in article, infra. pp. 114 – 15).

〔6〕 Ibid.

在 2014 年 9 月举行，2015 年出裁定结果（结果在写这篇文章时仍未知）。[1]

法律依据阶段的争议焦点主要是技术问题，即环太平洋公司是否满足金矿开采特许的实质性条件。通过仔细调查取证（包括考察环太平洋公司的内部邮件），政府的律师主要论证环太平洋公司没有满足取得采矿特许经营权的三大实质性条件：(1)政府没有批准环太平洋公司申请的原因是，它所提交的环境影响研究报告是不合格的，且这份报告未能涵盖环太平洋公司计划要开采金矿的全部区域；(2)环太平洋公司没有提交可行性研究报告；(3)环太平洋公司甚至没有获得金矿所在地的土地所有权或开采特许权。[2] 缺乏土地开采特许权证明与环太平洋公司当初的请求相反，当地居民无论过去还是现在都不支持环太平洋公司在卡瓦纳的采矿计划，且环太平洋公司最终也并没有获得土地所有权，环太平洋公司只有低于 13% 的土地储备量，其余 87% 以上的土地均为当地 1000 余名居民所有。[3]

而环太平洋公司的律师主要以环太平洋公司的董事托马斯·希拉克（Thomas Shrake）的陈述进行答辩，即他没有"意识"到法律风险的存在。而与此相反的是，证据显示环太平洋公司清楚自身无法达到采矿特许的条件。事实上，早在 2005 年年初，环太平洋与萨卡总统任职期间的副总统以及其他

---

〔1〕 Case Details, International Centre For Settlement of Investment Disputes, Accessed Apr. 3, 2015https://ICSID. worldbank. org/apps/ICSID WEB/cases/Pages/casedetail. aspx? CaseNo = ARB/09/12&tab = DOC.

〔2〕 Robin Broad, *Summary of El Salvador's Rejoinder on the Merits*, 11 July 2014, in Pac Rim Cayman LLC v. The Republic of El Salvador, The Blue Planet Project, Accessed Sept. 4, 2014. http://www. blueplanetproject. net/index. php/summary-of-el-salvadors-rejoinder-on-the-merits – 11 – july – 2014 – in-pac-rim-cayman-llc-v-the-republic-of-el-salvador/. See also Pac Rim, Pac Rim Cayman LLC v. Republic of El Sal, ICSID Case No. ARB/09/12, El Salvador's Rejoinder on the Merits 6, Accessed July 11, 2014, http://www. italaw. com/sites/default/files/case-documents/italaw3321, pp. 254 – 257. See also Jen Moore et al. , Debunking Eight Falsehoods by Pacific Rim Mining/OceanaGold in El Salvador: Oceana Gold in El Salvador (Mar. 2014), http://www. ips-dc. org/wp-content/uploads/2014/03/Eight-Falsehoods-Final-March – 17 – 2014 – WEB. pdf (explaining that Pacific Rim did not meet the regulatory requirements to obtain a mining perm).

〔3〕 Pac Rim, Pac Rim Cayman LLC v. Republic of El Sal, ICSID Case No. ARB/09/12, El Salvador's Rejoinder on the Merits 6, Accessed July 11, 2014, http://www. italaw. com/sites/default/files/case-documents/italaw3321, p. 98.

相关人员，曾共同努力消除必须获得金矿开采土地所有权的实质性条件。[1] 而绕过这些条件的计划，就是通过游说萨尔瓦多议会修改旧的采矿法或者颁布新的采矿法来废除三大条件。[2] 以上观点正好推翻了环太平洋公司辩称他们没有获得采矿特许权的关键原因是没有与腐败的萨卡政府取得合作的主张。[3] 引用对其他论点答辩中的一句话："实在太荒谬。"

正是由于萨尔瓦多政府公布的文件，本案的一些有趣细节得以公开。[4] 法律依据阶段是秘密进行的（不允许旁听，甚至签署了法庭之友辩论书的潜在利害关系人都不能参加）。令人讽刺的是，如果仲裁在中美投资贸易协定的管辖内，仲裁审理过程必须要公开。虽然在管辖权听证阶段，双方本来都有同意召开听证会的权利，但是双方均未行使这项权利。笔者从采访中得知，萨尔瓦多政府希望公开法律依据阶段的仲裁。因此，可以合理推测，是环太平洋公司拒绝仲裁透明化。

该仲裁暴露了中心在组织结构与程序设计上内在"偏袒"问题。从内部来看，环太平洋开曼公司完全有能力支付中心的仲裁费。因为当环太平洋开曼公司的母公司——环太平洋公司在山穷水尽的时候，加拿大或澳大利亚的矿业公司大洋黄金（Oceana Gold）在2013年11月收购了它。因此，环太平洋公司就成为了大洋黄金的全资子公司，这极大地提高了其在仲裁过程中的支付能力。但要注意，原告仍是环太平洋开曼公司。

这就意味着，尽管萨尔瓦多政府在这场仲裁中取得胜利，它也只能向环太平洋开曼公司索赔。但正如知情人士所说，"环太平洋公司是一个没有实

---

〔1〕 Pac Rim, Pac Rim Cayman LLC v. Republic of El Sal, ICSID Case No. ARB/09/12, El Salvador's Rejoinder on the Merits 6, Accessed July 11, 2014, http://www.italaw.com/sites/default/files/case-documents/italaw3321, pp. 69 – 70.

〔2〕 Ibid., pp. 71 – 72, 230.

〔3〕 High Stakes Poker (2012 Documentary encore), 1:55 – 2:16, 24:20 – 25:14, Accessed Nov, 16, 2012. http://www.cbc.ca/player/Radio/The + Sunday + Edition/Full + Episodes/ID/2324862711/.

〔4〕 Descarga de Documentos, Minesterio de Economia, Gobierno de El Salvador, Accessed Mar, 27, 2015. http://www.minec.gob.sv/index.php? option = com_phocadownload&view = category&id = 26:otros-documentos&Itemid = 63.

际经营地,没有固定资产,没有银行账户,没有资金的空壳公司。”大洋黄金没有依据中心裁决支付赔偿款的法律义务。这就是被称为“第三方资金”——一种特别不公平局面的典型例子。环太平洋公司能够动用无止境的资金支撑这场仲裁,而如果萨尔瓦多政府赢了这场仲裁,也只能向环太平洋开曼公司索赔。[1]

如此冗长的仲裁程序花费巨大,从内部知情人员获悉,双方早已经支付了超过12,000,000美元的仲裁费。即使萨尔瓦多政府赢了这场仲裁,仲裁员应该也不会要求环太平洋公司承担萨尔瓦多政府为仲裁所支出的费用。而如果萨尔瓦多政府输了,需要赔偿申请人301,000,000美元。直到目前为止,萨尔瓦多政府仍然坚持即使支付赔偿金也不会允许金矿开采的意见。如果萨尔瓦多在这场仲裁中输了,可能开启其他矿业公司选择中心作为纠纷解决机制的闸门,那么仲裁成本远远高出实际开采所带来的影响。同时,可能会对其他政府推行限制采矿的环境保护提案造成消极影响。

此外,这件仲裁案可能会从法律依据阶段被拖入撤销阶段。不像法院和其他大多数司法系统,中心仲裁庭并不将先例作为审判依据,所以双方都无法基于该类司法理由上诉。任何一方当事人都可以依据“仲裁决策过程中的程序错误”申请撤销裁决。再者,临时的撤销仲裁庭有权作出“即使发现了程序错误但是不撤销裁决的决定”。[2]

总体来说,笔者通过详细调查大量的证据及文献充分证明,环太平洋开曼有限责任公司诉萨尔瓦多政府是没有法律依据的。如果中心的3位仲裁员继续仲裁,则会更进一步证明中心对企业的偏袒,且仲裁庭并不具备运用事实以及判例权衡证据的能力。其实,中心允许该案件继续进行就自证了其

---

〔1〕 Commerce Group Corp. v. Republic of El Salvador, ICSID Case No. ARB/09/17, International Centre for Settlement of Investment Disputes, para. 23, n. 22, Accessed Aug, 10, 2012. http://www. minec. gob. sv/index. php? option = com_phocadownload&view = category&id = 30: commerce-group-vrs-repblica-de-el-salvador&Itemid = 63.

〔2〕 ICSID Background Paper on Annulment for the Administrative Council of ICSID, para. 63, Accessed Aug, 10, 2012. http://documents. worldbank. org/curated/en/2012/08/16755063/background-paper-annulment-administrative-council-ICSID.

是偏袒企业的。

再者,若萨尔瓦多赢得该仲裁案件,一定是基于其法律的力量以及环太平洋公司所犯下的错误,而不是基于伦帕河的命运或是卡瓦纳大多数人民的心愿。确实,仲裁中提及的在地区与国家层面提出的环境问题并非实质性问题,尽管萨尔瓦多政府的律师已经提到了这个问题。〔1〕因为,在伦帕河流域采矿的影响以及伦帕河流域对萨尔瓦多国家对的中心地位与仲裁程序并不相关。

四、从案例研究看中心

支持者认为,中心是一个能够提供公平竞争环境的投资者—国家仲裁机制。但当中心仲裁案件积压的越来越多的时候,〔2〕批评声随之而来。正如笔者在导论部分讨论的一样,关于中心的裁决争论的焦点主要是:(1)中心越来越偏袒投资者;(2)中心仅仅只关注商业利益。〔3〕

中心偏袒企业,这在50年前的东京会议上21个投反对票的国家已经提出来了。〔4〕只能说东京会议上投反对票的国家真有先见之明。随着中心仲裁案件的增加以及企业全球影响力的扩大,中心似乎对民营企业投资者的偏袒越来越明显。

成员国在众多批评声下采取了实际行动。玻利维亚(Bolivia)、厄瓜多尔(Ecuador)和委内瑞拉(Venezuela)等当时在东京会议上持反对意见的国家

---

〔1〕 Pac Rim, Pac Rim Cayman LLC v. Republic of El Sal, ICSID Case No. ARB/09/12, El Salvador's Rejoinder on the Merits 6, Accessed July 11, 2014, http://www.italaw.com/sites/default/files/case-documents/italaw3321. pp. 57 - 65, 203 - 206, 249 - 255, 252 - 288; Ibid., El Salvador's Counter-Memorial on Merits, pp. 249 - 55, July, 11, 2014.

〔2〕 ICSID Secretariat, The ICSID Caseload-Statistics (Issue 2014 - 2), at 7 (2014), Accessed January 7, 2015. https://ICSID.worldbank.org/apps/ICSIDWEB/resources/Documents/ICSID%20Web%20Stats%202014 - 2%20%28English%29.pdf. A list of completed and pending cases can be found at: https://ICSID.worldbank.org/apps/ICSIDWEB/cases/Pages/AdvancedSearch.aspx (This was formerly: <https://ICSID.worldbank.org/ICSID/Index.jsp>).

〔3〕 参见第一部分。

〔4〕 See Antonio R. Parra, The History of ICSID, *OUP Oxford*, 2012, pp. 66 - 67 and accompanying text.

都离开了中心。[1] 南非正在建立一套只能让外国投资者上诉至本国法院的投资法。[2] 印度正在对有关企业的案件进行条约审查。[3] 印度尼西亚宣布不会重新签订双边投资协定。[4] 澳大利亚在2005年《澳美自由贸易协定》中拒绝增加企业的权利。[5] 巴西不参加任何投资者和国家的争端解决机制。[6]

总体来说,我们应该允许,准确说鼓励萨尔瓦多政府保护伦帕河以防遭受金矿开采的污染。我们的全球治理体系不应该通过上诉至中心来惩罚政府,而应该通过奖励政府保护环境。无论是地区层面、国家层面、国际层面的政府都有责任保护人民以及生态环境。

在现有的体系下,投资者—国家争议仲裁条款与中心的裁决都在做与此相反

〔1〕 Sergey Ripinsky, Venezuela's Withdrawal From ICSID: What it Does and Does Not Achieve, Investment Treaty News, Accessed Apr, 13, 2012. https://www. iisd. org/itn/2012/04/13/venezuelas-withdrawal-from-ICSID-what-it-does-and-does-not-achieve/; Nicolas Boeglin, ICSID and Latin America: Criticisms, Withdrawals and Regional Alternatives, Bilaterals. org, Accessed June, 25, 2013. http://www. bilaterals. org/? ICSID-and-latin-america-criticisms.

〔2〕 Jackwell Feris, Challenging the Status Quo-South Africa's Termination of its Bilateral Trade Agreements, Publications, DLA Piper, Accessed Dec, 10, 2014. https://www. dlapiper. com/en/us/insights/publications/2014/12/international-arbitration-newsletter-q4 - 2014/challenging-the-status-quo/.

〔3〕 Investor-state Dispute Settlement: The Arbitration Game, Economist, Accessed Oct. 11, 2014, at 78, http://www. economist. com/news/finance-and-economics/21623756 - governments-are-souring-treaties-protect-foreign-investors-arbitratio. Kavaljit Singh, India and Bilateral Investment Treaties-Are They Worth It?, Financial Times, Accessed Jan, 21, 2015. http://blogs. ft. com/beyond-brics/2015/01/21/guest-post-india-and-bilateral-investment-treaties-are-they-worth-it.

〔4〕 Ben Bland and Shawn Donnan, Indonesia to Terminate More Than 60 Bilateral Investment Treaties, Financial Times, Accessed Mar, 26, 2014. http://www. ft. com/intl/cms/s/0/3755c1b2 - b4e2 - 11e3 - af92 - 00144feabdc0. html # axzz3WTC8rx2C; Abdulkadir Jailani, Ministry of Foreign Affairs, Indonesia's Experience: IIA Review, Accessed Feb., pp. 25 - 27, 2015. http://unctad-worldinvestmentforum. org/wp-content/uploads/2015/03/Indonesia _ side-event-Wednesday _ model-agreements. pdf; Matthew J. Skinner and Zara Shafruddin, Turning Tides, Publications, Jones Day, Accessed Oct, 2014. http://www. jonesday. com/Turning-Tides-What-Indonesias-Reconsideration-of-Bilateral-Investment-Treaties-Means-for-Foreign-Investors - 10 - 10 - 2014/? utm_source = Mondaq&utm_medium = syndication&utm_campaign = View-Original.

〔5〕 Ann Capling and Kim Richard, *Blowback: Investor-State Dispute Mechanisms in International Trade Agreements*, 19(2) Governance: An International Journal of Policy, Administration and Institutions, 2006, pp. 151, 165.

〔6〕 Elizabeth Whitsitt and Damon Vis-Dunbar, Investment Arbitration in Brazil: Yes or No, Investment Treaty News, Accessed Nov, 30, 2008. http://www. iisd. org/itn/2008/11/30/investment-arbitration-in-brazil-yes-or-no/.

的事情，即在国家层面上对环境保护和社会管理的行为进行打击，由此政府会担心通过监管的“间接实施”而被起诉，这就是专业上所说的“监管寒冰”。[1]

五、改变的紧迫性

环太平洋开曼公司诉萨尔瓦多政府在中心的仲裁结果，对萨尔瓦多国家的未来产生了深远的影响。这样说是一种保留陈述，因为这个仲裁确实给我们寻求更好的投资者与解决国家争端提供了经验。

中心支持者相信如果投资者的权利没有得到保护，且没有中心仲裁地，全球经济将大大受损。同时，他们也相信，如果外国投资者没有签订投资者—国家争议仲裁条款且不是中心成员国，投资就无法进行。[2] 为推翻这一假设，以巴西为例，它从来没有签订任何投资者与国家的争端解决协定，但巴西仍是国外投资的领头羊。总体来说，如果外国投资者认为海外投资有风险，他们可以购买海外风险险，而且也能像本国投资者一样，他可以到指定国家的法院寻求帮助。

遵循世贸组织及其争端解决机制的国家，应该注意这样的事实。现如今，新自由主义正在向超全球化推进。世贸组织[3]中的一项基础原则是国民待遇原则。令人觉得讽刺的是，中心似乎表明超全球化的支持者认为，外国投资者的地位应当优于国内投资者的地位。

---

〔1〕 See Kyla Tienhaara, What You Don't Know Can Hurt You: Investor-State Disputes and the Protection of the Environment in Developing Countries, Global Environmental Politics, Nov. 2006, at 73, 85 ("The notion that regulators fear raising environmental standards beyond the status quo because they believe it may deter new investment or cause industrial flight has been termed regulatory chill").

〔2〕 Charles N. Brower and Sadie Blanchard, From "Dealing in Virtue" to "Profiting from Injustice": The Case Against "Re-Stratification" of Investment Dispute Settlement, *Harv. Int'l L. J.* 55, 2014, pp. 45, 50; Editorial Board, Don't Buy the Trade Deal Alarmism, The Washington Post, Accessed March, 11, 2015. http://www. washingtonpost. com/opinions/dont-buy-the-trade-deal-alarmism/2015/03/11/41575fee - c1d5 - 11e4 - 9271 - 610273846239_story. html; Time Worstall, Explaining TTIP and ISDS to George Monbiot One More Time, Forbes, Accessed Jan, 14, 2015. http://www. forbes. com/sites/timworstall/2015/01/14/explaining-ttip-and-ISDS-to-george-monbiot-one-more-time/.

〔3〕 World Trade Organization, Settling Disputes, Understanding the WTO, 2015, p. 55, https://www. wto. org/english/thewto_e/whatis_e/tif_e/understanding_e. pdf.

比 较 私 法

同性恋婚姻和亲子关系：法国同性恋平等权利的抗争

[法]丹尼尔·博里尔约(Daniel Borrillo)*

史汗青　宋　爽　宣方鸣**　译

一、同性恋的政治历史

长期以来，法律和私法学者的学说都拒绝承认同性恋婚姻和同性恋家庭。在实践中，法国最高法院、法国最高行政法院和法国宪法委员会在处理相关问题时也显得尤为克制。法官和议会在有些国家是相辅相成的，[1]但在法国，由于司法在解决某些重大问题上具有局限性，因此立法机关的介入就十分必要，例如，认定同性恋能否非婚同居(concubinage)(尤其在患艾滋病期间)，以及能否在卫生法和社会福利法等法律上产生与非婚同居相应的法律后果。

一直以来，确切说从同性恋非罪化以来，法官的立场都深受法学家学说的影响。在此之后，有关同性恋婚姻的各项立法期间[《民事互助契约制度》

---

* 丹尼尔·博里尔约(Daniel Borrillo)，法国国家科学研究院研究员、巴黎第十大学讲师。1961年出生于阿根廷布宜诺斯艾利斯，后移民法国。在布宜诺斯艾利斯大学获得法学学士学位，在法国斯特拉斯堡大学获得博士学位。研究方向涉及性别、反歧视及新型家庭模式相关的法律。他是法国最早为同性恋争取婚姻权利的人士之一。本文原刊载于法国《权利与文化》2015年第69期，第179～220页。

** 史汗青，上海外国语大学2016级法律硕士；宋爽，上海外国语大学2016级法律硕士；宣方鸣，上海外国语大学2016级法律硕士。

〔1〕 例如南非的宪法法院(2005年)、加拿大不同地区的最高法院(2005年)、墨西哥的最高法院(2010年)、美国的最高法院(2013年)、巴西的最高法院(2013年)都先于议会辩论。

(Pacs)、《同性恋婚姻法》(Mariage pour tous)和《家庭法法案》(projet de loi Famille)],占主导地位的反对学说仍不断地增加。在这种不利于推进社会平等的背景下,如果想要把同性恋个人和同性恋家庭纳入法律之中,就必然要进行立法干预。

(一)一项针对异性夫妻的新法律原则

根据大陆法系的传统,法官对法律的创造性是受制约的。但是,在处理异性事实婚姻的遗产继承和社会权利问题上,法官长期以来都在寻找这方面的法律论证。非婚同居仅在有请求、冲突或者争议的情况下,才能进入司法领域。因此,正如解决非婚同居的财产权利[1]问题一样,社会保障的范围的扩大到异性非婚同居也是司法的一大进步。

此外,法官还使用了一些法律概念来保护非婚同居中的女方,例如"事实创造社会"(société créée de fait)、"人合性"(l' affectio societatis)、[2]"外观法理"(théorie de l' apparence)[3],以及"不当得利"(l' enrichissement sans cause)[4]等。法官基于自由裁量权,使非婚同居中的一些不合乎法律的情形产生了一定的司法效果,例如为了减弱国际公共秩序的影响,在某些情况下承认外国人在法国的一夫多妻。同时,在有关社会保障补助金的法律中,在一夫多妻的可复归养老金[5]领取的问题上,最高法院承认了一夫多妻可以参照适用相关法律。此外,医疗保障局承认,如果非婚同居者能够以其人格保证提供全部的、实际的、长期的保险费用,并且保证告知同居状况可能发

---

〔1〕 法国最高法院在1970年2月27日的一份判决中,提到了由于非婚同居中男方的偶然去世,女方所遭受的精神和物质损失。随后,在1975年7月19日的托罗斯(Toros)判决中,最高法院允许了非婚同居者可以在另一方意外去世后获得其死亡赔偿金。此外,非婚同居者之间的赠与在长时间以来被法院以违反公序良俗为由予以撤销,在这份判决中法院认为如果不是以促进或维持两者关系为目的,均被予以认可。在1999年2月3日的判决中,最高法院认可了任何情形下的非婚同居者之间的赠与。

〔2〕 该概念来自商法中,表示由几个人相联合形成一个共同的意志。

〔3〕 以表见的外观实现一定的法律效果,该法律效果与其没有关系。

〔4〕 一方无法律原因而财产增加,另一方财产减少。

〔5〕 Cass. ,Ch. Soc. , 8 mars 1990, Caisse primaire d' assurance maladie de Saint-Etienne c. Meguellati.

生的变化,便给予非婚同居者疾病和生育保障的实物津贴。[1] 在与某些允许一夫多妻制的国家签订国际协议[2]情况下,社会保障的权利受益人既可以是配偶,也可以是非婚同居者。

此外,法国国家行政法院在一份引起轰动的判决中,认可了一夫多妻的外国人重组家庭后仍可享有的法律权利。[3] 即便在一些敏感的领域,如在同居事实的认定及为其法律效果上,法国的法官也享有较大的自由裁量权,然而这种自由裁量权却没有扩展到同性非婚同居者上。事实上,法国最高法院和占统治地位的法律学说均不倾向于给予同性同居者较之于其他非婚同居者的平等对待。由于缺乏法律上的支持,从 19 世纪 80 年代末至 90 年代末,法国社会产生了一股强烈反对艾滋病[4]的社会团体运动,其中不乏知识分子群体以及绿党成员的参与。与此同时,却促使法国同性恋者第一次走向了权利意识的觉醒。[5]

(二)承认同性非婚同居在司法上的困难性

尽管法官在认可某些社会事实上有较大的裁量权(包括违反社会规则的一夫多妻制和休妻制度),但是处理在同性关系问题上却不奏效。一旦在家庭诉讼中涉及同性恋,法律的弹性就显得不足。为了阻止给予同性同居者某些好处(这对异性非婚同居者来说是可以轻易获得的),有法律学说提出了一个反对同性恋自由结合的客观限制:只有在非婚同居和婚姻相似时,才可以适用相关法律。此外,最高法院 1989 年的两份判决也体现了该问题:在第一份判决中,法院社会庭拒绝承认一名法国航空公司乘务员与男友的非婚同居,因此其男友不能获得打折机票;在第二份判决中,法院认为根据非婚同居

---

〔1〕 例如南非的宪法法院(2005 年)、加拿大不同地区的最高法院(2005 年)、墨西哥的最高法院(2010 年)、美国的最高法院(2013 年)、巴西的最高法院(2013 年)都先于议会辩论。

〔2〕 http://www.legislation.cnav.fr/doc_communs/listes_baremes/BNL-L_B_CONVENTION POLYGAMIE.htm.

〔3〕 CE, Ass., 11 juill. 1980.

〔4〕 P. Pinell(dir.), *Une épidémie politique. La lutte contre le sida en France* 1981 – 1996, PUF, Paris, 2002.

〔5〕 Paternotte, 2011.

的概念,涉及生育和疾病保险等社会保障的法律不适用于同性非婚同居,“(非婚同居)是两个人决定不通过婚姻制度结合,但以夫妻的名义生活在一起的事实状态,主体仅限于一男一女”。[1]

与之相反,为了直接给予被保险人的同性同居者疾病保险资格,1993 年 1 月 27 日法国通过第 93 – 121 号法令将《社会保障法》(Code de la sécurité sociale)的第 161 – 14 条进行了修改,但是这也并不意味承认同性之间的结合。

法官继续坚持认为,自由结合中的双方必须为异性。1997 年 12 月 17 日,最高法院声明同性夫妇不可作为非婚同居者在租房合同中的继受人。[2]而现实中,在同性伴侣去世时,其与伴侣共同生活多年的事实已被众人所知,申请人起诉房东要求根据 1989 年 7 月 6 日颁布的法令中第 14 条来继受租房合同,该法条规定:“在租赁人去世时,房屋租赁合同由与其长期居住的非婚同居者继受,该同居者与其生前共同生活的时间不得少于 1 年”。

巴黎第九区的法庭认可了此类房屋租赁合同的继受,并认为“道德的发展从此赋予非婚同居概念一个夫妻共同生活的含义。不同以往,事实上的非婚同居必须是异性夫妇。以往的观点或许与通过限制在法律实施中涉及性别歧视来保护公民私生活的做法相违背。由此可见,M. 比利拉(M. Vilela)援引该法律条文对其是有利的”。但是根据无效判决,巴黎上诉法院认为,由于申请人的同性恋身份,他无权适用 1989 年 7 月 6 日法令的第 14 条,因为该条文规定“非婚同居只能是一名男性和一名女性保持稳定的关系并且持续以婚姻的外观生活在一起”。

在接下来的上诉中,最高法院在第三法庭合议庭会议上,毅然拒绝非婚

---

〔1〕 Cass. Soc. ,11 juillet 1989, *Mme L . . . c. CPAM de Nantes*, *Bull. civ.* no 514; *JCP* 1990, II, 21553, note M. Meunier; *Dalloz* 1990, *Jur.* p. 583, note P. Malaurie; *Gaz. Pal.* 1990, 1, 217, Concl. M. Dorwling-Carter.

〔2〕 Cass. Civ. 3e, 17 décembre 1997, *Bull. civ.* III, n° 225, p. 151; *Dalloz* 1998, *Jur.* p. 111, Concl. J. -F. Weber, note J. -L. Aubert; *JCP* 1998, II, 10093, note Djigo; *Defrénois* 1998, art. 36765, n° 40 p. 404, obs. A. Bénabent; *Dr. fam.* 1998, n° 36, note H. Lécuyer; *RTD Civ.* 1998, 347, obs. J. Hauser; *ibid.* 530, obs. Raynard; B. Beigner,《A propos du concubinage homosexuel》, *Dalloz* 1998, *Chron.* p. 215.

同居者继受已逝同性伴侣所订立的房屋租赁合同的资格。显而易见的是,越往司法体系上层,同性恋被保护的就越少。因此,法国最高行政法院这边也拒绝批准同性恋的收养的许可。[1] 由于法国在同性恋收养问题上存在歧视,[2]2008 年欧洲人权法院对法国人权问题进行了谴责。尽管如此,一些人因其性取向的原因,仍未获得同居和收养的权利。

这种关于非婚同居的反对学说,随着 1999 年 11 月 15 日《民事互助契约制度》的颁布而逐渐消匿。《法国民法典》(le Code civil)第 515－8 条对非婚同居的定义是这样的:"民事互助契约制度是两个异性或同性成年自然人为组织共同生活而缔结的合同。"此后,任何拒绝赋予同性与异性非婚同居者相同权利义务的观点,都与该法律规定背道而驰。然而,1999 年颁布的法律并没有终止同性与异性非婚同居者之间的不平等现象:结婚仍然只是两个异性之间的权利。法国社会主义左翼甚至是共和党右翼,都没有认为这是一种歧视。

直至法国贝格勒(Bègles)[3] 市长通过一种消极的抵抗方式,站在同性夫妇的立场上阐释了《法国民法典》,这场争论似乎才削减。

(三)承认同性婚姻在司法上的困难性

2004 年 7 月 15 日法国贝格勒市市长诺埃尔·马米尔(Noël Mamère)为两名男性办理婚姻登记后,法国最高法院在 2007 年 3 月 13 日称,"根据法国法律规定,婚姻是男性和女性的结合;这一准则不因在法国无强制力的《欧洲人权公约》(la Convention européenne des droits de l' homme)以及《欧盟基本权利宪章》(la Charte des droits fondamentaux de l' Union européenne)的任一条款而无效。"[4] 此外,法国宪法委员会在对其合宪性审查上,也认为禁止同性婚姻不存在歧视并且符合宪法规定。

---

〔1〕 CE n° 168342,09/10/1996.

〔2〕 Arrêt de Grande Chambre *E. B. c. France* 22/01/08.

〔3〕 贝格勒市(Bègles)是法国西南部隶属于波尔多市的郊区的一个市镇,位于阿基坦地区的纪龙德省。

〔4〕 Cass. 1er Civ,13 mars 2007.

法官同样也拒绝赋予同性夫妻家庭涉及亲子关系的法律权利:禁止同性非婚同居者单纯收养子女、[1]禁止代孕子女注册户籍、[2]与女同性恋签订民事互助契约制度的女性不享有陪产假等。[3]

仅在两种情形下会出现对同性恋有利的决定:女同性恋一方与子女有亲子关系或者其中一女同性恋享有亲权。在这种情况下,为了保护儿童的权益,有时法官会承认同性家庭享有的某些权利,因此,通过 2006 年 2 月 24 日的一个判决,最高法院赋予了女同性恋夫妇法定代理人权利。此外,2010 年 7 月 8 日的一个法院决定要求执行美国司法机关的一份仲裁决定执行书,该执行书同样认可了基于同性结合的亲权。由此可见,在法律上禁止女同性恋收养的规定不是由于某些法律基本价值的禁止,而是由于女同性恋双方未结婚而剥夺其亲权。[4]

面对顽固的司法部门,在政府和立法者层面的倡议下,倡导平均主义的企业态度将明确起来,正如此前宪法委员会于 2011 年 1 月 28 日在有关合宪性问题建议的那样:“在这种存在差异性的情形下,宪法委员会无权用自己的观点替代立法者的观点”。

宪法法院的理由是三权分立的原则。《法国民法典》第 5 条规定:“禁止法官采用确定规则的一般处分对其审理的案件作出宣告。”

不过,正如我们刚注意到的,如果权力的划分存在一个完全的界限,或者说,司法还表现得如同法律的创造者,如对非婚同居概念的创造,那它不仅是给予非婚同居一个法律地位,更是对弱者的保护。

接下来,通过再讨论非婚同居来分析 2011 年合宪性审查(QPC)中的婚姻问题。自从同性夫妇取得一定的法律地位,司法学说就以极端的方式开始将婚姻和非婚同居进行比较。不合常理的是,最高法院为了否认同性结合的

---

〔1〕 Cass. 1er Civ. Arrêt n° 221 du 20 fèvrier 2007.

〔2〕 Cass. 06/04/2011; affaire des jumelles nèes aux USA. Cass. 13/09/2013.

〔3〕 Cass. 11/03/2010, n° 09 -65. 853.

〔4〕 Perreau 2012.

非婚同居资格，在司法领域引入了“第二领域的婚姻”，这个说法长期以来都是被最高法院予以完全否认的。正如蒂里·皮图瓦（Thierry Pitois）[1]指出的那样，自20世纪下半叶开始，最高法院拒绝将任何（异性）非婚同居法律身份与婚姻进行比较，然而，在1989年和1997年解决该类问题时的动机却与这一传统的法律学说相违背。拒绝将二者进行对比体现对非婚同居理解的愚昧上，因为没有被赋予权利，因此非婚同居应继续存在。在以往司法保守的年代，最高法院也强烈拒绝将二者同化，例如在非婚同居状态的问题上，最高法院既不承认忠诚义务、救助义务，也不承认根据每个人的权利来分配共同生活的开销，更不承认为维持家庭和子女教育的合同债务的连带责任。然而，为了禁止同性恋享有非婚同居的权益，最高法院通过明确地将非婚同居与婚姻进行同化又推翻了该逻辑。不过，这种最高法院一致性的决裂在司法上表明了其意见，也证明了自己的合法性。然而，正如此后的司法学说所说的那样，最高法院没有得出承认非婚同居具有“婚姻外观”的观点。受那些对禁止同性非婚同居合法化的司法障碍研究的影响，这种法律学说才得以产生。

面对这种司法学说的障碍，需要立法者的再一次介入（通过参议院对《民事互助契约制度》提出立法法案），将非婚同居写入法律。至此，非婚同居就被定义为“民事互助契约制度是两个异性或同性成年自然人为组织共同生活而缔结的合同”。（《民法典》第515－8条）

（四）从《民事互助契约制度》到《同性恋婚姻法》

法国社会主义党派在1999年对民事互助契约制度，表达了十分明晰的态度：为同性夫妇提供一些好处但同时却禁止其结婚并有亲子关系。[2] 紧接着，法国总检察长伊丽莎白·吉戈（Èlisabeth Guigou）在议会会议上表示：

---

〔1〕 T. Pitois, *Le juge judiciaire et le concubinage homosexuel. Èvolution et perspectives après la promulgation de la Loi relative au Pacte civil de solidaritè*, Rapport, Formation initiale de l'Ècole Nationale de la Magistrature, 1999.

〔2〕 Borrillo et Lascoumes 2002.

“民事互助契约制度不是婚姻”。民事互助契约制度无论如何不能与婚姻制度相冲突，帕特里克·布勒希(Patrick Bloche)代表强调道：“增加《民事互助契约制度》的可读性及其去婚姻化是我们目前最重视的问题”。如果社会党在那个时期的立场仍不坚定，那么罗伯特·巴丹戴尔(Robert Badinter)在1999年议会大厅的回答则对其立场进行了肯定：“世俗的婚姻只存在于两个异性之间”。

关于《民事互助契约制度》中关于同性恋父母的首次提出，伊丽莎白·吉戈(Èlisabeth Guigou)对其进行了反驳：“我要提出我的质疑，《民事互助契约制度》既没有解决收养问题，也不涉及亲权改革问题。对同性恋夫妇而言，这将也无关收养和辅助生殖。”

在《民事互助契约制度》颁布后的几年中，法国右翼以及社会党都认为这个法律已经足以解决问题了，因此没有必要再对婚姻制度进行讨论了。

但一个悲剧性的事件突然打破了这一似乎已在法国政治格局中成为定局的共识。这就是塞瓦斯蒂·诺奇特(Sèbastien Nouchet)遇袭事件，“同性恋要被活活烧死”。[1] 2004年1月16日政治骚动开始，法国总统希拉克写信给受害者的同伴，表达了自己的“极大愤慨”，并且保证这一个犯下“令人发指的罪行”的罪犯“将得到应有的逮捕和审判”。国家元首在信里说道：

“我同样对您表达我对于所有排斥他人和排斥差异的行为的反对，无论其是基于种族、宗教、性别或者性取向。”

一些社团(如Act Up, Aides, Inter LGBT, le MAG, SOS homophobie, ProChoix)以及“绿党”和法国共产党两个政治党派，曾组织过反对反同性恋的游行。[2] 尽管诺奇特事件已经以不予起诉而告一段落，但是这个事件无疑还是引发了一定的政治影响。

---

〔1〕 *Le Monde* 3/2/2004.

〔2〕 2月21日星期六，这些社团在玛莱区组织了第一次游行，在接下来的星期六又在旺多姆广场组织了第二次游行。为了反对歧视，有关同性婚姻的要求被掩盖了[伯特兰·德拉诺埃(B. Delanoë)声称如果争取不到同性婚姻或者同性父母的权利，他就一直游行下去]。

在反同性恋运动的背景下,另外两个事件在媒体上也引起了不小轰动。2004 年 2 月 12 日,一名年轻的旧金山民主党派市长加万·纽瑟姆(Gavin Newsome),决定以身试法来为一对同性恋夫妇主持婚礼。[1] 数周之后,西班牙首相罗德里格斯·萨帕特罗(Rodriguez Zapatero)宣布他的政府将制定开放婚姻和同性恋收养的法律。

由于法国右翼在《民事互助契约制度》的辩论中留下了不好印象,因此希望通过采取一系列的建议措施,来改善那些签订民事互助契约的夫妇的条件。在让-皮埃尔·拉法兰(Jean-Pierre Raffarin)担任法国总理期间,他认为对已经颁布 4 年的《民事互助契约制度》进行评估是必要的,“主要是进行改进”,尤其是在税收和房产问题上。

法国右翼的政治策略,同样坚持提出针对惩罚歧视和反同性恋演说的法律案,并且坚持如果犯罪是由于受害者的性取向问题,那么这种严重的情形要追究刑事责任。尽管没有涉及家庭,但是法国右翼弥补了关于反对性取向歧视法律条文的漏洞,并且创立了反歧视与促平等高级公署(HALDE),同性恋权利的保护也得到了加强。[2]

在《民事互助契约制度》颁布后,法国社会党派却表现得十分沉默。对社会党来说,他们不认为《民事互助契约制度》是走向完全平等的开端,而是一种终止歧视的唯一可能的妥协。他们认为,如果仍然存在社会歧视,在不触及婚姻制度情况下改进 1999 年的《民事互助契约制度》就足够了。

右翼的先进性和左翼的畏缩以批判各自的立场而终结,尽管法国社会党的总书记利昂内尔·若斯潘(Lionel Jospin)和法国总理让-皮埃尔·拉法兰(Jean-Pierre Raffarin)的主张之间不存在任何本质的差别。

(五)贝格勒婚礼

2004 年 2 月 27 日星期四,迪迪埃·埃里本(Didier Eribon)和我一同前往

---

〔1〕 在加利福尼亚最高法院还未终结这场“伟大婚礼仪式”前,4037 对同性恋夫妇在 29 天内于市政厅举行了婚礼。

〔2〕 Borrillo,2007.

里尔市拜访塞瓦斯蒂·诺奇特(Sébastien Nouchet)。受诺奇特先生伴侣证言的干扰,我们认为,政府和总统的声明并不充分,需要进一步揭露那些拒绝婚姻和同性恋夫妇的亲子关系的现象。[1] 回到巴黎后,我在《自由报》的专栏上发表了一篇文章强调道:"在全世界范围内,反对反同性恋的政策不仅与反对那些针对同性恋受害者的暴力中国家独立权威的建立有关,而且与消除关于同性恋夫妇和同性恋父母家庭的歧视有关"。[2] 几天后,我受邀参加在法国社会科学高等研究院(EHESS)举行的弗朗索瓦·加斯帕德(François Gaspard)和迪迪埃·埃里本研讨会,这场研讨会是介绍关于消除欧洲同性恋歧视的计划。在研讨会结束后晚宴中,我突然产生了一个想法:组织一场关于同性恋结婚的政治运动。这样就必须找到一对同性恋夫妇和某个市政府,并将二者联合起来。弗朗索瓦·加斯帕德和她的伴侣克劳德·塞尔施-雷伯(Claude Servan-Schreiber)被试探性地作为候选夫妇,但是弗朗索瓦·加斯帕德前往联合国就职,使这一想法终结了。

几天前,法国政府把性取向歧视作为违法事由写入法律以顺应欧洲的形势需要,但这一措施仅涉及保障同性恋在工作、获得商品和服务的权利,并不包括家庭方面的权利。尽管官方有所表示,但是同性恋夫妇获得平等权利还任重道远。

迪迪埃·埃里本没有参加本次研讨会结束后的晚宴,他之后联系我一起讨论开放婚姻提案实施的问题,这是关于反对反同性恋者的一个话题。我们一同起草了《权利平等宣言》(le Manifeste pour l'égalité des droits),其中写道:"事实上我们认为是存在反同性恋者和歧视同性恋在婚姻和收养上的权利、拒绝女同性恋和单身女性接受医疗辅助生殖的行为的"。多亏了迪迪埃·埃里本和那些参与签名的人[杰克斯·德里达(Jacques Derrida)、埃里克·法西(Eric Fassin)、保罗·韦恩(Paul Veyne)、皮尔·贝格(Pierre Bergè)、阿莱恩·图赖讷(Alain Touraine)],《世界报》(le Monde)在3月17

〔1〕 Eribon,2004.

〔2〕 D. Borrillo,"En finir avec l'homophobie",*Libération*,"Rebonds",01/03/2004,p. 40.

日决定将《权利平等宣言》出版。除了这些学者和艺术家，一些左翼市长也参与了签名，巴黎第二区的区长雅克·博塔尔（Jacques Boutault）甚至打算立即为两个同性恋者举行婚礼。然而，面对巴黎市政府的施压，他改变了主意，在媒体前表示非常希望能“主持同性恋婚礼，但是需要法律的支持”。由于担心某些区长的想法影响到选举的结果，巴黎市市长伯特兰·德拉诺埃（Bertrand Delanoë）命令在地区选举前禁止为同性恋举行婚礼。[1] 尽管面临巨大压力，新闻讨论会仍然于2004年3月31日在巴黎二区的区政府的结婚大厅内举行。在这次新闻讨论会上，《权利平等宣言》作为一项政治策略致力于推动对《民法典》第144条进行解释，以便促使市政府为同性恋举行婚礼。前述的司法理由也十分简单：没有必要改变法律，区长和官员对该条文进行有利于同性恋的解释即可。我组织的法律团队也出现在了讨论会上，律师卡罗琳·梅卡里亚（Caroline Mècary）、佩德勒（Yann Pedler）和埃马纽埃尔·皮铁拉特（Emmanuel Pierrat）以及大法官蒂埃里·皮斯蒂芬（Thierry Pitois-Etienne）负责文件工作，此外还有巴黎市政厅的助理克里斯托弗·吉拉尔（Christophe Girard）、哈蒂嘉·布卡尔（Khèdidja Bourcart）和克莱芒蒂娜·奥婷（Clèmentine Autain），他们表示要在离职后为一对男同性恋举行婚礼。现任议员塞尔吉奥·科罗纳多（Sergio Coronado）是诺埃尔·马米尔的一个亲属，他两天前和贝格勒的市长代表举行了一个会议，与会还包括那些在《权利平等宣言》上签字的人，他们将一同推动法国第一场同性恋婚礼的实现。尽管这与“绿党”没有什么关系，但是《权利平等宣言》的创立人，还是迅速地在这个党派里找到了一些政治联系人。诺埃尔·马米尔作为曾经共和国主席的候选人，尽管面临着各种政治压力，也仍然加入了这场战斗中来。

社会党派强烈地攻击“绿党”当选者的提议，“绿党”曾说要为一些同性恋主持婚礼[支持倡导平等团体的人，除了罗杰·马德克（Roger Madec）和杰克·兰（Jack Lang），还有后来加入的多米尼克·施特劳斯－卡恩

〔1〕“Les mariages gays, ce dossier qui embarrasse la mairie de Paris”, *Le Figaro*, 25/03/2004, p. 8.

(Dominique Strauss-Kahn)和洛朗·法比尤斯(Laurent Fabius)]。伯特兰·德拉诺埃(Bertrand Delanoë),他们考虑要通过“修改法律”而不是“采用暴力”来为同性婚姻争取权利。社会党的总书记阿德莱恩·黑曾(Adeline Hazan)也反对“一惊一乍的”暴力行为,对她来说“关于民事互助契约制度、歧视、反同性恋建议的法律等的修改还不是最紧急的……”[1]甚至诺埃尔·马米尔的社会党首席助手,也迅速地划清界限:“在这些无关紧要的问题上,政治人物的任务不是在社会中创造分裂。”[2]让-马克·埃罗(Jean-Marc Ayrault)认为“挑衅不是解决问题的好办法”,并且左翼“没有义务跟随诺埃尔·马米尔”。[3] 伊丽莎白·吉戈表示“同性恋不享有抚养孩子的权利”。马里索尔·图赖讷(Marisol Touraine)则更谨慎一些,他认为“社会接受同性婚姻时就可以抚养子女”,在担任健康部部长后的几年里,她将会为同性恋夫妇提供有利于医疗辅助生育的政策。[4]

有些医疗专家的反应十分激烈,例如精神分析学家吉纳维夫·德莱斯·帕斯瓦尔(Genevieve Delaisi de Parseval)认为这是“媒体的行为”和“挑衅者的行为”,他惊呼道:“为什么要坚持假装认可同性恋规范,而且还接受米歇尔·福考(Michel Foucault)认为的为了婚姻的目的进行的性别驯化?苛刻而残酷的自由难道不是促使其自觉地接受一个处于边缘化的自由形式?……我坚持明确认为就好像让那些小部分有正统保守思想的人接受同性婚姻一样,反对同性恋婚姻与站在反动立场上还是相差甚远的。”[5]《自由报》(la Libération)的老板洛朗·乔弗里(Laurent Joffrin)反对诺埃尔·马米尔的观点,认为他首创的“仅仅加强了中世纪式的反同性恋”还“为民主文化带来了负面的影响”,[6]甚至 L' inter LGBT 团体的发言人阿莱恩·皮里

[1] *Libèration*,26/04/2004,p. 3.

[2] *Libèration*,04/06/2004,p. 5.

[3] *La Croix*,04/06/2004,p. 15.

[4] “Mariage gay:Marisol Touraine favorable à la PMA pour tous”,*Terrafemina*,15/10/2012.

[5] *Tèlèrama* 22 – 28 mai 2004,pp. 33 – 34.

[6] “Mariage. Le piège de Bègles”,*Le Nouvel Observateur*,juin 2004.

(Alain Piriou)(也是环保主义党派的成员)也要与诺埃尔·马米尔决裂,称“在世界上,人们遭受的痛苦不是因为他们不能结婚,而是因为那些反同性恋者。”[1]

对于右翼政党来说,同性恋群体已经被进行了划分。总统多数联盟(UMP)的总书记让-吕克·罗梅罗(Jean-Luc Romero)声称,“有着负面信仰的男同性恋者都是左翼的”。[2] 相反,GayLib 社团(总统多数联盟内部的同性恋团体)支持贝格勒婚礼,并在 2004 年 4 月 23 日的公告中与让-马克·鲁博(Jean-Marc Roubaud)(总统多数联盟的代表)提出的法案划清了界限,其法案要求定义婚姻为男女之间的结合,并已在两天前提交到了国民议会。

政府发言人让-弗朗索瓦·科佩(Jean-François Cope)称,同性恋婚姻是有违平等理念的,是与法国法律相悖的。[3] 同年 4 月 29 日雅克·希拉克(Jacques Chirac)表态称其反对同性婚姻,但是在辩论中会表现出更开放的态度。就在同一天,法国总理为了实现他的改良运动,表示支持修改《民事互助契约制度》。[4] 基督民主党的主席克里斯廷·布廷(Christine Boutin)为了表示其不满,提出了另外一个法案,试图在民法典中将婚姻定义为一男一女的结合。两周之后,尼古拉·萨科齐(Nicolas Sarkozy)抛弃了其含蓄的态度,表明反对同性婚姻以及同性婚姻收养。[5] 就在同一天,美国马萨诸塞州成为美国第一个承认同性恋婚姻的州。

法国右翼表示为了维护儿童的权益,也将支持同性婚姻。

与讨论《民事互助契约制度》时一样,天主教现在也必然会被强烈地动员起来去反对贝格勒婚礼。法国埃夫里的主教米歇尔·迪博斯特(Michel

---

[1] *Le Monde*,28/04/2004.

[2] *Le Figaro*,2/4/2004,p. 10.

[3] “Sociètè,Homosexualitè,Mariage”, *La Croix*,28/04/2004.

[4] 第二天,一名司法部长顾问接见了 L' inter LGBT 社团,该社团强调法律改革的必要性,并要求组织关于婚姻的公共辩论。此外,订立《民事互助契约制度》的群体已经向让-皮埃尔·拉法兰(他曾声称要对《民事互助契约制度》进行评估)递交了一封公开信,以提醒他不要忘记莱昂内尔·若斯潘(Lionel Jospin)呈交的布洛什-米歇尔(Bloche-Michel)报告。

[5] *Le Figaro*,17/05/2004.

Dubost)声称“那些以尊重自然的名义反对转基因的人，现在却又说本性(自然)对人并不重要”。天主教家庭协会要求对婚姻下一个清晰而明确的定义，要求婚姻为男女之间的结合。

(六)同性婚姻：公民社会的一场斗争

在3000人联合署名和某些同性恋团体的支持下，这场争取权利平等的游行几乎成为一场完全的政治运动。为了使这个行动更加贴近大众，这场游行的组织者和诺埃尔·马米尔决定于2004年5月11日，在贝勒维尔的法国民主工联(法国民主工作联合会)的会场组织一场公共集会。很多同性恋团体、[1]工会、左翼的环境保护主义者、[2]共产主义党派和革命共产主义联合会参与了此次集会。这个被一些社会党人戏称为“智力沙龙”的活动变成了一种社会运动，并且在不断地发展。虽然看到了公众的宣言，政府还是担心整个社会会超出自己的控制，而就在同一天，社会党人在一场棘手的辩论中技高一筹，没有经过表决就采取了认可同性婚姻的原则。塞格林·罗雅尔(Ségolène Royal)和利昂内尔·若斯潘(Lionel Jospin)持保留意见，佛朗索瓦·奥朗德(François Holland)大声呼吁“我们是政府的一部分……选民的身份不是来违抗法律而是用来起草法律的”，[3]以便与诺埃尔·马米尔的政治举动更好地划清界限。辩论当天的早上，在社会党内部，多米尼克·施特劳斯-卡恩(Dominique Strauss-Kahn)在接受解放报采访时的表现让大家深感意外。他的采访的标题立场非常清楚：“我个人是赞同的。”[4]

塞格林·罗雅尔[5](Ségolène Royal)和利昂内尔·若斯潘(Lionel

---

[1] 除了国际同性恋群体，他们的发言人阿莱恩·皮里(Alain Piriou)称“婚姻并不是最要紧的事……首先应该争取给反同性恋者的暴力行为定罪”。面对国际同性恋群体的缄默，法国的同性恋中心另外组织了一个国际社团来支持游行。

[2] 即使随后马里-约翰·巴菲(Marie-George Buffet)宣布“我不喜欢媒体的政治打击”。

[3] *Le Monde*, “Le PS favorable au mariage gay, réservé sur l' homoparentalité”, 12/05/2004.

[4] *Libération*, 11 mai 2004.

[5] 她在《世界报》上宣称：“家庭和家长权力是我们社会需要强化的价值，由于成年人没有履行好自己的角色，因此很大一部分青少年正在忍受着苦难……如果是为了权利的平等而改进公民协议，那就予以赞同。如果是为了混淆基本原则，或是对家庭与宗教信仰不公正的挑衅，那就坚决予以反对。” *Le monde*, 12/05/2004.

Jospin)则公开地反对,后者还在星期天报上表达了不满:“我看见了一个新的自以为是的欲望的雏形,看到了一种反同性恋指责的恐慌,这可能会阻碍讨论公正地进行。我们当然可以谴责和反对反同性恋,但也可以不支持同性婚姻,就像我一样。”而洛朗·法比尤斯(Laurent Fabius)认为“首先要做的是和反同性恋作斗争,并且要改进关于同居协议的立法”,〔1〕他表示“没有想到的是,婚姻作为一种优先权被影响到了”,负责这些社会问题的国家秘书马勒克·布迪(Malek Boutih)表示反对:“对于我来说,《在民事互助契约制度》后走到同性婚姻这一步是很正常的。”〔2〕

谈雅·马克劳斯凯(Tanya McCloskey)和马赫雅·卡迪斯(Marcia Kadish),这两个女性之间的婚礼于2004年5月14日在剑桥(马萨诸塞州)举行,这进一步推动了平等游行活动的发展并且最终将这个问题标注到了法国的政治日程上。塞格林·罗雅尔(Ségolène Royal)和利昂内尔·若斯潘(Lionel Jospin),这两个社会党的重要成员的声明,更加凸显了他们和拉法兰(Raffarin)的保守党成员之间的一致性。《民事互助契约制度》就足以满足需求了。

社会党提醒道:“选民的职责是遵守共和国的法律”,拉法兰(Raffarin)政府即刻发动了法律和政治进攻。5月5日司法部部长多米尼克·贝班(Dominique Perben)要求波尔多的检察长反对同性婚姻,〔3〕为了尽快通过他的决定,他表示很快将会出台一部针对同性恋者暴力行为的刑事法律。

自3月的婚姻声明问世以来,最高法院民事法庭的庭长雅克·勒蒙提(Jacques Lemontey)在《十字报》(la Croix)以威胁的口吻发表声明说:“同性恋婚姻的法案不可能被通过,如果这些法国的审判员想要大胆地在这个领域

〔1〕 “Mariage homosexuel:un problème d'institutions”,*Journal du Dimanche*,16 mai 2004.

〔2〕 *Le Parisien*,“Trois semaines de débat politique”,11 mai 2004.

〔3〕 在2004年5月《解放报》的一场公共辩论中,蒂埃里·皮斯蒂芬(Thierry Pitois-Etienne),一位家庭事务的法官,呼吁支持法官对法律解释的自由。这项干预对减少法官职业生涯的障碍有重大意义。

提出意见,他们的决定将永远无法在最高法院通过”。[1] 为了占据主动权,法官再一次宣布,法律会给任何平均主义者的企图设置阻碍。

尽管有政府的逼迫,诺埃尔·马米尔(在他的任期内消极应对,害怕会妨碍自己升职),仍然对尔堂·沙邦娣(Bertrand Charpentier)和斯蒂芬娜·沙班(Stéphne Chapin)的婚礼表示了祝福,天主教议员菲利普·德·维拉斯(Philippe de Villiers)与百十个原教旨主义者双臂交叉举行了游行。[2]

为了产生一个在制度范围内的解决办法,贝格勒的婚礼之后将会起草一个开放同性婚姻的法律议案,这个议案[3]由玛蒂娜·比拉和(Martine Billard)、伊芙·可沙(Yves Cochet)和诺埃尔·马米尔共同提出。

在婚礼之后,内政部长多米尼克·德·德维尔潘(Dominique de Villepin),对埃尔·马米尔进行了暂停职务1个月的处罚。卡洛琳·梅卡瑞(Caroline Mécary)有理由推断:“针对诺埃尔·马米尔的停职将有碍同性婚姻的开放,其他想效仿贝格勒市长的人一下子就丧失了冲动”。[4]这也多亏了贝格勒,婚姻问题从此以后在政治层面上有了可能性。8年后,婚姻问题被纳入了弗朗索瓦·奥朗德(François Hollande)的政治计划中就证明了这一点。实际上,在他还不是共和国总统候选人的时候,他的第31号提案就已经作出宣言:

“我要毫不妥协地同所有歧视行为作斗争,并且开放新的权利:同性伴侣的婚姻权利和收养权利。”

之后,总理在2012年11月向议会提交了部长提出的“开放同性婚姻”(2012年11月7日的国民大会第344号文件)的立法提案。根据总统的允诺,未来的法律将反对歧视并确认平等原则,[5]即使在该法律的主题陈述中一反常态地没有任何关于平等和反歧视的内容。尽管在1999年的《民事互

[1] *La Croix*, 09/05/2004.

[2] Simon, 2004.

[3] 第1650号议案对同性婚姻合法化进行了澄清,并于2004年6月8日提交至众议院。

[4] 2013:54.

[5] Borrillo et Formond, 2007.

助契约制度》中已经加入了收养关系,但是在这方面对于同性夫妇的不利局面仍然存在。同性夫妇在配偶方面的权利仍然是欠缺的,法案中也并没有增加对同性夫妇家庭中有关亲子关系的法律认定。[1]

《民事互助契约制度》是一部来自议会[2]法提案的法律,不考虑配偶性别的婚姻也是这项法律提案(来自政府)的成果,这揭示了共和国的总统对于现存问题的关心。

这项法律提案以简单描述婚姻的历史发展的主题陈述为开头,以提醒大家今天大多数的法国人是赞同同性婚姻的(法国舆论协会 2012 年 8 月 9 日至 13 日对 2000 人的抽样调查问卷显示,有 65% 的人赞同同性婚姻)。[3]这项法律调整的是民法中关于婚姻的内容,比如姓氏和收养,但同时也涉及社会安全法、旅游法、征用法中关于公用事业的部分,以及税收法、环境法、社会活动和家庭法、刑事诉讼法和交通法。此外,还涉及了 1945 年 2 月 2 日第 45 条第 174 款中关于犯轻罪的少年犯的规定、公民和军人抚恤金法、1984 年 1 月 26 日第 84 条第 16 款中关于领土公共职能的法定设置、1986 年 1 月 9 日第 84 条第 33 款中关于医疗公共职能的法定设置的规定。

如果将平等的原则也贯彻到夫妻关系中,这项提案中有关亲子关系的内容,就提出了"通过收养机制来形成亲子关系"。婚姻的效果就因此限制了收养的权利(《民法》第 343 条关于完全收养的内容、第 345 条第 1 款关于收养配偶的孩子的内容和第 360 条及随后关于单纯收养的内容也作了类似规定)。

因此,一对女同性恋夫妇就算已经结婚,她们也无法得到生育方面的医疗救助。尽管政府考虑到这个问题可能会造成另一场变革,但是最终还是被放弃了。

---

[1] Borrillo,2001:475 - 493.

[2] Borrillo et Lascoumes,2002.

[3] 根据同年 11 月 3 日法国民调公司 BVA 对巴黎市民的调查显示,58% 的法国人支持同性婚姻。这比同年夏季的减少了 5%。50% 的人支持同性夫妇收养孩子,而同年夏季的支持率则为 56%。

对于收养形成的亲子关系的限制，构成了这部法律里面最值得商榷的一点，这些已婚夫妇能否获得医疗救助取决于他们是异性婚姻还是同性婚姻。

这项法律最终还是被通过了，其中策略性地响应了我们所说的“逐渐缩小歧视”的原则。这项政策采用了一种同化的方式，有助于根据原有的司法机制实施（因为生育医疗救助没有包括在内，因此只能进行限制实施）这项平等的方针而无须调整。因此，夫妻义务、忠诚义务、亲子关系的推定和离婚中的过错规定仍旧被保留了下来。

（七）反对同性婚姻的运动

尽管大多数的法国人都支持同性婚姻，但保守党（包括中间派、右翼和极端右翼）强烈地反对这项法律草案。在国民议会上，在通过这项法律草案并且提交到参议院之前，这些党派提交了超过5000份修正案并且就此讨论了超过60小时。

2012年8月15日民主社会党派对这项法律草案进行了充满敌意的反抗，当时的法国的主教会主席，安德烈二十三世（André Vingt-Trois）给教区的全体居民写了封信，鼓动这些信徒为捍卫传统家庭而祈祷。此后，法国的主要城市发生了好几次示威游行。争议围绕着是捍卫一个更倾向于符合教规的法律还是更倾向于民法的法律而展开，他们的追随者亮出的标语牌上有很多明显描述亲子关系的字眼。我们可以在这些标语牌上看道：

“婚姻=1个男人+1个女人”“所有人都是一个男人和一个女人共同孕育的”“1个爸爸+1个妈妈，这是家庭的基础”“1个爸爸1个妈妈，我们不对孩子说谎”“不要假想的亲子关系”，甚至还有“睾丸里没有卵子”。

《费加罗报》（Le Figaro）和《十字报》（Le Croix）联合主流媒体撰写了反对同性婚姻的报道，新闻频道BFM不停地进行反同性婚姻的鼓动，I Télé电台也一样，它甚至开始在播报消息的时候使用反对同性婚姻的标志。[1]

---

〔1〕 Pour une analyse politique de la Manif pour tous, voir: D. Paternotte, "'Manif pour tous': Chronique d'un 'succès' annoncé": http://yagg.com/2013/01/21/manif-pour-tous-chronique-dunsucces-annonce-par-david-paternotte (consulté le 07 octobre 2013).

2013年3月24日反对法律草案的公共示威游行,随着青年身份认同同盟(Jeûneuse Identitaire)和联合反抗团体(GUD)的出现变得更加激进。他们属于极端右翼的学生组织,诞生于先贤祠—阿萨巴黎第二大学(l' Université de Paris II Panthéon-Assas)法学院,在这所大学中还发生了一场反对同性婚姻法律的政治运动。这项法律草案没有关于代孕也没有关于生育的医疗救助内容,这些法律专家(其中有法律历史专家和巴黎二大的校长吉约姆·勒特〈Guillaume Leyet〉)给参议员写了封公开信,在信里他们表示不承认"现代社会女性的奴隶地位及贩卖儿童泛滥"的文章。这些法学著作家也赞成揭露那些贩卖儿童的团体,这些团体目的在于"致力于去国外获取儿童供量供应"的"儿童市场",原因在于考虑到"对待这些孩子,既不用费力去满足他们的要求,也无须用药物来缓解他们的痛苦"。[1] 2012年10月4日另一个法学教授化名露西·甘蒂德(Lucie Candide)[2]在《宫殿消息报》(la Gazette du Palais)上的一个公共的辩论区,对这篇文章的合宪性提出了疑问,她说"这是出于对同性恋团体的恐吓"。[3] 这是法律科学中神奇的时刻,法学家要向伦理学家让步。但是,这些不对等的反应一点也不使人震惊。实际上,很多教授已经在20世纪90年代末期[4]强烈地反对过《民事互助契约制度》,甚至在20世纪80年代初[5]就已经反对同性恋去刑罚化了。

作为对170名法学院的教师和研究员给参议院的请愿书的回应,4名巴黎十大的教授认为,这些反对派的法学家只能说是以个人的名义表达看法而

---

〔1〕 http://www. politique-actu. com/debat/mariage-homo-professeurs-droit-rentrent-resistance-faceprojet-taubira/692587/(consulté le 15 juillet 2013).

〔2〕 该教授此后与皮埃尔·戴勒维(Pierre Delvolvé)在《世界报》上,与玛丽-安娜·弗里森·罗赫(Marie-Anne Frison Roche)在他的博客中都进行过探讨。

〔3〕 http://www. slate. fr/story/65301/mariage-pour-tous-projet-loi-constitution # note (consulté le 30 décembre 2013).

〔4〕 Borrillo 2001:161.

〔5〕 菲利普·杰斯塔兹(Philippe Jestaz)于1982年在《民法季刊》(la *Revue Trimestrielle de Droit Civil*)中强烈反对同性恋合法化,他称:"这是同性恋的不幸",第795页。Pour une analyse plus approfondie de la question, voir: J. Danet, "Le statut de l' homosexualité dans la doctrine et la jurisprudence françaises" in D. Borrillo, *Homosexualités et Droit*, Paris, PUF, 1999, p. 97 et s。

不是以法律的名义。[1]

自采纳了关于同性婚姻的法律草案以后，人民运动联盟的选民们就开始和宪法委员会争论不休。这次请愿是由另一个法学家团体发动的，其中包括法官、律师、大学教授，他们精心推敲自己的论据并在文章中加以表述。这个由40多个法学家组成的俱乐部[2]希望能保持匿名状态，[3]并且对宪法委员会提出的关于"他们历史上最久远也是难忘的记忆之一"的决定提出了论据。这个团体得到了《民法典》编纂者之一的让－艾蒂安－玛丽波塔利斯(Jean-Étienne-Marie Portalis)的庇护，他们是这样定义婚姻的："为了物种的延续而男女结合，共同承担起生命的重量。"

尽管这项法律面临着激烈的反对，并且承受着来自法学教授的巨大的压力，宪法委员会仍然宣布这项法律有效并同时作出裁定：同性婚姻构成"立法者的一种选择"，并且"不违反任何宪法原则"。即使"1946年之前和之后的共和国法律都将婚姻视为一名男性和一名女性的结合，但是这项规定既没有涉及最基础的法律和自由，也没有涉及国家政权，也没有涉及公权力组织"，"因此并不能构成一项基本的准则"。[4] 第二天，共和国的总统颁布了2013年5月12日通过的第2013－404号法令，认可了同性婚姻。但是，那些守旧的人似乎并没有就此被击败。反对派的成员宣布说："让我们再重新回到权利上来，重新改写法条以便保护儿童的亲子关系和权利。这可能需要依靠全

---

〔1〕 http://www.raison-publique.fr/article601.html.

〔2〕 该俱乐部是在2013年1月13日反对托比拉法律的游行中成立的。在游行中，律师、法官、法学教授、公证员和其他法律职业者共同提出了抗议。他们身着礼袍，打出"法学家示威"的旗帜。其中20多人连同在之后加入的十几人，共同组成了一个名为"波塔利斯"的团体，这个名字源于法国民法典之父。他们在游行中都坚持匿名，其中一人解释道："原因非常简单，我们当中的一些人要么是职位较高的公务员，要么是法官，我们应该被尊重。"他们中的某些人确实在国家委员会工作，但是也有相当一部分人是大学教员。Voir:"Le mariage pour tous à l'épreuve de la Constitution des Français":http://www.lavie.fr/actualite/documents/le-mariage-pour-tous-a-l-epreuve-de-la-constitution-des-francais－07－05－2013－39961_496.php.

〔3〕 Certains de ces juristes, sous le pseudonyme de Lucie Candide, ont écrit un article particulièrement hostile au mariage gay:"Le sexe, le mariage, la filiation et les principles supérieurs du droit français", Gaz. Pal. 4 oct. 2012, n° 278, p. 7.

〔4〕 Décision n° 2013－669 DC du 17 mai 2013. Danet, 1999.

民公决”。[1]

但是，除了亲子关系以外，这项法律的生效又会引发一场新的斗争，正因为信仰自由才让他们反对同性结婚。

(八) 同性婚姻和信仰自由

在 2012 年 11 月 20 日，信仰自由的问题早于市长协会已被总统弗朗西斯・奥朗德提出来了。这个声明诞生在一个异常紧张的背景之下：发生在为了孩子的市长联盟和奥朗日・雅克・彭巴赫(Orange Jacques Bompard)市长的南部联盟共同发起的反对所有人的婚姻请愿之后。

隆斯勒索涅市(Lons-le-Saunier)市长雅克・贝利扎赫(Jaques Pélissard)(人民运动联盟)在法国《观点报》(le Point)的一个采访中表示：“我理解有些市长在这件事上可能会存在不同信仰，法律应该考虑到这种情况。毕竟医生们有权拒绝实施人工流产。如果他不愿意祝福两个同性情侣的结合，那么一个市长为什么不能行使辞职的权利？在尊重法律和尊重信仰之间有一个不可调和的矛盾”。[2] 正如前部长洛朗・乌基耶(Laurent Wauquiez)所言，相当多的右翼选民代表并没有积极地去执行新法律，更糟糕的是，很多人授权助理去直接执行法律。

在这个政治背景下，为了保证法律的实施，政府决定在 2013 年 6 月 13 日通过内务部来通报关于公务员违法拒绝同性婚姻的后果。为了反对前述的通报，若干市长在国务委员会前请求辞职。根据这些请求人的意见，“同性婚姻合法与许多市长和市长助理的信仰相抵触，新法律忽略了市长和市长助理还有公务员的‘信仰的条款’，因此他们也可以不去接受同性的婚礼，这些规定都写在《宪法》第 34 条和信仰自由里；新法律同样也没有认识到法律应该保证任何人都不应因为他的观点和信仰在他的工作和职位上受到伤害，这是多元化的概念、观点原则和地方政府自治原则的要求”。

---

〔1〕 Jean-François Copé, *Le Monde*, 18 mai 2013.

〔2〕 http://www.lepoint.fr/chroniqueurs-du-point/jerome-cordelier/mariage-homosexuel-la-loidoit-tenir-compte-des-cas-de-conscience-des-maires-12-10-2012-1516125_244.php.

最后,宪法委员会在2013年10月18日第2013条第353款的违宪审查(QPC)中,通过宪法优位解决了这个问题。首先,这些市长在宪法委员会前的活动是违法的。事实上,一个市长被任命实施这些立法,不能视为在宪法优位问题的范围内可以有效地否认或者禁止这些条款。其次,在这个背景下,宪法委员会考虑:"不允许国家公务员利用他们的信仰与2013年3月17日法律条文的不一致来逃避履行职权,即法律委托他们批准婚姻关系,立法者保证与婚姻相关的法律的实施,确保其良好运行和民事登记服务的中立性;鉴于公务员在结婚程序中的作用,这不会损害信仰自由"。同样,蒙特旁谢路(Montpensier)的法官评价说:"这些有争议的条款既没有否认多元化的概念和观点原则,也没有否认地方政府自治原则,也没有否认其他的任何法律或者宪法保证的自由,所以应该是符合宪法的。"

预料到了宪法委员会的决定,同性婚姻的反对者并没有就此罢休。2013年10月大约40个参议员和他们的夫人,提交了一份第41号法律议案:"为那些反对同性婚姻的公务员提供一个拒绝服兵役的权利。"尽管这个议案根本没有机会被采纳,它仍然对政府施加了很大的压力。

另外,保守派的法官也在不断地加大行动力度,不仅是为了抨击这项法律的提出,也是为了限制政府提出的某些条款的影响,如在托比拉(Taubira)法律中规定由代孕母亲〔1〕在国外生下的孩子能很方便地取得法国国籍。在已经利用国务委员会来对抗前述的通告以后,为了儿童的法官联盟也提交了一份控告来反对2014年1月10日第10款条文,其针对的是美洲社会,代孕合同将法国夫妇与美洲代孕母亲联系了起来。

现实状况比最高法院确认的要复杂得多,2013年9月的一份判决写道:"在违反法国法律的情况下,这种儿童的出生是一系列程序的结果,其中包括代孕协议,这种协议在国外是合法的,但是在国内,由于民法第16条第7款和第9款中关于违反公共秩序而的条款的存在,所以它是无效的"。〔2〕 在国

〔1〕 Circ. n° NOR JUSC1301528C, 25 janv. 2013.

〔2〕 Civ. 1re, 13 sept. 2013, n° 12 - 18. 315 et n° 12 - 30. 138, D. 2013. Actu. 2170.

外形成的亲子关系，是不能在法国登记入册的。同样，在2014年4月30日，凡尔赛的大审法院拒绝了一个完全收养的请求，请求者是孩子生物学意义上的母亲的配偶，而这个孩子是在国外通过药物协助而孕育的。〔1〕

通过这些决定，对于法官没有能力保护这些新生家庭的推测在不断地得到证实，即使是欧洲人权法院和最高法院也在此事上颇受限制。

二、家庭法中的同性婚姻

在整个关于同性婚姻议会的辩论中，即使在被法律〔2〕采纳之后，传统家庭论者仍然不停地通过游行来表达他们对这项民法中重大改革的激烈反对。

这场反对同性婚姻的示威游行的口号被媒体〔3〕循环播放，在议会〔4〕上被反对派重复到令人厌烦的地步。这场强大的运动很快就对这项法律议案的内容产生了影响。事实上，在关于这项法律的议会讨论之前，国民议会的法律委员会为了反对这些异议，投票通过了一项名为"刷子"的修正案，允许保留法律中的"父亲"和"母亲"的字眼。"父母"这个表达仅仅为同性情侣保留。

在最原始的版本里，"父亲"和"母亲"被"父母"这个词系统地取代了。对于我们来说，这确实是名副其实的进步。因为在这个法律中，父母的定义不再根据他们天然的性别划分而是根据他们所起的作用来划分的。如果男

〔1〕 RG n° 13/00168.

〔2〕 2013年4月23日，国民议会由公众投票通过了这项法案。有566名议员参加了投票，其中有331张赞成票、225张反对票、10张弃权票。随后，2013年5月17日，宪法委员会在2013-669号决议中宣布该法案符合宪法规定。2013年5月18日，关于同性婚姻的2013-404号法律在报纸上正式公布。

〔3〕 法国BFM TV电视台公开了所有反对同性婚姻的游行示威活动，这些素材均来自组织者。因此，在这家电台上看不到赞同同性婚姻游行活动的任何消息。法国I-Télé也使用了反对同性婚姻的标语"一个父亲，一个母亲和一些孩子"来播送报道。http://www.rue89.com/2013/01/14/critiquee-sur-lamanif-pour-tous-bfm-tv-vous-donne-rendez-vous-le-27-janvier-238579.

〔4〕 这个议案自2013年5月18日起就开始在国民议会和参议会进行讨论，争论时间超过了160小时，有关该议案的修订也有5000次之多。

性和女性拥有同样的权利,并且父母的角色在今天是可以互换的,为什么还必须在《民法典》[1]中保留这种不同的术语呢?

异性问题一直同亲子关系有内在的联系。因此,随着同性夫妇开始享受一定数量的父母的权利而发展出一种政治法律机制,异性问题也从亲子关系回归到生物学的形式来显示自己的特点。

对于右翼的保守派而言,涉及的问题是反对异性婚姻和合法亲子关系组成的家庭以外的任何家庭的认可。2013 年 10 月 24 日丰特贡博尔市议会通过的一个解决办法,是通过引用"自然法则高于人类法律"来拒绝承认同性婚姻。市镇代表的异议根植于这样一个观点:对于同性情侣来说,"因为这个结合,他们从根本上不可能孕育孩子,因此要成为父母要在相异性和补充性方面教育他们"。与此相似,一个由 40 多位国民议会议员组成的人民运动联盟[其中有埃尔维·马里东(Hervé Mariton)、菲利普·戈斯兰(Phillipe Gosselin)、莱昂内尔·卢卡(Lione Luca)、让·弗雷迪克·博松(Jean-Frédéric Poisson)]在 2014 年 1 月 15 日提交了一份法律提案,要求在民法中加入禁止向同性夫妇提供生育医疗救助的内容。几天前,凡尔赛发生了一场反对政府的"家庭恐惧症"的示威游行。2014 年 1 月 3 日,反同性婚姻示威通过占据巴黎的街道来反对生育医疗救助和代孕,但是家庭部部长排除了采纳这项法律提案的可能性。为了解决关于家长权威和父母身份的特定问题,这个法律提案最终由社会党的国民议员提出来。

对于左翼的保守派而言,涉及的问题是立刻使这些新的家庭形式与特定的禁令相融合(面向同性夫妇的生育医疗救助和面向所有夫妇的代孕),或者至少(如果有一天生育的技术被允许了)准备在不扰乱异性的最高利益上,将必要的国民议会选举改革写进法律。为了能从法律上确认同性恋抚养权,应该用一种方法明确异性恋抚养的优势。

---

〔1〕 除了"婚姻法"和"同性婚姻收养法"外,在"民法"中还有超过 100 条有关父亲和母亲的条款。

在这个意义上，反同性婚姻示威的标语〔1〕和丰特贡博尔市议会的决定只是这个问题的表面，并且游行示威活动也是阵发性的。反同性婚姻可能会以一种更加隐秘的形式—亲属关系的分级—继续存在。

但是自20世纪70年代开始，社会学工程揭示了家庭既不是天赋的又不是不可触犯的。也是从这些年开始，法律一直区分婚姻关系，尤其是为了赋予"私生子"与婚内生子同样的权利。

另外，所有的人口统计一览表表明了家庭的多样性。尽管这样，他如何修改这个塑造了生物学家对亲子关系这一概念的主张？亲子关系源于哪里？这种本质主义的形式尽量不去消除法律及性别的差异。

如何才能修改这篇在生物学上铸造了一种想象的亲子关系且人尽皆知的论文呢？这种本质主义的形式努力不被法律删除，性别的差异该何去何从？

我们将会试着回答这些提问，分析这些由表面上复杂的意识形态剪辑成的部分。这个分析比利害关系更重要，远超过同性父母家庭的平等性，这关系到民法中亲属关系的政治基础。

（一）生育并不意味着存在亲子关系

生育是一种生物学上的事实，而亲子关系则上升为一种法律概念。〔2〕虽然法律会考虑生物学上的客观事实，但是作为父母关系的法律设定，亲子关系打破了自然规律，有它自己的规则。正如科尔尼（Cornu）说的那样：

"有关亲子关系的法律不仅关系到（生物学上）的事实，还关系生活、子女利益、家庭和睦、感情、道德意识、秩序的建立等问题……"〔3〕

现代法律制度突破了教会法的自然主义传统。〔4〕自此以后，法律上那

〔1〕"同性婚姻示威游行"是一个协会组成的团体，类似于天主教会。尽管它被定位为右翼（或者是极端右翼），但仍属于非政治性团体。该团体由克劳德·贝比尔（Claude Bébéar，Axa保险的创立人）、反堕胎维塔协会和天主教家庭协会资助。

〔2〕Voir D. Borrillo, *Le droit en matière de reproduction: une approche critique*, in E. Dorlin.

〔3〕G. Cornu, *Droit civil. La famille*, Paris, Montchrestien, 1993, p. 270.

〔4〕因为收养对传统存在潜在的破坏性，所以教会法把它当成一种危险的制度。

些带有自然主义色彩的理念不再受推崇。相反,那些现实主义理念,如促进家庭和谐、遗产继承、隔代之间的相互依赖和弱者保护等理念,则更加受到重视。

现代法律制度同样也遵循一些罗马法的传统。比如基于亲子关系,依据现有法律制度可以形成继承和监护关系,在此基础上,在刑事审判中法律禁止子女做出对父母不利的证词,同样公诉机关也不能对子女进行任何的心理暗示。〔1〕

依据现代民法理论,既不需要生物上的关联也不需要性别的差异,就可以在法律上把一个孩子拟制为他们的后代。〔2〕针对单身人群完全放开的收养政策和亲子关系事实状态(possession d' état)〔3〕是此理论最具代表性的特征。在这种情况下,法律可以基于收养关系把一对夫妻和与他们没有血缘关系的孩子之间拟制为亲子关系。

作为在建立亲子法律关系中必要的先决条件,异性这个说法似乎只在最近的一场态度明确的政治辩论中,更确切地说,是在20世纪80年代一场在米歇尔·罗卡德(Michel Rocard)做的报告中所体现出来,他宣称:"肯定父母关系自然结构的意义"。〔4〕为了寻求一种新兴的生殖技术的制度框架,上述报告阐述了一种夸张的原则:"两位家长,一个也不能多,一个也不能少。"

这篇报告中的"道德的恐慌",不仅通过生殖技术的出现表现出来,还通过那些由生殖技术导致的只有女性或只有男性的父母关系表现出来。然而,

---

〔1〕 罗马法学家尤里乌斯·保罗斯(Iulius Paulus)在其关于亲子关系的著作 *Libro singulari de gradibus et adfinibus et nominibus eorum* 中说道:"所有的法学家都应该承认父母和亲属间的等级。首先,遗产和监护通常由法律授予父系更亲近的亲属;其次,已逝的债权人将其所有的财产留给与其关系最近的亲属。此外,公之于众的有关刑罚的法律禁止强迫证人自愿作出对其亲属和父母不利的证言。" in P. Legendre, *Le dossier occidental de la parenté: textes juridiques indésirables sur la généalogie*, Paris, Fayard, 1988, p. 37.

〔2〕 D. Borrillo, *La parenté et la parentalité dans le droit: conflits entre le modèle civiliste*.

〔3〕 亲子关系事实状态是指实际拥有真实的亲子关系。这种状态建立在一种充分且实际的亲子结合、子女与家庭的结合之上。法官可以通过公证来证明这种亲子关系。http://vosdroits. service-public. fr/F15395. xhtml.

〔4〕 Rapport Braibant, *Sciences de la vie: de l' èthique au droit*, Paris, La Documentation franc,aise, 1988.

这种亲子关系中单一性别(unisexué)的抚养权问题已存在于1966年7月11日所颁布的第66~500条有关收养制度改革的法律中。该法律通过承认完全由个人收养的可能性来认可有收养关系的单亲家庭(通过血缘关系和收养组成家庭的模式的破裂),但是当时同性父母家庭模式的"威胁"还不太显现,然而把1966年法律中的单亲父母的形式转变为同性父母的形式就使这种危机凸显出来了。这种同性父母而不是单亲父母使保守主义者感到害怕。

(二)法国生育医疗救济(AMP)政策的构建

为了阻止未来可能会有同性恋父母对于自身权利的请求,生物伦理学法律构建出生育医疗救济政策这种假定的"良方",以解决建立在同性关系基础上的无法生育的情况。自此这似乎可以看作一个出发点,来建立一种"象征性"的图解模式——生物真实性。

从个人权利和自由的角度来说(如避孕和人工流产一样),法国生育医疗救济既不应该被认为具有政治性,也不应该被认为是一种法律的构建,而应该被视作一种治疗不孕或避免严重疾病传播的医学上的行为。从某种程度上来说,法国生育医疗救济是一种有利于医学临床鉴定的政治策略,它将决定对这件事情的许可和禁止的限度。

这种医学因素,使到育龄的异性夫妻将生育提到日程上。在法国,由怀孕而产生的"天然的"父母关系使法国生育医疗救济合法化,这同样也是建立在有利于保护未来子女利益的理念基础之上,它意味着子女有权利拥有父亲或母亲。而且在这些社会保障事业部门中,这些普世价值也是法国生育医疗救济的渊源。

《公共卫生法》(le Code de la Santé publique)第2141-2条规定:"生育医疗救助旨在治疗不育夫妇或者避免给一方配偶或子女传播严重的疾病。这种不孕症应是被医学确诊的。这时如果夫妻双方身体健康,且到育龄年纪,经双方事先同意可以进行人工授精或胚胎移植。但是如果夫妻双方离婚后合法分居,分割共同财产,提交同意书的一方死亡,或者夫妻一方在负责不孕医疗救助的医生见证下以书面的形式撤回之前的同意书,人工授精或胚胎移植就会被搁置。”

人们对同性恋亲子关系的恐惧[1],会导致这种同性恋在法律上如何定义存在争议,这不仅与夫妻或配偶一方的个人意志有关,而且也是一个客观的事实。

对同性关系制度化的担忧和对生物学(血液和基因的)论证的信赖,削弱了建立在意志和经验基础上的其他亲属关系的特点。除涉及生物伦理学法律外,2000 年 3 月 28 日一位最高法院法官做出的著名判决,表明了在建立亲子关系中具有生物事实是有优势地位的。因此,作为现代民法基础的生育血亲关系(基于生物事实)和拟制亲子关系(基于文化事实)的传统分类遭到质疑。它不仅受到教会法(自然规律至上的)经典理论的影响,而且受到两性关系的不同背景、血液检测和 DNA 证据作为司法系统鉴定亲属关系核心依据的新观念的影响。

《法国民法典》中的基本原则再次被提出。借鉴一些外国民法典中基于保护儿童(甚至是成年人的)[2]良好的心理结构或者性别差异[3]的新规定,《法国民法典》中如意思自治、尊重隐私、平等和处分原则被慢慢淡化。

埃里克·法辛(Eric Fassin)充分分析了神学理念的演进过程,同时指出罗马教皇十六世伯努瓦(Benoît)如何将自然秩序和自然规律相结合来重塑自然的性秩序。[4] 同样,左翼保守主义将性别差异的象征性规律加之于有关起源的真理之上,以此来重建关于异性夫妇处于优先地位的亲子秩序。

(三)有关家庭模式的新思潮

当把拟制的亲子关系当作一个像仿照自然血亲关系的假把戏一样运作

---

[1] Xavier Dijon, *Les miroirs de l' engendrement homosexuel*, Revue interdisciplinaire d' études juridiques, 2007, pp. 31 – 62.

[2] 儿童精神病科医生、法国人类起源信息获取委员会(CNAOP)副主席皮埃尔·利维–苏桑(Pierre Levy-Soussan)、精神分析学家让–皮埃尔·温特(Jean-Pierre Winter)以及精神病专家克里斯蒂安·弗拉维尼(Christian Flavigny)都以人类精神健康为由强烈反对同性婚姻。

[3] 西尔维恩·阿加西因斯基–若斯潘(Sylviane Agacinski-Jospin)认为同性婚姻问题与同性父母问题是不可分割的,因为“婚姻和亲子关系的建立必须继续将其置于人类性别的秩序中去”。

[4] Éric Fassin, *Les forêts tropicales' du mariage hétérosexuel*, Revue d' éthique et de théologie morale, 2010, pp. 201 – 222.

时，它不会出现任何问题。被领养的子女与亲生父母之间具有相似的基因，这使建立与生物学理论相分离的完全亲子关系成为可能。上述制度，只有在异性之间才可以在遗嘱中指定在世的继承人。

如今法律已经允许同性伴侣收养孩子，就不能规定只允许异性夫妇收养子女。但是相比于建立传统的亲属关系、维持亲等秩序，新一代生物学家更倾向于在身世真实性的基础上构建亲子关系。[1]

这种亲子关系是源于生物的相似性，同性恋夫妇与子女不能建立这种嫁接来的亲子关系。今后要更深入研究带有生物相似性的自然范例，来建立新颖、清晰、更贴近自然的法律伦理模式。因此，一方面要摒弃被认为是假定生育秩序的生物基因相似性，另一方面要赋予其亲生父母相应的法律地位。于是，法律领域将会出现一个新的概念：亲本。新一代生物思想学家认为根据深信不疑的血亲事实，重组亲子关系秩序是十分必要的，这种思想取代了《同性婚姻法》中所倡导的思想。自此这种亲子关系根植于人们对生物真实性的"深信"之中。此后，就需要将亲子关系的观念植入"真正的"生物的根基中去。与反对婚姻的示威者不同，大部分的新思想家竭力避免把生育和亲子关系等同起来。事实上，在论述用以证明异性收养合理性的生物相似性问题上，这些专家在一定程度上反对生物起源论。当单亲家庭模式"模糊"了传统亲子关系的界限并对其存在产生威胁时，就需要弄清起源问题来保证人类存在的持久性。然而（至少表面上看来）具有讽刺性的是，人们仅通过确立同性恋收养关系才使新的亲子关系理念初具模型。这似乎不再是难以想象或极度恐怖的事情，它不是建立在充满谎言的生物相似性理论基础上，相反，它是建立在特定生物繁殖理论的基础上从而允许收养亲子关系的存在。因此，法律就不再需要生物相似性理论来构建亲子关系新秩序。生育理论就可以在生物领域上对判定是否具有亲子关系给我们一个明确的答案，只需要一

〔1〕 名为"亲子、血缘、父母"的工作小组在2014年提交给法国社会事务部、健康部部长和家庭部代理部长的报告中提到了这种新型生物机制组成的范例。

个条件即取消亲生父母的匿名。[1]

同性父母关系不仅没有被废除(如同在《民事互助契约制度》颁布的时期),而且在这场新思潮下还扮演了重要的角色。它成为抨击法国生育医疗救济的谎言和(异性)父母的完全收养关系的“合理的构想”。因为不能完全否认那些今后被认为是“记录身份”的基因,同性父母关系也被认为是一种“可靠的构想”,保罗·易格(Paul Ricoeur)借用以上极端的理论以便更好地掩饰生物方面的事实。

同性父母关系(如果这种关系被法国家庭部的工作小组作为议案公布)建立一种在真实的生育基础上,而不是生物相似性基础之上的构想,进而将取消异性父母收养的“假定生育”构想,(收养、精子卵子捐助的生育医疗救济、匿名分娩……)这也是为了能从根本上将人类历史、生物以及象征性与人性相结合。[2] 一旦这种制度在《民法典》上被认可,同性父母关系将不再与自然法理论相抵触,反之会被自然法理论所认可。

法国国家人权事务咨询委员会[3](CNCDH)被这种新观念所吸引,他强调道:

“完全收养模式因剥夺孩子知道其身世的权利,被认为是一种‘制度谎言’。相反,这样的‘谎言’并不仅存在于处境尴尬的同性伴侣中,同样也针对那些收养孩子的异性父母。这种完全收养关系本身切断了养子与他们亲生父母之间的关系,并与亲生父母之间没有法律上的抚养和赡养的权利义务关系。”

“从那时起,法律草案对此引入一种制度,除非无法查明亲生父母,否则被同性伴侣收养的孩子有权询问一次他们的身世。国家人权咨询委员会发

---

〔1〕 然而,在2013年6月13日的第362981号决定中,法国国家委员会对在托比拉(Taubira)法律中规定的法国生育医疗救济的适用对女同性恋进行了确认,决定称“生殖细胞捐赠的匿名制度在公共卫生法、民法、刑法以及1994年7月29日和2011年7月7日的法律中规定的有关生物伦理的基本原则中有所涉及,但是该制度与《欧洲人权公约》的规定是相矛盾的,尤其与第8条中关于保障家庭和隐私相矛盾”。

〔2〕 P. Legendre, *L' inestimable objet de la transmission*, Paris, Fayard, 1985.

〔3〕 该观点是关于同性伴侣结婚的法律提案(2013年1月24日全体会议)。

表声明说允许子女咨询他们身世的制度构想是在家庭法律改革的背景下提出的。"

"国家人权咨询委员会声称男女两性的差异是建立亲子关系的必要因素,在维护两性生殖关系在心理上的认同也是很有必要的。出于这种考虑,国家人权咨询委员会提到由于同性伴侣通过收养而拟制的亲子关系缺少孩子出生这样一个环节,因此养子真实的遗传基因没有被掩盖。国家人权咨询委员会认为基于以上的原因,应该对不告知亲生父母身份的完全收养制度进行改革"。

国家人权事务咨询委员会在听证会上,听取了很多精神分析学家、人类学家、社会学家的意见,他们建议把亲本概念引入法律之中。具有性别差异的生物真实性应该纳入法律中,因为它不仅是亲子关系的一部分而且也关系整个人类的社会关系,这就是为什么二十三世国王、犹太大主教、穆斯林主教、东正教主教或新教联合主教认为没有必要发挥捍卫传统"世俗"观念的神学观念的作用,使其形成一种共同的理念。

国家人权事务咨询委员会投身到亲子关系秩序改革的大潮中来,并呼吁养子真实的遗传基因不应该被掩盖。

成为"基因提供者"的亲生父母,将成为这种新生物理论的核心。养子获得亲生父母的知情权并不仅意味着知晓他们亲生父母的身份。对他们身心认知起更重要作用的远远不止知悉他们的亲生父母,而是探索他们的身世:"对于身世和自我认知的探索并不比对死亡少,它存在于人类社会每个人的内心之中,这种探索自始至终,终其一生"。[1] 这种理念不是以二十三世国王的名义提出的,而是由家庭部长授权社会学家组成立法工作小组提出的,目的是为了更好地进行家庭亲子关系法律制度改革。工作小组为了切实保障孩子的身世知情权,将这项立法改革活动命名为"家庭、身世、父母",他的最终目的是保障其身世知情权。把身世问题和家庭、父母联系起来不是毫

---

〔1〕 http://www.ldhfrance.org/IMG/pdf/H_L147_Dossier_7._Pour_la_levee_de_l_anonymat_des_dons_d_engendr em(...)

无依据的。通过生育理论建立亲子关系并基于此赋予养子的亲生父母一定权利的改革活动,是围绕生育建立起来的“根深蒂固的亲子关系”展开的。一旦法律承认这种“必要的”具有生物意义上的亲子关系,由此将演化出其他不同种类的亲子关系(由于匿名制度的取消)。

在这种背景下,根据血亲建立法律制度的旧自然法制度重新充满活力,它不是建立在民主评议的基础上,而是建立在一种所谓的坚定不移绝对服从自然法的意志基础上,这损害了相对利己主义的民主共存思想。

(四)自然法则的新规

自然法则的新规,指的既是一个建立在生物不可变的规则基础上的推论,又是一个允许不同性别特征持续存在的理论。在亲属关系的诉讼中,他突出的特征是血液和基因的优先性。2000 年 3 月 28 日,经最高法院的决定后,血液的鉴定成为判令亲子关系的依据,〔1〕这大大提升了法院的声誉。因为在这个判例之前,对这种专业知识的判定并不系统。西塞尔·贝利特(Cécile Petit)律师明确地提及了这种新理念:“身份血统的不确定会使儿童在人格构建方面出现失衡”。〔2〕

2004 年 5 月 12 日的第 01 – 16152 号判决,在这方面又迈出了重要的一步。在确立亲子关系时,不再苛责提出专业的直接证据来证明亲子关系的存在。

简单收养关系在这场变革中公平地享有一席之地,并且比重在不断上升,这一情况对完全收养关系产生一定的冲击。除了由左翼在全国人权事务咨询委员会提出的报告外,〔3〕一些法学家主张同性夫妇有资格与领养的孩

---

〔1〕 D. Borrillo, *La vérité biologique contre l' homoparentalité: le statut du beau-parent ou le "PACS de la filiation"*, Droit et Société, 2009, p. 361.

〔2〕 Civ. 1re, 28 mars 2000, *Bull.* n° 103; *Defrénois*, 2000 – 06 – 30, n° 12, p. 769, note J. Massip; *Dalloz*, 2000 – 10 – 12, n° 35, p. 731, note T. Garé; *JCP* 2000 – 10 – 25, n° 43/44, conclusions C. Petit et note M. C., Monsallier-Saint-Mieu.

〔3〕 A. 费恩(A. Fine)和 G. 德拉希. 德帕瑟瓦(G. Delaisi de Parseval)认为必须通过取消生殖细胞捐赠的匿名制度以及体现简单收养的优势,将同性父母关系看作是“多父母关系”或者是“共父母关系”。

子构成简单的收养关系。法国最高上诉法院认为,在国外实行的允许同性夫妻与孩子形成完全收养关系的政策,会使被收养的孩子取得掩盖他们真实身份的户籍证明,〔1〕因此在法国这被认为是违反国际公共秩序的。一部分的法学家认为,这项决议很有进步意义,因为如果最初的身世没有被掩盖,那么识别同性夫妻的收养就变得没有任何障碍。事实上,正如路易斯所提到的那样:"因为国际边界管控不严,所以国际事务和相应的法国国内事务几乎没有什么不同,最高上诉法院据此合理提出一种均衡改革方案,并得到了总统的认可:同性夫妻数量的比重不断上升,在他们的眼里那些与他们本应是陌生人的没有血缘关系的孩子〔2〕成为他们觊觎的对象。出于此原因,这种简单的收养政策获得认可,它更关注自然的亲属关系而不是完全掩盖自然关系的完全收养关系,同时它也替代性地在法律上取得相应地位。由家政部长提出的报告指出要取消完全收养关系,取消新的出生证明,并在保留原始姓名的基础上保有原始的出生证明。〔3〕

国家人权事务咨询委员会和法学家同样认为,福莱基德・芭右(Frigide Barjot)是一个重要的盟友,因为反对结婚的激进分子认为:"只有已婚的同性夫妇才有权利收养子女,并且这种收养不是完全的收养模式,因为它将抹去亲生血缘关系,违背自然规律。"

生殖细胞(精子和卵子)捐赠的实名化和亲生父母取得相应的合法地位,是新生物主义思潮的第三大支柱。在此背景下,由于捐献者受到的不公平待遇,法国生育医疗救济的异性收养模式被废除。从此,捐赠者应该被视为一个"独特的人",因为他不仅捐赠了身体组成的一部分,更会对他的生活产生一定的影响。

---

〔1〕 2012年6月7日,上诉法院的两项关于同性恋国外联合收养的决定(Civ. 1ère,7 juin 2012, n° 11 -30. 261 et 11 -30. 262, *D*. 2012. 1546, obs. I. Gallmeister, et 1992, note D. Vigneau; *AJ fam*. 2012. 397, obs. B. Haftel, et 400, obs. A. Dionisi-Peyrusse; *JCP* 2012. 856, avis C. Petit, et 857, note F. Chénedé)。

〔2〕 Louis d' Avout, *La parenté homosexuelle à travers l' adoption: réflexions d' actualité*, Recueil Dalloz, 2012, p. 1973.

〔3〕 *Filiation, origines, parentalité. Le droit face aux nouvelles valeurs de responsabilité générationnelle*. Rapport au ministère délégué chargé de la Famille, Paris, 2014, p. 313.

不过，现实中那些胚胎细胞不一定全部适合生育繁殖，它们可能用于实验研究或者直接扔掉。事实上，法律允许对胚胎、胚胎干细胞和胎儿的研究，同样也包括在医疗辅助下的试管婴儿，因此这种研究不再以父母的亲本为研究对象。把这种研究视为一种生物繁殖不仅违反法律，也与法国胚胎法律地位的演进规律不相符。

人格化地位，引发了关于精子所扮演的角色和受精能力的久远而富有哲理性的争论。据亚里士多德的理论，男性的精子包含组成人类的最基本的元素而女性的卵子则没有。如果一个人不再具有生育繁殖的能力，而是要依靠捐助的生殖细胞生育繁殖，就意味着法律应该赋予那些最终演化成人的精子以法律地位。这种捐赠者的人格化会把我们带到宗教假象的世界中。事实上，我们很容易联想到圣经中奥南把他的生殖细胞留在世间而死的故事。事实上生命的起源不在于生殖细胞本身而在于受精这一过程。〔1〕情况往往是，一个更新后的思想往往比最初的更为保守。

最后，在目前的政治背景下，取消匿名捐赠精子、卵子的制度不仅捍卫了个体身世知情权，而且也捍卫了“亲子关系不得捏造”的人类普世权利。

在亲属关系诉讼中，基因证据优先适用、限制收养优先、匿名生殖细胞制度的废除和亲生父母的合法地位已经成为自然法则理论的新内涵。从法律拟制同性亲属也可以适用异性亲子关系的秩序规则开始，它对亲子关系的建立产生了根深蒂固的影响。

由于上述的新内涵的提出，家庭法律改革的提议又重新提到日程上来。通过禁止同性夫妇适用法国生育医疗救济〔2〕以及将血缘问题与亲子制度改革结合起来，法国家庭部的代表明确宣布了这次改革的理念：“如今的家庭构成不再是以夫妻为中心，而是以孩子为中心。”

尽管已经向保守派做出了一定的保证，但由于原教旨主义人员发动一系

〔1〕 Encycliques *Humanae Vitae* de Paul VI du 25 juillet et *Evangelium Vitae* de Jean-Paul II du 25 mars, 1995.

〔2〕 http://www.social-sante.gouv.fr/IMG/pdf/DP_loi_famille_211013.pdf.

列运动,政府宣布取消这项法律草案,并决定无限期的推迟其有关讨论,[1]但是,工作小组的报告中仍然对未来改革的思路进行了描述:构建同性亲属关系的先决条件是普及简化收养程序和在欠发达国家中取消生殖细胞匿名捐赠。

与此同时,即便司法部门的通报中记载着相关的规定:“一旦出具了当地机构的出生户籍信息和与法国人有亲属关系的证明是真实合法的就不能拒绝给申请者发放法国国籍”,但在2013年9月13日的两个判决中,最高法院都拒绝给在国外代孕出生的孩子登记户籍信息。最高法院援引该条有欺骗性的法律以防止有关亲子关系在法国的建立,这种亲子关系由于子女是代孕出生而可能处于司法上的弱势。[2]

反对代孕生子的游行示威,要求对同性家庭收养孩子进行一个限缩解释。事实上,根据检察官所说:“拟制的亲子关系将限制收养关系建立。”这表明法兰西共和国的检察官认为如果孩子是出生在国外欠发达地区,那么将不适用收养制度。法律学说也不能提出合理的解释以确定保护弱者的最佳标准。最高法院在2014年9月22日的两个咨询意见公告认为这种收养关系是可行的。

三、总论

法国法官无法确认同居和同性亲子关系的事实,这使同性恋群体自发行动起来使社会认可这种新的家庭模式。然而,要做到这一点,要在法国政党的纲领中启动传统的提案机制。自1989年法国上诉法院拒绝认可同居到1999年《民事互助契约制度》颁布的10年间,法国最高法院的不作为都使改革错失良机。同样,上诉法院和之后的宪法委员会拒绝承认同性婚姻合法,

---

〔1〕“Le recul du gouvernement sur la loi famille suscite l'indignation à gauche”, Le Monde, 04/02/2014.

〔2〕L'arrêt, *Mennesson et Labassé c. France*, rendu par la CEDH le 26 juin 2014 change la donne: la France est condamnée pour ne pas avoir transcrit de tels actes.

都使同性婚姻获得平等权利推迟了数年。诚然，共和主义的传统是把权利原则上升为法律。然而，法律原则往往要随着家庭权利结构逐步演变而不断被解释。另外，关于同性恋的人权平等抗争是法国法律原则和判例的主要"哲学"基础。教授们基于道德的制高点而不是出于对法律的反思来主张反对同性结婚。另外，法学界人士（律师、教授、大法官、公证员等）完全反对传统的世俗大陆家庭法律。在同性恋的背景下，这种对法律持反对态度使激进的法学家的思想很难被认同。随着《同性婚姻法》的颁布，法国立法者已经克服了偏见，保护同性夫妻的结婚和收养权利。然而，另外，大多数的法律学者仍然反对右翼党和资产阶级天主教强烈宣称的观点。

2013 年的法律并没有解决这种不平等的状态。医疗协助如法国生育医疗救济仍将女同性恋拒之门外，代孕生子对异性恋及同性恋夫妇也没有完全放开。政府宣布的家庭法律草案，没有认可包含这种亲子关系的类型。尽管存在些许让步，但由于传统主义者的反对，政府还是决定取消法律草案的公布。[1]

然而，这种法律草案完全处于自然主义亲子关系的愿景之中。事实上，生殖细胞的匿名捐赠、匿名分娩、完全收养逐渐被提倡简单收养、精子卵子捐赠的人格化（以及代孕生子）所取代，这些都成为左翼保守主义提出的建立自然秩序新规则。

如今，生育繁殖理论的出现似乎是对"瓦解个人主义和自恋享乐主义"的一道屏障。[2] 在社会学中，由于不存在双亲的核式家庭模式，所以需要通过确立父母地位来重树这种象征性的家庭模式，这种方式的重塑在生物繁殖进程中形成了更为先进的亲等关系。事实上，异性夫妻是构成它最基本的要素：精子和卵子。自从匿名捐助生殖细胞的人格化，两性的差异最终得到了

〔1〕 最终，法律草案在 2014 年 6 月 27 日仅通过了关于父母权利的内容。

〔2〕 2005 年，法国国家伦理咨询委员会表示反对男同性恋夫妇的代孕生子要求，反对女同性恋接受精子捐赠，并且委员会的顾问表示医学辅助生育（PMA）致力于解决医疗基因的不孕不育，而不是性生活的选择，更明确表示"将辅助生育向同性恋开放……将可能使个人利益超越于集体利益之上"，并且表示"医学会用来保障孩子的权利"。

保证。

国家人权咨询委员会(CNCDH)和在政府中负责家庭权利改革的工作组建议道:同性父母只要能满足这种象征性的家庭模式,它就可以得到认可。也就是说"在同性夫妻间建立一种让孩子知道他们亲生父母的收养关系,从而使他们的真实的生物信息不被掩盖。"

这是思想上的制度重塑,同性家庭也可以在他们生物繁殖中找到起源来重组家庭模式。

除了涉及家庭问题,这项亲子关系秩序的逐渐内化过程没有具体地保护孩子的利益,而是抽象地维持两性之间的性别差异这一象征性规则。换句话说,异性夫妻目前所处的地位仍然是无可替代的。

知识产权的利维坦

[美]艾米·卡普钦斯基(Amy Kapczynski)*

黄林辉　王　萍**　译

一

当代对知识产权法的主要评判标准,逐渐演变成评价一个国家是否具备现代国家的概念,即一个国家能否被认定为新自由主义国家。今天,知识产权法主要被分析和评价为具有福利性质的一个术语。之所以这样认为是因为国际社会普遍相信信息的产生是非常昂贵的,但是信息的复制却是非常便宜的。如果没有财产权利机制的保护,那么信息创建的投资者就难以收回在竞争激烈的市场中的信息创建成本。例如,如果没有专利的保护,在研发上花费了数百万美元的制药公司将立即被竞争对手用仿制药排挤出市场。如果没有版权,好莱坞制片厂显然也会面临同样的问题。当经过不断地调整,我们认识到,即使在竞争激烈的市场中没有知识产权,公司也可以收回他们在信息创建中的投资成本。例如,创新型公司可以保持对其模仿复制者的绝对的领先地位,并且在一些行业中,信息技术保密仍然是可以做到的。然而,这样可替代的方法正随着我们数字时代的网络化而不断被削弱。以往的经验

---

* 艾米·卡普钦斯基,耶鲁大学法学院副教授。诚挚感谢塔尔哈·赛义德(Talha Syed)、大卫·格雷瓦尔(David Grewal)和杰德·珀迪(Jed Purdy)对本文内容的评论和帮助。本文由知识共享署名-非商业性使用-4.0国际许可协议授权,首次出版于《法与当代问题》77-131(2014年秋)。

** 黄林辉,上海外国语大学2015级法律硕士研究生;王萍,上海外国语大学2015级法律硕士研究生。

表明,如果没有一个公权力去规制,那么市场在信息领域的投资将会非常少。因此,知识产权法设立的目的,在于通过允许这些创造信息化产品的行业企业能够在市场中收回它们的投资成本,为这些行业企业提供创新的激励机制。

这揭示了至少一半所谓的“公共产品”的问题:在没有政府支持的财产权机制的保护下,任何一个人很难排除他人从自己的信息投资中获得利益。〔1〕 公共产品的第二个组成部分使事情更加的复杂:信息不仅被理解为“没有排他性的”,而且是“非竞争性的”,因为它可以共享而且不会被耗尽。信息的共享并不像比萨共享那样,如果你和我都想要一片比萨,则必须为我们每个人制作一片,而信息只需要复制即可,同样的信息无须再制作一遍即可共享。在竞争激烈的市场中,一块比萨的价格将包含生产附加片比萨的边际成本。

但是私有知识产权法设计的目的就在于信息的排他性,并且增加其价格使它的价格超过边际成本,从而能够让创新者可以收回他们的投资成本。一些人愿意花 2 美元而不是 10 美元去购买碧昂斯的新专辑;另一些人愿意(或能够)花费 100 美元去购买标价为 200 美元的教科书。如果人们被好的产品排除在外,则他们的消费者盈余将被视为重大损失。动态效率低下也与排除权利相一致,因为信息是一个输入和输出自己生产产品的过程,并且并没有保证说研究成果将有效地授予最有效的“开发者”。〔2〕 因为这个原因,许多著名的经济学家,其中最著名的诺贝尔奖得主肯尼斯·阿罗(Kenneth Arrow)提出,最有效地促进信息的生产手段,不是排除权利而是允许公共采购。〔3〕

〔1〕 Peter S. Menell and Suzanne Scotchmer, Intellectual Property Law, in Handbook of Law and Economics, 2007, pp. 1473, 1477, “A Mitchell Polinksy and Steven Shavell eds.” 很明显就这一点而言,物质商品与信息并没有什么不同,因为如果缺少以国家强制力或者社会权威为后盾的制裁手段作为支撑,它们也会容易受到侵犯。就这点而言,信息的不寻常在于依赖法律的人格化以及物质商品领域内支持私有财产的标准。

〔2〕 Peter S. Menell and Suzanne Scotchmer, Intellectual Property Law, in Handbook of Law and Economics, 2007, p. 1473, 1477, “A Mitchell Polinksy and Steven Shavell eds.”

〔3〕 Kenneth J. Arrow, “Economic Welfare and the Allocation of Resources for Invention”, in The Rate and Direction of Inventive Activity: Economic and Social Factors, 1962, pp. 609, 623. (声明:为了创作得到最理想的分配,政府或者一些其他机构应该不以利益得失为标准去支持财政研究和发明)

事实证明,对知识产权法的主要评判的关键所在不是去争论财产归属,而是看一个国家是否具有现代国家的特征。主流知识产权案例总结如下:

许多制度机制存在的目的,是为了解决公共产品在信息社会中存在的固有的问题,如政府直接投资的研究资金、政府研究补贴、促进合资企业的补贴以及奖金。而知识产权的案例通常集中在这些领域。知识产权有限制,政府在对一系列分散的决策分配资源方面的优在于特殊的发明是否需要一个固定的保护期限。市场作为进步的主要动力,分散的消费者产生对产品的需求,与此同时相互竞争的分散的销售者生产产品。相比之下,大多数其他的激励制度,特别是大规模的研究资金,则需要大规模的中央计划来支持。[1]

威廉·兰德斯(William Landes)和理查德·波斯纳(Richard Posner)提出了相似的观点,即政府奖金或奖励应该避免,因为他们会不可避免地对政治化且对经济效率造成严重的破坏性影响。[2]

在这种情形下,政府并非一无是处,而是转变成一个非常特殊的形象。它被期望有效地制定私有市场秩序的条件,特别是通过创建信息领域的私有财产权,并通过它们的执行来促进私有市场秩序条件的产生,但被认为不能有效地从事更直接的组织信息生产。为什么政府非常适合制作财产权,但不适合以其他方式指导创新政策呢?在这一点上,传统的理论往往是模糊而含蓄地引用哈耶克假说中的“信息不对称说”。[3] 基于这个原因,政府不可能有足够的信息来确定哪些商品应该被制造。但是,在创设财产权的时候,政府不需要知道应该创造什么样的商品。相反,它只需要创造普遍适用的权

〔1〕 Merges, Menell and Lemley, supra note 2, p. 18. 正如这段也阐述的一样,对知识产权法最主要的辩护没有考虑到与信息生产相关的非市场和非政府的替代选择,例如,以下所讨论的以共享为基础的策略。

〔2〕 William M. Landes and Richard A. Posner, The Economics Structure of Intellectual Property Law, 2003, p. 9.

〔3〕 F. A. Hayek, “The Use of Knowledge in Society”, A. E. Rev. 35, 1945, pp. 519, 521.

利,然后让市场参与者决定如何分配投资。[1]

这种政府形象更容易被人所认知到,它就是在新自由主义者口中所描述的政府。正如大卫·哈维(David Harvey)在《初审》中写道:

在新自由主义理论中,政府的角色是创造和保留一个对新自由主义实践合适的制度框架。政府干预市场(一旦开始)必须保持一个最低限度,因为根据理论,政府不可能拥有足够的信息去预测市场信号(价格),因为强大的利益集团为了自己的利益,将不可避免地对政府干预存在偏见并进行反对(特别是在民主国家)。[2]

二

在过去10年里,出现了一系列强有力的关于知识产权的评论。这些评论与介绍当前知识产权法状态的各种描述之间进行辩驳和竞争。[3] 法文学领域里一条最杰出最有效的理论性评论,已经假借免费文化和"信息共享"争论的名义出现了,并且被劳伦斯·雷席格(Lawrence Lessig)和由尤查·本科勒(Yochai Benkler)旗帜鲜明地提出来。[4] 双方都强调信息专有权制度膨胀的问题,也为以市场为基础的信息和文化生产的排他性形式,勾勒出一系列实际存在的替代选择。

---

〔1〕 对知识产权特别的优点最权威的描述,是对阿罗关于信息生产国家投资的需要的理由的回复。参见 Harold Demsetz, "Information and Efficiency: Another Viewpoint", J. L. and ECON. 12, 1969, p. 1。

〔2〕 Harvey, "The Use of Knowledge in Society", A. E. Rev. 35, 1945, p. 2.

〔3〕 See Amy Kapczynski, "The Access to Knowledge Mobilization and the New Politics of Intellectual Property", YALE L. J. 117, 2008, p. 804; See Gadie Krikorian and Amy Kapczynski, Access to Knowledge in the Age of Intellecyual Property, 2010.

〔4〕 Yochai Benkler, The Wealth of Networks: How Social Production Transforms Markets and Freedom, 2006; Lawrence Lessig, Free Culture: How Big Media Uses Technology and The Law to Lock Down Culture and Control Creativity, 2004.

雷席格写了一系列有影响的书,让他成为一个“信息时代的明星”,[1]特别是对年轻的互联网和自由文化的积极分子而言。例如,他曾强有力地争辩,在数字时代,现存的版权法与潜在的创作可能性之间存在深刻的冲突。正如他所指出的,当一个母亲把她的孩子伴着一首名叫“王子”的歌跳舞的舞蹈视频放在YouTube上的时候,其实是伴随着15万美元的版权侵权危险的,这时一些事好像已经变味了。[2] 雷席格也认为现今的著作权法太冗长,过于膨胀,并正在尝试创建一个“许可文化”,在这个充斥着各种声音的年代,它与自由表达是相互对立的。[3] 正如他所指出的,“如果没有被那些利用知识产权法保护他们自己免于竞争的在位者遏制,互联网为许多参与构建和培育一种超越地域的文化提供了非凡的可能性,即创造了一种包括更广阔、更多元化的创造者市场的可能性”。[4]

本科勒也在这个领域内完美地完成了他的工作,特别是他对信息生产模式多样性的见解。正如他强调的,对知识产权法传统的评价并不能解释许多成功的且长期存在的非排他性信息生产模式。[5] 例如,律师写文章以吸引客户;软件开发人员为个人客户销售服务定制的自由和开放源码软件;乐队为了从巡回演出或商演中增加收入而带来免费音乐。[6] 更加有突破性的还是本科勒关于“共享性同侪生产”的重要性的解释,它是一种激发社会积极性和合作生产的形式,以维持维基百科的志愿者网络或者创造开放源码软件产品的编码器(Linux操作系统)为主要典型。[7] 在数字网络时代,正如本

[1] Free Mickey Mouse,“Economist”,Oct. 10,2002. http://www.economist.com/node/1378700(“法学教授从不以有一群粉丝为荣,但劳伦斯·雷席格并不是普通学者。他之前在哈佛大学,现今在斯坦福大学。雷席格先生已经成为信息时代的一个巨星,在许多问题上进行学术研究和巡回演讲实践”).

[2] Lawrence Lessig,“In Defense of Piracy”,Wall. ST. J.,Accessed Oct. 11,2008. http://online.wsj.com/news/articles/SB122367645363324303(discussing the“Let's Go Crazy”lawsuit).

[3] For a discussion of the conflict between free and permission culture,see Lessig,“In Defense of Piracy”,Wall. ST. J.,Accessed Oct. 11,2008,pp. 192–93.

[4] Ibid.,p. 9.

[5] Benkler,lbid,pp. 41–49.

[6] Ibid.,p. 43.

[7] Ibid.,p. 60.

科勒所描述的那样,信息生产工具分布的广泛性“为我们如何制造和交流信息、知识和文化创造新的机会。”〔1〕这些机会增加了非专利生产性活动在我们的信息经济中的相对作用,并且促进了既不以国家为基础也不以市场为基础的新的生产形式的产生。〔2〕

这一观念已深入人心,并同时带来一种重要的新的关于共享这个概念的模型。正如最近一本书所指出的那样,这一模型“帮助我们走出了市场经济的主要框架,帮助我们创建不同的、更健康的方式”。〔3〕共享概念的支持者引用了埃莉诺·奥斯特罗姆(Elinor Ostrom)和她的追随者关于成功的共享基础资源管理的发言,〔4〕他们组织复述欧洲大陆在“圈地运动”之前的政治和经济的历史,〔5〕以及最近在心理和行为研究中显示的证据表明,人类有很深的互动和合作倾向。〔6〕他们辩称:

对共同思维方式的一个关键认知,就是我们人类事实上并不像原子单位一样是相互分离的独立个体。我们是共享权人,是社会这个大整体中的充满创意和独特个性的独立体。我们可能有不令人喜欢的诸如胆小、以自我为中心等人类的特点,但我们同样也是完全能够自我组织和相互合作的生物,我们关心公正和社会公平,我们乐意为更大的利益和我们的子孙后做出自我牺牲。〔7〕

当然,这是对假想的新自由主义一个强有力的指责。假想的新自由主义

---

〔1〕 For a discussion of the conflict between free and permission culture, see Lessig, “In Defense of Piracy”, Wall. ST. J., Accessed Oct. 11, 2008, p. 2.

〔2〕 Yochai Benkler, “The Idea of Access to Knowledge and the Information Commons: Long-Term Trends and Basic Elements”, in Access to Knowledge in the Age of Intellectual Property, “In Defense of Piracy”, Wall. ST. J., Accessed Oct. 11, 2008, pp. 217, 229.

〔3〕 David Bollier and Silke Helfrich, “Introduction: The Commons as a Transformative Vision”, in Bollier and Silke helfrich, The Wealth of the Commons: A World Beyond Market and State 2012, pp. 11, 17.

〔4〕 Elinor Ostrom, Governing the Commons: The Evolution of Institutions for Collective Action, 1990.

〔5〕 Peter Linebaugh, The Magna Carta Manifesto, 2008.

〔6〕 Yochai Benkler, The Penguin and The Levithan: How Cooperation Triumphs Over Self-interest, 2011; Samuel Bowles and HERBERT GINTIS, a Cooperative Species: Human Reciprocity and Its Evolution, 2011.

〔7〕 Bollier and Helfrich, “Introduction: The Commons as a Transformative Vision”, in Bollier and Silke helfrich, The Wealth of the Commons: A World Beyond Market and State 2012, p. 15.

"构建并质询人类是理性的、审慎的生物。这种生物的道德自治是由他们自我关心的能力来衡量的,这种能力就是能够满足自己的需求并且为自己的野心服务"。[1]

三

在我看来,这点是非常重要的,如果重新思考一下新自由主义核心的主题,我们会惊人地发现,共有权的支持者们通常会采纳将政府作为新自由主义的代表形象。举个例子,从30个国家的73位作者那里收集文章编辑成册(题目十分吸人眼球,即《公共财富——超脱于市场和政府之外的世界》),该文集中这样写道:

可以推定,有可能干预公民利益的政府是不会再有信用的。而且在日新月异的电子网络时代,无法稳定执政、被商业利益绑架又被冗杂的官僚机构绊住手脚的政府作为权力主体无法满足民众的利益需求。[2]

支持者们认为,共有权是一个能把我们从具有掠夺性和功能失调的市场,以及失控的政府中解放出来的概念。但这样一来,某些理论就立刻显得自相矛盾。如果人本质上是合作互惠主义者,那为什么政府无法避免腐败的发生?正如1967年哈罗德·德姆塞茨(Harold Demsetz)在《箭头的乐观》上写的关于政府生产资料的知名文章中写道:"政府是人的集合"。[3]

信息领域通用语的发明者之一雷席格,经常秉持与此一致的观点:

如果20世纪教会了我们什么,那应该就是个人主权高于政府命令。市场在坦慕尼协会决定谁可以在什么时候做什么的框架下运转良好,或者像诺贝尔奖得主经济学家罗纳德·科斯(Ronald Coase)所说,无论市场存在什么

[1] Wendy Brown, "Neoliberalism and the End of Liberal Democracy", in Edgework: Critical Essays on Knowledge and Politics, 2005, pp. 37, 42.

[2] Bollier and Helfrich, "Introduction: The Commons as a Transformative Vision", in Bollier and Silke helfrich, The Wealth of the Commons: A World Beyond Market and State 2012, p. 14.

[3] Demsetz, The Wealth of Networks: How Social Production Transforms Markets and Freedom, 2006, p. 9.

问题,都比不上存在于政府的问题影响大。[1]

雷席格透露出他在面对知识产权法时,感受到了政府的力量。他认为,我们应该旗帜鲜明地反对近年来的知识产权法,因为我们应该"限制政府在决定未来发展时的作用"。[2]

本科勒更慎重一些,但也承认把政府视为"一个相对而言的嫌疑人"[3]比较妥当。他认为,我们应该担心政府的直接干预会"导致政府机关集中化并催生有权势的政治说客",[4]这个观点与上述的新自由主义不谋而合。

我们也许不该惊讶新自由主义的主流评论员们接受政府倡导的新自由主义概念,毕竟新自由主义不仅是一种意识形态,同时也如其所描述的那样,是对政府进步有帮助而设定的一套政策建议。正如大卫·哈维所说,新自由主义的支持者们害怕的是特殊利益集团将会破坏并颠覆华盛顿——这个最能实现其理念同时也能让众多企业游说者们能够左右立法满足他们特殊利益的地方。[5]

不得不说的是,没有哪种法律比知识产权法更有资格说明这个问题。举个例子,杰西卡·利特曼(Jessica Litman)通过1976年版权法的起草记录了一个令人吃惊的过程:国会将大部分起草工作委托给了利益集团让他们被迫

---

〔1〕 Lawrence Lessig, The Future of Ideas: The Fate of the Commons in a Connected World, 2001, p. 12.

〔2〕 Bollier and Helfrich, "Introduction: The Commons as a Transformative Vision", in Bollier and Silke helfrich, The Wealth of the Commons: A World Beyond Market and State 2012, p. 16.

〔3〕 BENKLER, lbid., p. 21.

〔4〕 Yochai Benkler, "The Commons as a Neglected Factor of Information Policy", Accessed Oct. 3, 1998. http://www.benkler.org/commons.pdf.

〔5〕 HARVEY, Menell and Suzanne Scotchmer, Intellectual Property Law, in Handbook of Law and Economics, 2007, p. 77. 这也许是真的,但我并不怎么赞成这个观点,因为这取决于一个20世纪70年代之前的国家对于美德而非竞争的大力提倡。最近的一个权力交织的例子是:早期的美国行政体系是以利益作为驱动的。Nicholas R. Parrillo, Against the Profit Motive: The Salary Revolution in American Government, 2013, pp. 1780 - 1940.

互相谈判。[1] 而其他学者对今天知识产权法的核心——《与贸易有关的知识产权协定》(TRIPs)的起源提供了类似的惊人解释。《与贸易有关的知识产权协定》于1996年生效。通过制定新标准和世界贸易组织的争端解决机制(授权贸易报复措施以强制执行其判决),使其命令可执行性的方式引起了国际知识产权法革命性的变革。世界上大多数国家都是《与贸易有关的知识产权协定》的成员国,该协议确定了大量新的义务——尤其对发展中政府来说——如授予药品和食品相关发明专利的义务。正如苏珊·索尔(Susan Sell)所描述的那样,《与贸易有关的知识产权协定》是整个行业组织的胜利。通过该协定,行业组织展现出其在认识和定义贸易问题、实际解决方案以及将解决方案设计成可操作性的建议提供给政府等方面的力量。这些私营部门的人员从具有国际公法地位的国际知识产权协议那里,成功地取得了他们想要的利益。[2]

这些光辉历史让新自由主义顺理成章地控制了法律界的话语权,甚至可能在其他领域也是如此。[3]

然而,正如现状表现的那样,关于知识产权法与有关信息政策,现代政府并没有意识到自己本身被利益集团控制的事实。最近一个引人注目的例子是发生在2012年一场名为"反对保护知识产权法案"的运动。该运动出现得非常迅速,由非营利团体和网民发起,计划在短短几周之内破坏这项国会已经通过且几乎已经被视为一种既成事实(因为它被好莱坞电影和其他强大的

[1] See Jessica D. Litman, "Copyright, Compromise, and Legislative History", Cornell L. Rev. 72, 1987, pp. 857, 860 – 862. 正如她所说:议会的成员们……被利益集团鼓励、引导、恐吓甚至威胁所在党派继续谈判。他们不得不调停争端和要求提出一个各方面都能接受的方案。因为国会的介入,让步程度在很大程度上取决于旷日持久的谈判。而对于在工商业行业之间达成协议的不断施压其实是经过深思熟虑且事先计划好的。

[2] SELL, lbid., p. 2.

[3] Kaminski, Menell and Suzanne Scotchmer, Intellectual Property Law, in Handbook of Law and Economics, 2007, pp. 8 – 25; LANDES and POSNER, "The Use of Knowledge in Society", A. E. Rev. 35, 1945, p. 14; Timothy Wu, "Copyright's Communications Policy", Mich. L. REev, 103, 2004, pp. 278, 291 – 292.

行业组织强烈支持)的法案。[1] 另一个例子是反对《反假冒贸易协议》的跨国运动,该反对运动非常显著地影响了条约的内容,并最终导致该条约被它的主要支持者之一——欧盟予以驳回。[2] 反对分子们并不满足于进行一个简单的防御动作,他们还成功的促使世界知识产权组织通过了《马拉喀什条约》。条约史无前例地致力于对知识产权法规定强制性例外和限制,由此提升视障人士获取受版权保护的作品的机会。[3]

因此,问题的关键在于,如果我们仅仅将现代政府视为腐败的、容易被控制的组织,那么我们将会变得盲目。如果我们能认识到人类既有以自我为中心以及胆小等不受欢迎的品质,又有自我组织与合作以及关注公正和社会正义的优秀品质,[4]我们为什么不能用同样的眼光更客观地看待我们的国家呢?

的确,对于限制性私有知识产权法的支持者和批评者们来说,一个强有力的政府都是一个不可或缺的存在。正如上文所描述的那样,在对知识产权法的主要评判的框架下,政府肯定有能力创造良好的私有财产法。这种解释试图将类似法律看成是既易于起草又能够普遍适用并保持相对稳定的存在。但目前还不清楚知识产权法是否符合这种特点。法定排除权利制度具有极

---

〔1〕 See Edward Lee, The Fight for the Future: How People Defeated Hollywood and Saved the Internet-For Now, 2013; Yochai Benkler et al., "Social Mobilization and the Networked Public Sphere: Mapping the Sopa-Pipa Debate", Berkman Ctr. for Internet and SOC'Y, Accessed July 25, 2013. http://cyber. law. harvard. edu/publications/2013/socialmobilizationand-thenetworked-public-sphere (mapping the online media discourse surrounding the proposed legislation); Susan K. Sell, "Revenge of the 'Nerds': Collective Action Against Intellectual Property Maximalism in the Global Information Age", Int'l Stud. REV., 15, 2013, p. 67.

〔2〕 EU Officially Pronounces ACTA Dead As Commission Withdraws Court of Justice Assessment, TECHDIRT, Accessed Dec. 12, http://www. techdirt. com/articles/20121219/15502521443/eu-officially-pronounces-acta-dead-as-commission-withdraws-court justiceassessment. shtml. For an earlier example of successful mobilization against expansionist IP treaties, see Samuelson, Menell and Suzanne Scotchmer, Intellectual Property Law, in Handbook of Law and Economics, 2007, p. 374.

〔3〕 Marrakesh Treaty to Facilitate Access to Published Works for Persons Who Are Blind, Visually Impaired, or Otherwise Print Disabled, World Intellectual Property Orfanization, Accessed July 31, 2013. http://www. wipo. intledocs/mdocs/copyright/en/vip-dc/vip-dc_8_rev. pdf.

〔4〕 Bollier and Helfrich, "Introduction: The Commons as a Transformative Vision", in Bollier and Silke helfrich, The Wealth of the Commons: A World Beyond Market and State 2012, at 15.

其复杂且包括无数的规定,这使该制度被设计成只对特定行业有效力,正如美国版权法案表现的那样。该法已经修改了数十次,累计超过10万字。该法规定版权并非只是一种权利,而是很多权利,例如复制、改编、分发、(特定类别的作品)拍摄视频和公众表演的混合形式。〔1〕 随着时间的推移,新的类别的作品也被添加进来,使版权保护的范围扩展至其他新的领域,例如建筑作品、录音。〔2〕 极个别的例外情况,即通常与特殊集团利益有关的明显的版权标记,也被写进法典内。〔3〕 版权保护的形式并非都是简单的或预先设计好的。

即使是专利法,它也更适合成文合同和一般适用性法律,它必须满足能够解释和适用于特定行业和申请人的条件。〔4〕 知识产权法的制定是一个非常复杂的事情。立法机构必须规定可用的标的物的范围、新颖性或独创性的标准、期限的长短、例外和限制情况等。尽管竞争的利益集团可以通过相互斗争的立法过程来平衡各方的利益,但知识产权法的历史也表明,立法者有无数种方式对特殊群体作出优惠政策。

有些人可能会察觉到一些蛛丝马迹,即知识产权法应尽量排除特殊因素以减少被限制的机会。毕竟,创新以及各种专属权之间交易的费用在各个行业中有巨大的差异。〔5〕 即使是最热心的私人财产权的支持者也承认,这种权利必须满足一切合理的效率要求,即某些方面应受到限制,同时必须得到政府资助才能进行研究。举例来说,理查德·爱泼斯坦(Richard Epstein)曾

---

〔1〕 17 U. S. C. § 106(2012).

〔2〕 17 U. S. C. § 102. 录音资料于1971年加进法案,参见 Pub. L. No. 92 - 140, 85 Stat. 391 (Oct. 15, 1971)。建筑作品被加入1990年法案。参见 Pub. L. No. 101 - 650, 104 Stat. 5089, 5133。

〔3〕 17 U. S. C. § 111 ("Limitations on exclusive rights: Secondary transmissions of broadcast programming by cable"). 17 U. S. C. § 122 ("Limitations on exclusive rights: Secondary transmissions of local television programming by satellite").

〔4〕 Dan K. Burk and Mark A. Lemley, "Is Patent Law Technology Specific?", Berkeley Tech. L. J. 17, 2002, pp. 1155 - 1156("实际情况是,虽然专利法在理论上是中立的,但在实际应用中,它是偏向于技术性的").

〔5〕 Dan K. Burk and Mark A. Lemley, "Policy Levers in Patent Law", VA. L. REV. 89, 2003, pp. 1575, 1585 - 1595.

说过：

知识产权的捍卫者也不会认为所有有价值的想法都是个人私有财产会有利于社会发展。相反，就像空气和水随处可得一样，知识产权的首要前提是：基本思想（包括各种科学规律）是让生活更美好的公共领域的财产。在没有为创造发明制定相应的激励机制的情况下，对智力成果设置私有权将会阻碍各种各样的发明创造活动。[1]

爱泼斯坦还批评了近期的版权期限延长政策，[2]由此引起了人们对另一个问题的关注：过度保护的知识产权法显然会导致创新低下，而既得利益集团反而会要求施行更严格的知识产权法以保障他们的利益。

正如兰德斯和波斯纳所认识到的那样，对于信息经济的传统认识是，它不只需要以所谓"基础研究"为名的政府资金的支持，因为这项研究短期内不会应用到商业行为，因而也不能通过专利的方法获得资金利益。[3] 事实上，政府在保障信息高效生产中的作用还远不止如此，正如塔尔哈·赛义德（Talha Syed）和我所认为的那样，专利权不会在各种信息产品中提供对应的专属权利。例如，在当前的专利设置框架下，毒品更容易受到政府管制。[4] 专利制度单独工作意味着将会错误地把资源配置到其他排他性形式的研究中去。一个有效的知识产权系统不仅需要政府资助进行基础研究，还需要政府投资具有高度非排他性的研究，无论是基础研究领域还是应用研究领域。

因此，即使那些坚定地捍卫信息生产私有财产权的人，也会设想这样一种理想状态：政府在信息经济中扮演一个积极干涉作用的角色。而这种理想状态正需要知识产权法来应对各种层出不穷的突发情况，以免让众多个人或企业宁愿把新想法扼杀在摇篮中也不愿在促进创新方面表现出力量。政府

---

〔1〕 Richard A. Epstein, "Why Libertarians Shouldn't Be (Too) Skeptical About Intellectual Property", 13. 4 Progress and Freedom Found., Progress on Point 1, 7, Accessed Feb. 13, 2006. http://www.pff.org/issues-pubs/pops/popl3.4epsteinip.pdf.

〔2〕 Ibid., p. 11.

〔3〕 Landes and Posner, "The Use of Knowledge in Society", A. E. Rev. 35, 1945, p. 307.

〔4〕 Amy Kapczynski and Talha Syed, "The Continuum of Excludability and the Limits of Patents", Yale L. J. 122, 2013, pp. 1900, 1936 - 1937.

必须迅速而灵活地对新技术的出现作出回应;必须可靠地、不带偏见地支持和执行知识产权法。当市场出现故障时,必须保障不受私人利益集团的手段干涉。要做到这一切,政府当然也必须能够判断修改知识产权法所带来的影响,并确定市场失灵的可能性和强大的信息爆炸活动所带来的后果。

对强大的信息排除权抱以批评的人,同时也会设想政府是一个强有力的角色。这种观点不怎么常见,因为抱这些想法的学者们都会采纳已有的通说概念。[1] 例如,雷席格和本科勒都举例描述了公共道路在当代基础设施中的重要地位,同时它也可作为共有权的典范。但与这些信息共享的典型例子不同的是,道路都是由政府出资,由政府管理,并由政府守护的。它们不是以任何一种通过志愿者组织或者一些零散的社会力量等重要方式被创造或被维护的。[2] 本科勒还把基础科学类比为共同开发。[3] 因为本科勒认为,科学是由许多人贡献自己的才智自发形成的,不是单纯为了应对市场发展趋势作出反应,也不是为了完成上级布置的任务,而是自主决定自己要研究什么,然后共同合作完成。[4] 但现代科学就像一个庞大的国有企业一样。例如,国家卫生研究院每年为健康研究拨款300亿美元。[5] 尽管研究主要是通过科学的决策、资助的建议和同行的相互审议来进行,[6]但这个过程并不能否定政府在提供资金和建立促进同行评审机构中的作用。对政府的悲观情绪可能会深刻影响我们,使我们变得倾向于掩盖它的作用,即使它明显地站在后面为我们的需求提供帮助和支持。

---

〔1〕 Yochai Benkler, Commons and Growth, "The Essential Role of Open Commons in Market Economies", 80, 2013, pp. 1449 – 1450.

〔2〕 本科勒认识到这点,但他仍然总结认为公共道路是一个共享领域。参见 Benkler, supra note 1 p. 1549. Ibid. ,p. 1499。这是他从流动的公共资源中定义的"在没有人提出专有权的归属情况下,资源即是公用的"。

〔3〕 Yochai Benkler, "Freedom in the Commons: Towards a Political Economy of Information", Duke L. J. 52, 2003, pp. 1245, 1256.

〔4〕 Ibid.

〔5〕 NIH, "NIH Budget, National Institutes of Health", Accessed Nov. 11, 2014. http://www.nih.gov/about/budget.htm(reporting a budget of $30.1 billion in financial year 2014).

〔6〕 See Bhaven N. Sampat, "Mission-Oriented Biomedical Research at the NIH", RES. Pol'y 41, 2012, p. 1729.

正如像信息排他权的支持者那样,共有权的支持者们也明确提出了对政府的期许,这似乎不符合他们一贯坚持地对政府报以悲观态度的做法。例如,共享理论家们呼吁政府"开始提供正式的章程和法律框架保障集体利益和共有权人的权利。"〔1〕虽然不清楚这些共有权的倡导者们会对政府提出什么样的行动要求,但似乎他们会要求类似条款的制定应当具有同样的信息复杂性和公开性,这也是私有知识产权法律制定的要求所在。

雷席格也呼吁进行一系列雄心勃勃的改革,他认为政府不仅应该承担缩小著作权法范围的后果,也要承担肯定"增建信息高速公路"〔2〕的后果。本科勒也在《网络的财富》提出:"举例来说,作为由政府资金支持的公共性活动或者自由政府的一个核心责任,我们没有理由认为教育应该停止,公共卫生也不应该如此。"〔3〕然而,如果政府想要扮演好这个角色,尤其面临这些公共职能的分布情况,就需要实质性的支持。

四

经验主义者不承认政府在信息政策的制定中,无法扮演一个主要且积极角色的观点,不仅是因为政府必须要参与这种策划,包括专有权的制定。可能现代政府事实上在直接提高创新方面做的要比创造私有权(同样能达到提高创新的效果)方面更加好?今天政府基金不仅资助蓝天研究,同时也资助"任务导向型研究",特别是在健康和能源领域,在这些领域内政府扮演着至关重要的角色,不是因为离实际应用还有段距离,而是因为即使存在私有知识产权的保护,它们的社会价值也很难被大众所理解,而且因为私营部门比政府更加反感风险,因而更要加以规范。〔4〕

---

〔1〕 Bollier and Helfrich,"Introduction:The Commons as a Transformative Vision",in Bollier and Silke helfrich,The Wealth of the Commons:A World Beyond Market and State 2012,p. 18.

〔2〕 Ibid.

〔3〕 Benkler,lbid.,p. 22. 本科勒承认"国家对基础科学和研究投资"的重要作用。

〔4〕 Mazzucato,"Introduction:The Commons as a Transformative Vision",in Bollier and Silke helfrich,The Wealth of the Commons:A World Beyond Market and State 2012,p. 108.

毫无疑问,在最近关于信息政策和私有知识产权法的辩论中,政府的作用并没有很好得体现出来,尤其在美国更是如此。毕竟,正如埃里克·赖纳特(Erik Reinart)所说:

从建国之日起,美国一直在两个传统之间痛苦抉择。亚历山大·汉密尔顿(Alexander Hamilton)(1755~1804年)的激进政策和托马斯·杰弗逊(Thomas Jefferson)(1743~1826年)的座右铭——"管理最少的政府,执政效果最好"——之间的冲突,随着时间的推移和向来稳定的美国实用主义的变化,这种对抗已经被杰弗逊派负责解释法律和汉密尔顿派负责制定法律的方式解决。[1]

这种实用主义的和解方式可能有潜在危险,如果它与新自由主义在某些方面存在交叉,将会给我们带来一个不太有力也不会让我们信服的政府。如果现在有一个政府达到自我实现新自由主义政府形象的层面,就不会让人感到惊讶。如果对政府的能力有所怀疑,将会让我们在很大程度上促进了市场的功能完善,如果这种状态能顺利实现的话,难道不是一个惊喜吗?

在这短短的几页,我只想对政府的新自由主义形象为何在当代文学和知识产权法中流行这一现象提出一些疑问,但我希望我已经成功做到了这点。知识产权法的法律研究,包括其他法律研究领域,需要的是一个后新自由主义概念的政府,但事实是当代政府的某些方面对新自由主义来说是噩梦般的存在。呼吁政府回归原状,并不意味着让政府放弃在共有权上已经做出的努力,而是建议在现今这样一个没有关于共有权的成功先例的形势下,共有权学者们需要减少对共有权的质疑,以便为建立后新自由主义政府腾出空间。我们能想象一个政府既能够限制信息专有权的扩大,又能够支撑凌驾于市场之上的社会秩序吗?(即使我们很难做到)你能想象一个政府能够调解诸如疯狂鼓吹不平等交易的市场趋势、日益严重的环境污染问题以及高层的政治

[1] Eric Reinert, How Rich Countries Got Rich and Why Poor Countries Stay Poor, 2007, p. 23.

腐败现象吗?[1] 如果答案是否定的,那么我们应该为我们共同的未来感到恐惧和悲伤。在这种情况下,市场和公共资源将无法把我们从新自由主义这个庞然大物中拯救出来,未来的一切美好愿景都将黯淡无光。

---

〔1〕 For a call along similar lines, Michael Bauwens and Franco lacomella, "Peer-to-Peer Economy and New Civilization Centered Around the Sustenance of the Commons", in The Wealth of the Commons, "Neoliberalism and the End of Liberal Democracy", in Edgework: Critical Essays on Knowledge and Politics, 2005, p. 326.

南非的婚姻颤动:巩固、废除或扩展

[美]迈克尔·W. 亚伯勒(Michael W. Yarbrough) *

杨俊菲** 译

一、导论

2005年12月1日南非宪法法院使南非成为继比利时、荷兰、加拿大、西班牙〔1〕和美国马萨诸塞州〔2〕后,赋予同性婚姻〔3〕合法性的第五个国家和第六个地区。南非此举出人意料,因为它是北半球和所谓"西方国家"之

---

* 迈克尔·W. 亚伯勒,耶鲁法学院法律博士,耶鲁大学社会学博士。现任纽约市立大学、约翰杰伊刑事司法学院政治学系法律与社会学助理教授和约翰内斯堡大学人文学院社会学系助理研究员。您可以通过 myarbrough@ jjay. cuny. edu. 与其联系。本文原刊载《耶鲁法律与女权杂志》(Yale Journal of Law & Feminism)2006年第18卷第2期,第498 ~ 520页。

** 杨俊菲,上海外国语大学2016级法律硕士研究生(特别感谢亚伯勒先生的同事李柯和张涟瀚对本译文的审校。)

〔1〕 2005年6月30日,西班牙通过在婚姻法中增加一句来使同性婚姻合法化:"无论签订合同的时候是同性还是异性,都具有相同的要求和结果。"Renwick McLean,"Spain Legalizes Gay Marriages: Law is Amorg Most Liberal",N. Y. TIMES,July 1,2005,at Al.

〔2〕 Goodridge v. Dep' t of Pub. Health,(古德里奇诉公共卫生部)798 N. E. 2d 941(Mass. 2003).

〔3〕 Minister of Home Affairs & Others v. Fourie & Another 2006(3)BCLR 355(CC)(S. Afr.), 2005 SACLR LEXIS 34,archived at http://www. constitutionalcourt. org. za/. 法院的审理和判决合并了两个不同的案件。第一个是由福里和她的同伴塞西莉亚(Cecelia Johanna Bonthuys)提起的,只挑战普通法中对婚姻的定义,并通过典型的上诉程序,向宪法法院提起诉讼。参见 Ibid. ,pp. 6 - 12,18 - 19,21 - 22,33。由于福里和其同伴没有挑战执行普通法的婚姻定义的法定条款。同性恋平等运动为了提高对这些法定条款的关注,而直接向宪法法院起诉。参见 Ibid. ,p. 34。这两个案件的合并使法院能够从整体上考虑同性婚姻问题,而不是受制于福里案件中的有限诉状,而采取不完美的补救措施。同性恋平等运动现在不是很活跃,并且它的未来也不确定。旨在凸显他们对历史性判决的贡献,笔者在文章中恰当的位置提到本案,在接下来的引用中,笔者将非常规地缩写福里/同性恋平等运动(Fourie/LGEP)。

外，第一个承认同性婚姻的地区。虽然南非比其他非洲国家对同性恋关系更为宽容，但是相比阿姆斯特丹、马德里、波士顿和温哥华，南非仍有很多地区对同性恋较为敌视。[1]

多亏其新近的历史，南非比很多"西方"地区更加积极地反对歧视，包括基于性取向的歧视。在南非司法机构的上层，这种反歧视的态度促使人们更加关注歧视的模糊性及其符号性。宪法法院在福里/同性恋平等运动诉内政部一案中，判决承认同性婚姻合法性，这成为该法院积极扩张法律的符号性影响的新开始。这一判决将法律刻画成对社会具有重要影响的一种符号，而这一符号所带来的影响将受不同领域的调和。更重要的是，福里/同性恋平等运动一案的判决明确表明了宪法法院的一个意图：法律必须对其自身与社会符号之间的互动而产生的负面影响承担责任。然而，法院对符号自上而下的负面影响的担忧并没有延伸到婚姻制度本身。事实上，宪法法院回避了很多同性恋人士的反对意见：婚姻仍然是无处不在的符号性标准，这一标准将所有其他类型的亲密关系都放在次等地位，前提是这些关系有幸能被确认为亲密关系。[2] 在最极端的形势下，这种反对意见主张，只要婚姻制度还存在，就会使其他亲密关系都处于次等地位。在坚定的废除主义者看来，要结束歧视，就必须结束婚姻制度本身。

在如何看待法律与社会的关系这一问题上，持异议的同性恋人士与支持福里/同性恋平等运动的法院达成了共识。但宪法法院不仅拒绝废除婚姻制度，而且明令禁止这一举措。在这个过程中，宪法法院强调婚姻制度作为体现和谐的一种符号，为社会提供了具有规范行为效力的一种善，这种善的可获得性必须受到鼓励。任何对婚姻制度的限制都是被构建的、可以被缓解

---

〔1〕 这种比较有点不公平，因为南非本身在约翰内斯堡和开普敦等城市显然有大量的同性恋群体。此外，整个大陆有丰富多样的同性恋行为和身份的历史。这样的群体和历史都既能推动法律变革，又能从法律变革中获得力量，而这在很多非非洲人看来令人惊讶。他们会对南非同性恋进步感到惊讶的原因就是忽视了南非社会的这些因素。

〔2〕 这种反对意见不限于同性恋。比如，玛莎·费恩曼（Martha Fineman）所呼吁的基于看护而不是基于性别的关系承认就十分类似。参见 Martha Fineman, *The Neutered Mother, The Sexual Family and Other Twentieth Century Tragedies*, 1995。

的,而不应是固化的、不可改变的。简言之,宪法法院对福里/同性恋平等运动的判决无疑是支持婚姻制度的。在此判决之前,该法院做出了另一个有争议的决定,即拒绝让未婚、异性关系中的尚存者享受家庭伴侣的权益。笔者认为,案例综合起来,反映出南非宪法法院在如何认同亲密关系这一问题上的基本主张,暂且称为“巩固主义”。这一巩固主义试图通过扩展现有关系(婚姻)的概念外延,来解除被排除在婚姻制度之外的人们所处的困境。

与法院的巩固主义同时出现的,是以选举产生的政府机构为中心的“扩展主义”。通过立法,议会承认了依照“传统”本土法律举行的习惯法婚姻,目前对伊斯兰教婚姻的立法认同则仍处于立案阶段。[1] 在符号和物质这两个层面上,这种扩展主义扩大了南非人获得法律对他们婚姻关系予以承认的选择范围,并试图弥补对现有婚姻关系的保护、承认的不足。政府[2]对福里/同性恋平等运动的判决做出的回应[3],从两个方面推动了该扩展主义的进程。最直接的是,除了关于同性婚姻的提案之外,原本的《南非民事结合法案》新提出了两种家庭伴侣关系,以调整异性和同性婚姻关系。令人失望的是,这一建议在最终的立法中被弃置。与婚姻关系相比,这些新立法会减少法律纠纷,同时能够使南非人更好地在婚姻的符号性限制之外,寻求法律对他们亲密关系的认同。

原本的法案,也给即将成为同性伴侣的人们提供了一个类似的选择。根

---

[1] See SA Law Commission Discussion Paper 101 Islamic Marriages and Related Matters, Accessed January 2002. http://www.doj.gov.za/salrc/dpapers/dp_l0lpj59/dpl01_prj59_2002.pdf. 很多南非法律和政治行动者也在考虑建立印度教婚姻法,但尚未对印度婚姻开展正式研究或提案过程。需要指出的是根据1961年《婚姻法》第3条第1款,伊斯兰和印度教南非人现在都可以自由结婚。

[2] 笔者在整篇论文中使用“政府”(government)作为行政部门的同义词,这在议会制度中是常见的。笔者使用“国家政府”(“the government”)来指整个南非政府,包括议会和司法系统。

[3] 《民事结合法案》2006, B 26 - 2006(GG)(2006年8月31日提交给国民大会的版本)之后笔者将称其为《民事结合法案》(原本的) available at http://www.pmg.org.zafbills/090613b26 - 06.pdf. 当本论文已交出版的时候,该议案显著修改后的版本被议会中的一个议院通过,并且看上去将采纳这个版本。See Civil Union Bill, 2006, B 26B - 2006 (adopted by the National Assembly on November 14, 2006) [hereinafter Civil Union Bill (amended)], available at http://www.pmg.org.za/bills/061109B26b - 06.pdf. 本评论中的讨论主要基于该议案的原始版本。笔者会在注释中强调修订版本中的主要变化。

据该法案,想要结婚的人们在举行庆祝仪式的时候,既可以将他们的结合称为“民事伴侣关系”,也可以称为“婚姻关系”。然而,该法案并没有衍生出一个亲密关系自治的幸福世界。该法案不仅限定“民事伴侣关系”为同性恋伴侣专属,而且似乎建议无论当事人自己如何选择,政府都将同性的结合称为“民事伴侣关系”。[1] 上述的扩展主义被保留和扩张,但是其主张只有一半得到了认可。由此,南非政府提议的民事伴侣关系与婚姻关系并存,也许是世界上的第一例。这无疑是一个笨拙且令人费解的法律状态,笔者在本评论中使用一个调侃的称谓——削减版婚姻。[2] 然而,这个笨拙且具有歧视性的提议,尽管有其缺陷,却提供了由于巩固主义(支持婚姻制度)与废除主义(抛弃婚姻制度)两者的较量而导致一派全胜或一派全输之外的另一选择,可直接付诸实践的选择。为什么不能让每个配偶,无论是同性恋、异性恋或其他,决定政府如何称呼他们的结合,同时保留法律全部的有形保护呢?

笔者认为,在平等的条件下(笔者强调平等),与抛弃婚姻制度从而放弃对亲密关系秩序的规范相比,更为可行的解决方案是对婚姻类型的扩展、对法律认同的亲密关系类型的扩展。简单粗暴地抛弃婚姻制度,只会让另外一个词汇取代“婚姻”的位置,继续将某些类型的结合低等化、甚至把它们放在视而不见的位置。还有另一种可能性,法律废除婚姻制度后,会导致婚姻所具有的规范性权力落入并不具备进步思想的私人机构手中,特别是,但不仅是宗教机构。对婚姻制度的扩展,或许可以让法律保持对亲密关系究竟是包容还是排斥(多元化)的监督,同时又不将这种监督权集中在某个单一、强大的符号手中。久而久之,这种扩展可能会改变人们的惯性思维,培养新的想象力,从而扩大对亲密关系的确认,使其超越对异性夫妻关系的保护。

---

〔1〕 最后的法案中强调其为“婚姻”法案。通过将婚姻和民事结合关系设为“民事结合”这个更广泛的概念之下并列的形态。民事结合之下的选择是不分性别的。新的法案明确昭示同性伴侣依据该法案结婚与异性伴侣是完全相同的。

〔2〕 对于最后的法案,这也许不是一个合适的形容词。显然,这些不同的建议迫使我们提出用什么定义婚姻的问题。这是一个古老的疑惑:现在我们必须思考的是“婚姻”的承认方面,而不是关系方面。笔者将在另一篇论文中论述这个有趣的难题。

本评论从第二部分开始，概述宪法法院对婚姻制度采纳的巩固主义立场，以及该立场如何限制了法院对法律与社会互动的符号层面做出扩展性建构。第三部分凸显法院的巩固主义，与女同性恋、男同性恋、双性恋、变性人（LGBT）及批评家迈克尔·沃纳（Michael Warner）所主张的废除主义之间的异同。第四部分转向南非当选机构所采纳的扩展主义，把对《民事结合法案》的讨论置于最近关于婚姻和亲密关系承认的立法发展的大背景下。第五部分得出结论，南非的扩展主义倾向可能无意中减弱了婚姻制度的规范性效力。

二、宪法法院的婚姻巩固主义

福里/同性恋平等运动一案，成为全球为同性恋、双性恋、变性者（LGBT）权利进行斗争的分水岭。在世界上很少有国家充分承认同性伴侣关系的时候，人们不自觉钦羡南非在同性恋法律问题上所取得的惊人进步。就在其北面，津巴布韦总统罗伯特·穆加贝笨拙地表演了为反同性恋寻找替罪羊的把戏，而南非前殖民地纳米比亚的国家政府也不时与本国的同性恋群体为敌。

尽管存在如此明显的反差，南非与其邻国在家庭安排方面却有类似的历史，这影响到迄今为止对同性婚姻的争论。南非境内外的很多非洲人认为，婚姻首先是大家庭之间的联合，而不是个人之间的结合。这些人坚信奴隶时期和种族隔离时期的家庭法，几乎没有体现这样的传统信仰。为弥补这个缺陷，南非现在允许有传统观念的公民依照不同的法律注册结婚。这使婚姻承担起完成姻亲关系、确认文化责任的重要使命。南非同性婚姻之争与更大范围内自我认知、多元文化的南非背景之间的关系比较复杂。在这一复杂的背景下，笔者认为从福里/同性恋平等运动这段历史中可以得出 3 个基本假设：其一，婚姻是表达社会价值观的根本性制度；其二，婚姻制度，通过恰当的安排，能传达多元的价值观念；其三，这些价值观的表达，可以同时通过婚姻制度对多元化亲密关系的排斥与包容来实现。[1]

实际上,这些假设与欧洲、北美推动同性婚姻争论中的假设并没有多大差别。但笔者认为,南非宪法法院对这些假设的高度重视值得关注。在福里/同性恋平等运动一案中,法院对法律所能衍生出的符号性危害,出乎意料地采用了扩张性的释义,强调婚姻制度在符号层面的陷阱远超过法律文本的规定,并主张法律应当协助建构这些符号的意义。法院的这一立场,为议会的立法设定了更高的标准,不仅要求法律语言传达符号一致,而且要求法律的实施及背景也保持一致。正如本部分将要论述的,要达到这个标准,最好是通过一个统一的、渗透着巩固主义的婚姻解决方案。

(一)符号性排斥的危害

在福里/同性恋平等运动的诉讼中,值得注意的是,原告与政府之间就同性伴侣的物质权益问题并无争议。通过诉讼和立法,同性伙伴已经赢得了一系列的物质权益,包括移民保护、公共就业养老金、联合收养权以及通过人工授精怀孕母亲的同性伙伴的理所当然地做母亲的权利。[2] 在声明中,宪法法院表示,对同性伴侣权利采取的渐进的认同方式很失望,并呼吁进行"规范同性恋关系的全面立法"。但政府作为诉讼一方却认为,这些权利的扩展使同性婚姻本身变得不必要,因为"同性伴侣的处境在过去几年里已经有了显著改善……他们不再处于系统性的劣势"。尽管这一描述要么是很虚伪,要么显得很无知,但它却使诉讼的焦点集中在同性伴侣的身份问题上 。

在物质权益不被列入讨论范畴的情况下,宪法法院将诉讼焦点集中在婚

〔1〕 同性婚姻主张者和一些传统的非洲主义者可能不同,当然是关于那些这种排斥在规范上是可取的。

〔2〕 J & Another v Dir. Gen. : Dept. of Home Affairs & Others 2003 (5) SA 621 (CC) (S. Aft.), http://www.constitutionalcourt.org.za/. 通过各种立法使同性伴侣也获得权利。比如, Independent Media Commission Act(《独立媒体委员会法》)148 of 1993; Independent Broadcasting Authority Act(《独立广播权限条例》)153 of 1993; Pensions Act(《养老金法》)69 of 1996; Lotteries Act(《彩票法》)57 of 1997; Basic Conditions of Employment Act(《雇佣基本条件法》)75 of 1997; Housing Act(《住宅法》)107 of 1997; Special Medical Schemes Act(《特殊医疗计划法》)131 of 1998; South African Civil Aviation Authority Act(《南非民航法》)40 of 1998; Employment Equity Act(《就业平等法》)55 of 1998; Road Traffic Management Corporation Act(《道路交通管理公司法》)20 of 1999.

姻制度所带来的歧视性后果上。在法院看来，对这一后果的关注并不是一件小事。阿尔比·萨克斯(Albie Sachs)法官在判决中强调："应该指出，对同性伴侣无形的伤害同对他们的物质剥夺一样严重。"该判决自始贯穿了对平等"身份、权利、责任"的强调。萨克斯法官尤为赞赏最高上诉法院的判决，公开出柜的同性恋法官爱德文·卡梅伦(Edwin Cameron)在这份判决中指出：

婚姻的排他性定义伤害了同性恋者，因为它暗含对他们的评判。它表明不仅他们的亲密关系、承诺和爱的结合更低一等，而且他们永远不能完全成为宪法所承诺的、为所有人创造的道德平等社会的一部分。

在这个表述中，无论是基于婚姻而产生的歧视性信息，还是该信息阻碍男女同性恋者充分平等地公众参与，都被视为是有问题的。在全世界同性婚姻的辩论中一个熟悉但不常被接受的观点，从假设的前提出发，即道德社会用婚姻来确认社会关系，该观点指出当人们被排斥在这个制度之外，无论他们是否被其他的制度接纳，从根本上都是有害的。

宪法法院甚至比卡梅伦法官的意见更为深入，试图理解法律所传达的信息是如何与通过社会行动更广泛地传播的、符号性的等级制度和实践相互作用。萨克斯法官尤其专注于一个关于婚姻仪式的简要记载：

首先(男同性恋和女同性恋)没有权利在法律认同的公开仪式中，愉悦地庆祝对彼此的承诺。他们不得不生活在法律空白状态中。在这种状态中，他们的结合无法享受到我们的文化所珍视的对亲密关系的祝福、各种庆典及漫天飞舞的礼物。

尽管人们现在也会为同性关系举行私人庆典、赠送礼物，萨克斯法官仍做出这样的概括性陈述。事实上，给予祝福、赠送礼物、举办庆典活动都主要是社会性，而非法律性的做法。那么萨克斯法官为何要如此强调呢？一个可能答案是在异性婚姻占主导地位的情况下，这些社会事件同时也是法律事件，正如萨克斯法官所写，"被法律所承认的。"这种陈述当然适用于婚姻庆祝仪式、"充满快乐的公开活动"。但什么是"对亲密关系的祝福、各种庆典、漫天飞舞的礼物"呢？正如在现实中所见到的，礼物可以作为证据，证明按照明确的南非习俗、“传统”及法律,婚姻关系的确实存在。[1] 但是,福里/同性恋平等运动判决中并不涉及习惯法婚姻,并且,赠送礼物在对民事婚姻的承认上肯定发挥不了类似证据的作用。

因此,萨克斯法官的观点不仅是说这些符号性的行为没有得到法律承认。笔者认为,更合理的解读,是这些符号性的行为不是由法律来调整而合法形成的。和异性夫妻相比,在同性伴侣的关系中,诸如给予祝福、赠送礼物、举办庆典等符号性的做法出现的频率更低,具有的象征意义更小。之所以会出现这种状况,是因为法律不关注、不鼓励这些符号性的行为,打个比方,就如同新娘的母亲对成亲的新人微笑,鼓励他们,这些行为才会具备社会赋予的符号意义。由于“法律的空白”,这些符号性行为的内在意义被架空,而这是法院一致认为的宪法所不允许对同性恋者的伤害。

在这种判决下,法院提请政府注意社会的符号性结构可能带来的深远影响,并据此制定相关政策。法院希望同性婚姻合法性可以通过立法来加强,并将其命令暂停一年执行,[2] 以给予议会“自由之手”决定如何做出最好回应。虽然这只自由之手可以耍花招,但萨克斯法官已经筑起高高的屏障,议会能清除这道屏障的选项十分有限。除了给议会一年时间做出回应,法院的意见还保留了评判政府回应的两条指导标准,皆来自巩固主义者的意见:(1)任何“分离但平等”的法律框架都将会被非常审慎地评判;(2)必须保留“婚姻”这个词。

在南非,“分离但平等”的这一意识形态,同其在美国历史上一样臭名昭

---

〔1〕“Lobolo 指的是财产,货币或其他形式。这些财产是根据习惯法婚姻,预备结婚的新郎或新郎的家长需要给预备结婚的新娘的家庭的。”Recognition of Customary Marriages Act(RCMA)120 of 1998 s. I. 这样类比不是很恰当,因为礼物是给新娘的原生家庭的,而不是给这对夫妻。登记官员在决定婚姻是否“根据习惯法缔结”时主要考虑礼物。RCMA s. I. 登记官员在登记习惯法婚姻时,还被要求登记协商的 Loboto 的数额。笔者将在第二(三)部分和第四(一)部分展开论述习惯法婚姻。

〔2〕See Fourie/LGEP, p. 156. The suspension of the ruling's application is made explicit in parts 1(c)(ii) and 2(d) of the Court's order in Fourie/LGEP. 即使暂停补救的选择也受到对符号性的关注的影响。萨克斯法官认为同性婚姻符号性的稳定性将得益于经历一个政治过程。“[结婚]是[原告们]为了平等和尊严的征程中的象征性里程碑。对他们结合的制度认可会更广泛更可靠。更坚定地让它和其他这种结合不再被法律遗忘。”下文笔者将详细讨论立法的成果,参见第四(二)部分。

著。不满足于"纯粹的"教育和居住隔离，南非试图创建表面上自治的国家，以便隔离大部分黑人。[1] 萨克斯法官援引该语句时当然知道这段历史，尽管他选择一个较不激进，但一样切中要害的例子，即法院较早前维持了黑人候选人律师因坐在"欧洲从业者"的位置而构成藐视法庭罪的判决。

相比之下，萨克斯断言当下的法院，会对任何宣称"隔离是中性的，只要法律对两个群体提供的设施是基本相同"的言论持怀疑态度。萨克斯法官认为，即使所有规定都是对等的，隔离仍可能释放出一个讯号，破坏"受影响的群体的尊严和自我价值感"。值得注意的是，任何假设的隔离都没有实际的空间维度，真正的隔离发生在更抽象的法条结构层次，并伴随着术语的差异（如下所述）。换言之，萨克斯法官再次表达他对纯粹的、符号性危害的广泛关注。

如果议会在提供对等的"设施"时违反宪法，那么即便其使用不同的词汇也会违反宪法法院的标准。法院似乎极力强调其必须保留"婚姻"这个词，这一主张是建立在婚姻对所有的伴侣都有意义这个前提下的。"降低标准、拒绝让部分人行使民事婚姻权利，将阻挠平等的实现。这种排斥而非包容的对等，将散布而不是消除仇恨 。"再次引用一个扩张性概念，以凸显政府行动在构建符号性社会不平等中的作用，萨克斯法官不仅将婚姻自由灌注于南非法律中，而且指出政府肯定婚姻权利是宪法的要求。

（二）福里/同性恋平等运动中的巩固主义与扩展主义的较量

这些指导原则，揭示了巩固主义者对婚姻制度的根本观点。"分离但平等"的意识形态带来的问题不仅是衍生出新的法律身份，更是将不合宪的身份强加于部分南非人。在这种情况下，法院对隔离安排的怀疑很可能会阻止创造这种新身份。法院对"婚姻"这一词汇的强调，有效地保留和扩大了已经存在的单一身份形态：婚姻。只在一个简短而重要的段落中，宪法法院似

〔1〕 参见 William Beinart, *Twentieth-Century South Africa*, 2001, pp. 217 – 227。当然，美国也有正在进行的类似制度，即印第安人保留地，尽管相比于"班图斯坦制度/黑人家园制度"的设计，美国的隔离没有那么广泛。

乎才考虑到了实现这些准则还可以通过扩展“婚姻”这个词汇和制度的外延来完成。

在法院为审理福里/同性恋平等运动而征求的一份私人备忘录中,南非法律改革委员会(SALRC)〔1〕建议,可以为不论性别的夫妇制定一部婚姻法,同时为不愿与同性伴侣依据同一法律结婚的异性伴侣颁布一部婚姻法。在南非法律改革委员会的建议中,现有的婚姻法将成为异性恋反对同性婚姻的大本营,故被重命名为《常规婚姻法》,同时颁布一部不分性别的新《改革婚姻法》来满足同性伴侣及那些选择依据新法结婚的异性伴侣的需求。

宪法法院虽然拒绝就此建议是否合宪进行裁决,但提到这是议会可能会考虑的一个选择。法院提到南非法律改革委员会的论点,即“南非家庭法律体系将提供普遍适用的婚姻法,以及为满足特殊利益群体的需要的补充性的、特别的婚姻法。这些特殊利益群体包括依据习惯法、伊斯兰教、印度教结婚的人们,以及希望依据异性恋特别婚姻法结婚的人们。”法律改革委员会的这一建议最主要优点是它为议会立刻采纳该主张做了充分的准备。宪法法院提及这一建议表明它对选举机构所采纳的扩展主义表示准许,赞同这个计划所体现出的价值观念,即扩大“选择”以便于法律对多元化亲密关系的认同。

然而,值得注意的是,这一选择将以牺牲同性恋自由为代价扩大异性恋自主权。议会刚刚通过了对这个模式的一个微小改变,不过该改变可能无法通过违宪审查。首先,法律改革委员会的建议将同性恋关系变成一种与非洲传统文化、伊斯兰宗教教义相对立的身份形态。按照这个逻辑,依循非洲传统文化、遵守穆斯林教、印度教教义的同性恋者将变得不复存在。其次,更重要的是,现有的习惯法婚姻框架,及拟议的伊斯兰教婚姻框架,是选择性加入的法律,即允许夫妇选择身份和相应的法律体系来承认他们的婚姻关系。而根据南非法律改革委员会的建议,同性恋者只能根据同性婚姻法规来缔结婚

〔1〕 南非法律改革委员会是一个独立机构,负责新立法过程中的研究和公众咨询。

缘,不再有其他的选择。[1]

(三)婚姻是充分且必要的

与之前讨论的南非法律改革委员会的建议一样,"选择"是宪法法院在福里/同性恋平等运动案件中的一个重要主张。然而,法院认为它的任务不是尽可能扩大选择范围,而是寻求宪法可接受最低的替代品。在法院眼中,婚姻制度的许多优点之一,在于它是表达这种选择的独特充分的载体。这种乐观的、唯意志论的婚姻概念,与法院在审理福里/同性恋平等运动案之前的一年内对其他家庭伴侣案件做出的判决和说理是一致的。在2004年罗宾逊诉沃克斯(Volks vs. Robinson)一案中,一个中产阶级白人妇女要求从已故男性家庭伴侣的遗产中获得扶养福利,理由是拒绝给予她这些福利违反了宪法中关于禁止基于婚姻身份的歧视的条款。最后她败诉了。

法院虽然同意原告罗宾逊的说法,即拒绝向家庭伴侣支付扶养费确实构成基于婚姻身份的歧视,但认为这种歧视合乎宪法。基于婚姻自由的契约理论,法院判决"原告和其伴侣的关系是一个可以自由选择是否继续,可自由自愿退出,没有法律或形式的限制的关系。"对于罗宾逊而言,致命的事实不存在阻挠她和伴侣缔结婚姻的法律障碍。基于这一事实,只能推测他们没有结婚是自由选择的结果,且伴侣并不希望从他的遗产中支付扶养费。[2] 法院解释说:"缔结婚姻关系并维持这种关系,意味着当事人愿意接受道德和法律义务,特别是对配偶的扶助义务以及婚姻关系带来的其他不可改变的后果。"在法院看来(过世的)伴侣明确表达的意愿正好与原告表达的意思相反,此外也没有法律规定必须支付原告扶养费,因此法院无法帮助尚存的伴侣。福里/同性恋平等运动案例主张同性恋可以结婚,罗宾逊案例则仅要求婚姻法保障异性伴侣寻求法律保护。所有这些案例一起组成法院巩固主义的议程大纲。

〔1〕 笔者在第四部分讨论了这个"反同性恋者"提案的其他问题,其中笔者考虑了政府和议会的各种选择。

〔2〕 他的遗嘱给她遗留了部分财产,但没有扶养福利。

三、婚姻废除主义者的观点

然而从许多同性恋者的角度来看,这种对婚姻"选择"的天真拥护,忽视了法律歧视所带来的一个深刻而广泛的、符号性层面的后果。在这种观点中,基于婚姻的身份符号之所以成为身份符号,恰恰是因为它们起到区分的作用。作为一种选择,即便只是一种选择,也是关乎道德伦理的。迈克尔·华纳(Michael Warner)的雄辩而精妙的著作《麻烦的正常》[1](Trouble with Normal)是这一观点最深刻的论证之一。他写道:"对于结了婚的夫妻来说,结婚仅仅看起来高贵……站在婚姻之外想一想,你将看到这一制度的深远含义:如果你不结婚,你和你的关系就不那么有价值。没有了这必然的结果,婚姻将无法给任何人的生活带来意义。"

在南非法律改革委员会的研究的脚注中,审理福里/同性恋平等运动的法院承认了同性恋者的担忧,即婚姻是"一个异性恋社会所提出的歪曲的压迫性机制,其他所有类型的亲密关系都不得不以此作为衡量的标准"。法院显然同意并进一步引用南非法律改革委员会的建议,"立法机关应该尊重这些伴侣的自主权,并为这两个群体都作出法律规定。"然而,这没有考虑到异议者的全部指涉。给不希望结婚的人"提供自主权"就能帮助他们规避婚姻制度强加的衡量标准吗?换句话说,尽管法院对"符号性平等"及法律对帮助建构这些符号系统的所起作用有了突破性的关注,但其考量仍然局限于那些希望结婚的人。尽管法院为那些不能结婚的人留下了进一步改革法律的空间(例如,农村妇女中无法说服比她们更有权势、更有资源的男性伴侣的亲密关系更加正式化),但法院却无视那些视婚姻有内在制度性缺陷的人,正如巩固主义的主张所要求的那样。

像南非宪法法院一样,许多同性婚姻支持者采用唯意志论的语调来主张对选择承认的权利。然而,像华纳这样的废除主义者认为这种提法脱离了选

---

〔1〕 Michael Warner, *The Trouble With Normal: Sex, Politics, and the Ethics of Queer Life*, 1999.

择的语境,而主张抛弃这种提法。在华纳看来,这种唯意志论语调忽略了"在合法性背后的特权关系使人们从一开始就渴求'婚姻'。"在这种观点看来,婚姻不仅是一种选择。婚姻也是一种命令,一个伪装成奖励的命令,该命令是如此诱人,以至于人们不得不怀疑、不寻求它的人的理性,或在这种情况下,理性的同义词,即道德。换句话说,婚姻不仅承认亲密关系,而且监管它。通过将婚姻构建为人们生活的道德规范中心,其他一切事物要么作为这种被合法化状态的开端,要么作为结尾。这种婚姻监管作用,起到调整非规范化的性行为和各种非浪漫关系中的行为的作用。

华纳对法律影响力的解释类似于宪法法院对福里/同性恋平等运动做出的扩张性裁判,尽管它对这种影响力的态度更悲观。在审视法律影响力的时候,萨克斯法官看到的是其承认亲密关系的能力,而华纳则侧重于其无所不在的监管能力。为了批评同性婚姻支持者去语境化地强调"选择",华纳讥讽他们把法律作为一种承认工具。他强调了笔者之前提到的一点,即法律的影响力不需要通过发表公开声明来实现。华纳解释说,"你可以以任何仪式,或通过与人交谈,或发表一个同性恋杂志,来公开表明立场。而合法的婚姻可以是私人的,甚至是秘密的(无须通过公开声明来实现其效力)"。[1] 把婚姻作为公开声明既否定了固有的秘密模式,也否定了那些不能做出选择,或者做出不同选择的人。

对华纳而言,法律所起的作用主要在于其他地方。他认为,"合法婚姻的目的不是'作出公开声明'",而是规范性行为和欲望。法律的符号性力量不仅给予人们尊重,同时也剥夺另外一些人获得尊重的权利。打个比方,法律并非仅是婚礼上的一个客人,就像同性婚姻支持者认为的那样。它既是客人,也是门卫。法律对亲密关系的承认与监管不仅存在内在联系,而且它们是在同一过程中衍生的。

如果这一观点是正确的,那么符合逻辑的结论就是婚姻制度应该被废

---

〔1〕 里应该指出的是,依据南非法律,秘密的婚姻仪式现在是违法的,法律规定婚姻仪式必须在公开场所举行,或者至少应该敞开门。Marriage Act 25 of 1961, s. 29(2).

除。如果婚姻的意义取决于排斥那些不道德、不招人喜欢的人获得其制度性的保护,那么婚姻制度本身又有什么意义呢?这是一个对婚姻制度具有毁灭性的抨击。但是废除合法婚姻就能解决问题吗?华纳提出了一个极好的观点——我们不需要将浪漫关系提升到所有其他类型的关系之上,而合法婚姻为这一提升起到了一定作用——人们必须记住法律的作用不仅是维护这种规范等级的制度。事实上,华纳本人正确地指出,法律并非总是有维护制度的力量。在完全不同的历史情况下,亲密关系的价值有时恰恰源于法律对其的不予承认,甚至敌视。这个重要的观察指出,法律的符号性影响是通过与任何其他规范性的文化准则的交叉互动来发挥魔力的。正如同萨克斯法官所说的那样,法律的符号性影响是通过与其所处的"语境"的对话来实现的。

将婚姻制度的"法律效力"与其"文化规范性"联系起来时,华纳含蓄地承认两者之间的紧密关联。同时,在呼应理论家盖尔·罗宾(Gayle Rubin)的观点时,即"善的性与恶的性之间的区别并非以一揽子协议的形式出现,"华纳含蓄地假设随机的社会行动、其他规范系统的干涉等都有可能破坏法律与文化准则一一对应的关联。举例来说,通奸这一行为,即使不再受到法律的监管,也会为社会所鄙夷。当人们想到这样的例子,就会认识到这种假设其实是合理的。

华纳的批判前后并不完全一致。一方面,他承认法律与其他规范系统复杂互动;另一方面,当他把这种批判变成废除婚姻制度的提议时,又否认了这种互动。如果我们废除合法婚姻,下一步又是什么呢?难道人们不会转向其他权力来源,比如教会,来提升他们所重视的一种浪漫关系?即便我们用其他的保护方式来取代合法婚姻,或基于姻亲关系或其他,我们又怎能确定这种替代不会简单地成为婚姻制度的同义词呢?事实上,用"合同关系"或"家庭伴侣关系"来替代"婚姻",难道人们就不会想象这些是婚姻的替代品吗?如果我们想扩展对词汇的想象,以此来承认、保护所有类型的亲密关系,那么保留"婚姻"这一词汇,以此扩展受保护的亲密关系的外延才是明智的做法。南非民选的政府机构,恰恰初步提供了这么做的可能性。

四、扩展主义对承认亲密关系采取的方式

南非有必要扩大对亲密关系的保护，因为近250万南非人生活在非婚姻的同居关系中。虽然这些“类似婚姻”的关系没有经过合法注册或被法律承认，但没有正式的法律理由不让处于这些关系中的伴侣结婚。研究显示，在资源匮乏的有色种族中，人们不结婚的“选择”往往与基于性别的权力关系有关。许多南非男人抗拒结婚，部分原因是没有让他们承担起婚姻法律责任的激励机制。而对伴侣的直接经济依赖及暴力威胁导致的两性权力不平衡，让许多希望结婚的南非妇女不得不默认与男性伴侣的未婚关系。当这种关系结束时，她们也无法受到相应的权益保护。

对习惯法婚姻的改革和复兴，是第一个试图帮助这些妇女的善意决策。1998年南非通过了《南非承认习惯法婚姻法案》，允许南非人选择或通过民法、或通过习惯法来正式确认他们的婚姻关系。[1] 这项立法强化了对之前描述的许多妇女的法律保护。特别是在农村地区，该立法使传统的非洲婚礼具有了法律约束力，这一效力甚至溯及法规通过前举办的婚礼。尽管如此，法律对习惯法婚姻的承认仍须准丈夫的同意。立法还为一夫多妻的婚姻敞开了大门，仅要求丈夫就接下来的财产安排咨询第一任妻子。此外，许多处于同居关系中的妇女并不以非洲传统来定义自己的亲密关系，因此不会认定基于该立法而缔结的习惯法婚姻是适当的。在这种情况下，习惯法婚姻不足以帮助所有的妇女。

议会对福里/同性恋平等运动做出的回应，有可能进一步填补现有立法的不足。第一次拟议的《民事结合法案》包括注册的及事实上的家庭伴侣关

---

〔1〕 1998年颁布的《南非承认习惯法婚姻法案》第120条规定：一个人不能同时依据民法和习惯法结婚；习惯法婚姻的意图是使婚姻关系合法化，使其与民事婚姻具有同等的法律形态；习惯法婚姻中的女性与她们的丈夫拥有平等的法律身份；婚姻双方都必须同意依据习惯法结婚。假如丈夫想要缔结另外一门习惯法婚姻，他现在的配偶必须参与听证，以确定接下来的财产安排；依据习惯法没有与其他人再结婚的情况下，已婚的夫妻可以将他们的习惯法婚姻变更为民事婚姻；夫妻可以离婚，该诉讼由民事法院管辖。

系条款。这些条款呼应了南非法律改革委员会所开展的调查,最终巧妙地平衡了对弱势伴侣的保护和对亲密关系自主性的保护。

(一)提议中对家庭伴侣关系的改革

南非法律改革委员会的讨论文件提出两种可能的家庭伴侣关系:一种要求注册,而另一种针对事实上的伴侣关系。[1] 一般来说,相比于事实上的伴侣关系,需要注册的伴侣关系所涉及的法律权利义务要更为广泛,前者的财产安排将由法院根据公平原则裁决。考虑到这两种伴侣关系的差异,南非法律改革委员会认为同时采纳这两种制度是可能,甚至是可取的。当然,该委员会也可以只选择其中一种或者都不选择。如上所述,提交议会的《南非民事结合法案》包括这两个框架,并大体上类似于南非法律改革委员会的建议。而最后的法案却删除了所有有关家庭伴侣关系的条款。

南非法律改革委员会的提案使用了一个可以被描述成“白板 + 外加条款”(blank-slate plus)的模式,用来设定需要注册而成立的家庭伴侣关系中的权利和义务。这一模式不是以现有的婚姻法律框架为起点,逐步排除特定的权利义务,而是从零开始去选择那些被认为是适当的权利义务。为这种家庭伴侣关系,南非法律改革委员会提出了以下的法律后果:

· 基于需要而承担的扶养责任;

· 为家庭开支而承担可执行的连带责任;

· 对第三方债权人的共同责任;

· “权责发生制”作为默认的财产安排。[2]

前面3条也适用于婚姻。最后一条则是夫妻财产共有制度的一个缩减

[1] 南非法律改革委员会也提出一种事后关系选择,基本上与事实上的伴侣关系类似,除了这必须在关系破裂后,一方或者双方申请后才被认定。在伴侣双方,或者伴侣一方或双方与第三方之间发生争端之前,这种事实上的伴侣关系似乎就不会产生法律效力。也就是说,从广义上讲,事后关系选择可以被视为事实关系选择的有限版本。

[2] 粗略来讲,尽管“夫妻财产共有制”有效赋予每个配偶或伴侣请求一半的共有财产的权利,“权责发生制”将共有部分限制在婚姻或者伴侣关系开始后的财产的价值变化。参见 D. S. P. CRONJÉ and Jacqueline Heaton, *South African Family Law*, 2004, pp. 97 – 106。

版——婚姻中默认的财产安排通常是这种共有财产制。[1] 除这种差异外,该提议没有规定婚姻的若干法律后果,包括移民和父母权利。

尽管采用了上述模式去建立注册成立的家庭伴侣关系的物质层面,南非法律改革委员会指出,伴侣可能是出于"宗教的、政治的和哲学的"原因而选择这种关系,而不选择婚姻。对非物质动机的密切关注,表明议会对新的法律形态的看法恰恰是建立在其对亲密关系的符号性层面的理解之上的。在这种观点看来,法律对亲密关系认同的扩大化是通过扩展身份关系的特征来实现的。值得注意的是,南非法律改革委员会没有按照等级来排列这些具有符号性差异的亲密关系。这样做的背后隐含的是一个基于伦理公正的假设:有些人更重视婚姻制度,另一些人则更重视家庭伴侣关系,而国家所起的作用仅是为人们提供所有的选择。如果这一提议被采纳,这种表面上的价值中立的立法是否会转化为南非社会中被广泛接受的、公正的道德规范框架,是一个复杂且在现阶段无法预测的经验问题。尽管如此,它构成了一个替代婚姻废除主义的有趣选择。

南非法律改革委员会关于事实伴侣关系的建议,使(伴侣)身份问题变得更加复杂,虽然它采取了事后赋予伴侣相关法律身份的方式,但很多当事人要么不知道他们有这一选择,要么不会这么选择。而最终确定事实上的伴侣关系是否存在及其范畴的权力则是在法院手中。虽然这会损害亲密关系中人们的自主权,但南非法律改革委员会认为这是为了保护许多相对弱势的女性的必要步骤,尤其是那些无法与其伴侣达成正式法律协议的女性。不过,这个政策目标却很难解释南非法律改革委员会为什么把事实上的伴侣关系作为(法律认同的)非婚姻关系的唯一选择。在南非法律改革委员会看来,"考虑到合同法和其他立法提供的补救办法,并考虑到未登记却受法律承认的亲密关系已经包括了事实伴侣关系,法律为这种非婚姻关系中的伴侣确

[1] See CRONJÉ and HEATON. 一些学者还称其为"延续的共同收益"制。值得注意的是,权责发生制现在是那些选择不按共同财产制结婚的南非人的默认选择。由此可见,人们可以理解注册家庭伴侣关系的建议是默认婚姻财产制度的一种习俗的"相反"。

已提供了充分的保护。”由此，南非法律改革委员会区分出两种不同的保护：对非婚姻伴侣关系的法律保护及对婚姻关系的保护。

对许多处于非婚姻关系中的人来说，这样的安排或许没有问题。在这一点上，很难想象一个母亲和她的成年女儿为确认她们之间的经济相互依存而举行公开仪式。但对其他类型的非婚姻关系来说，这样安排却可能有问题。例如，长期同居的亲密朋友，这种关系模式在同性恋群体中尤为常见。想象一下，如果他们能通过公开仪式获得对其关系的确认，或援引萨克斯法官的话，“得到法律承认”，那么这些关系将是多么稳定，这种新创的身份对个人、对群体又会是多么重要。

正是在当前条件下，我们应当把萨克斯法官对“社会中法律”所采取的扩张性视角推向华纳所主张的重要边缘。如果法律不仅仅组成，还可以生成社会关系。那么如此看来，法律所承认的仪式可以让母亲和她的成年女儿开始考虑用某种仪式来正式化她们之间的经济互助关系。如果我们想减轻基于身份的等级差异，这些差异使一些社会关系变得很浪漫，却欠缺承认其他关系的基本词汇，这种情形下，我们应该做的恰恰是给人们做多样选择的机会。南非法律改革委员会的提案中的一个小改动将使之成为可能：使注册家庭伴侣关系适用于非婚伴侣。[1] 这种改革可以被看作南非迄今为止在婚姻专属旗帜下在近年来一直在推进的、对亲密关系的范围予以坚定扩大的承认的延伸。令人失望的是，最终提交给议会的法案并没有达到南非法律改革委员会提议的程度，在该法案下，即使事实上的伴侣关系也将被限制在婚姻关系内。

（二）议会将可能如何应对福里/同性恋平等运动的挑战？

尽管有这些缺陷，在政府对福里/同性恋平等运动一案的回应中，先是将家庭伴侣关系纳入法案，这是一个受欢迎的惊喜之举，最终却又将这一举措抛弃，而这显然是不受欢迎的。特别是在体现巩固主义立场的罗宾逊一案之

---

〔1〕 一些相应的条款也需要修正，即禁止血亲。但是，这可能会产生自身的“问题”，因为人们认为应当禁止乱伦。笔者在本评论中不讨论这个问题。

后，更加需要向未婚伴侣提供某种保护。在没有法院命令的情况下，当选机构几乎接受了这一挑战，凸显其关于承认多元化亲密关系的扩展主义主张。这个主张也影响当选机构对福里/同性恋平等运动判决的回应，即婚姻对同性伴侣同样重要。

1. 性别中立的婚姻

第一种最为明显的选择是，在议会在判决后一年内不采取行动的情况下，宪法法院即执行判决。这种选择也是同性恋平等运动所寻求的。结果将使 1961 年《婚姻法》设立的婚姻性别中立化。这种方式通过默许的婚姻誓言，让被授权的婚姻官员依据普通婚姻法的庆祝仪式来主持婚礼。该誓言为：

“你，某某，是否宣誓，据你所知与某某的结合没有合法的婚姻障碍，在这里，你让所有在场的人见证你让某某成为你的合法妻子（或丈夫）？”

这种誓言反映的是普通法的婚姻效力，它将婚姻限制为“由法律承认的一个男人和一个女人自愿结合、共同生活，并在其存续期间排除其他人。”与南非法律改革委员会早期提出的类似议案相呼应，同性恋平等运动通过诉求而得到了一项补救措施（受限于一年暂停期），即简单地在《婚姻法》第 30 条第 1 款的“妻子（丈夫）”后加一个词“配偶”。[1]

2. 为反同性婚姻者的重新立法

如之前提及的，第二种选择是在福里/同性恋平等运动案件审理期间，由南非法律改革委员会以私人备忘录的形式提交给法院的。根据这项选择将创建一个性别中立的婚姻法，并允许反同性婚姻者选择“常规”婚姻的条款。这个选项是依据习惯法婚姻而提出的，受到扩展主义影响的产物。所谓的“常规”婚姻将允许反同性婚姻者忠于自己的文化承诺，正如传统非洲人可以通过习惯法婚姻来保留自己的文化传统。但在笔者看来，这种类比是错误的。最重要的是，习惯法属于实际的法律体系，最终以国家强制力为后盾。

〔1〕 南非法律改革委员会原来的建议是将“妻子（丈夫）”替换为“配偶”，而不是增加。

因此,它囿于宪法支持和宪法限制,这些限制与诸如宗教信仰的那类规则完全不同。[1] 此外,习惯法在实质上和方法上都不同于统治南非的民法,因此需要某种将其与南非民法相结合的元法律。

不太明显但或许更重要的是,通过注册将婚姻变成所谓的"常规"婚姻,远不止于确认对自己文化的信仰,如同选择习惯法婚姻的人们所体现的价值观。选择常规婚姻暗含了对其他人的文化信仰的不赞成。人们或许会质疑这种观点:对一个身份的选择总是暗含对超越该身份边界(其他身份)的排斥。然而,如之前论证的,区别和差异不必呈现等级化。不管习惯法婚姻涉及怎样的符号性政治,对所谓的"常规"婚姻的选择发出了一个清晰的信号:这个信号不仅是区分,而且表达不赞成。此外,它还利用国家为此目的而特别提供的资源。常规婚姻的建议印证了一个事实,即现行的《婚姻法》已经有了一个后门,通过这个后门,宗教机构可以提交其认同的婚姻方式来获得国家的承认。《婚姻法》已经为南非人通过婚姻庆祝仪式确认自己的宗教信仰提供了很大空间。在这种情形下,没有必要将宗教信仰镶嵌于法律中,也没有必要孤立出另一些信仰,如不承认同性婚姻。

3. 民事结合、削减版婚姻和其他同性恋专属的选择

南非法律改革委员会在最初讨论家庭伴侣关系的文件中,提出一个最终选项:民事结合。在该委员会的陈述中,民事结合将赋予伴侣与婚姻中的配偶一样的权利和义务。通过小幅度修改,这个选项可以降低违宪的可能性,内阁最终在这个选项基础上做出了相关提议。该提案保留了民事结合的说法,但将民事结合定义为包括同性、类似婚姻的"民事伴侣关系"以及"家庭伴侣关系",如上所述,将不考虑性别组成而适用于伴侣双方。[2] 令人困惑

---

〔1〕 习惯法作为法律的形态是宪法规定的。参见 S. AFR. CONST. 1996, ch. 12, s. 211 – 12。另外,它明确从属于《人权法案》。参见 Ibid. ch. 2, s. 39(3)。

〔2〕 同性恋倡导者指出,这使民事伴侣关系与一种低于婚姻的形态相结合,即家庭伴侣关系。OUT LGBT Wellbeing, Parliamentary Submission: Civil Union Bill, pp. 8 – 9, Accessed Sept. 29, 2006. http://www.pmg.org.za/docs/2006/061017out.pdf. 最后的法案将"民事结合"定义为既包括"婚姻",也包括"民事伴侣关系"。

但又鼓舞人心的是，同性伴侣可以选择在婚姻仪式上，把他们的结合称为“婚姻”。然而，另外，法律只在一处将民事结合称作婚姻，即有一个条款将所有法律中的“婚姻”定义为包括依据该法案而成立的民事伴侣关系。[1] 这一条款可以被更好地理解为一个“桥梁”，旨在有效和严格地确保民事伴侣关系和婚姻具有同样的实际利益，而不是试图消除婚姻和民事伴侣关系之间的符号性区别。[2] 毕竟如果内阁想消除这种符号性差异，为什么他们会使用不同的词汇？

无论如何解释桥梁条款，都很难确定原来的《民事结合法案》是否会提供同性婚姻的选择。如果法案被议会通过，并最终在法庭上受到挑战，法院将评估它是否传达了有助于构建同性结合的信息。原本的建议中包含的似乎是这样的信息：“如果你想，可以称自己已经结婚了，但不要指望我们这样做。”愤世嫉俗的人可能会认为，这是政府在走“钢丝绳”，婚姻足以满足法院，然而远不足以安抚反同性恋者。

五、总结

削减版婚姻的提案，无论是原版还是修改版，仍然暗含着对同性恋、变性者（LGBT）的侮辱。原本的和修改后的法案都将同性恋、变性者限制在削减版婚姻的选择中。假如异性恋者没有被给予根据常规婚姻法而选择无削减版婚姻的额外选择，那么这种限制将不再是限制。这种不对等只有一个原因，在原本的提案中削减版婚姻的形态是最有问题的。修改后的法案说明，原本提供（或者说是强加）给南非同性恋者削减版婚姻也延伸到异性恋。它似乎要说明，在国家看来，削减版的婚姻也是婚姻。这一发展符合围绕《民事

---

〔1〕 Civil Union Bill(original), s. 13(2). 新法案更多提及婚姻，最为显著的是在关于宗教官员的部分。Civil Union Bill(amended).

〔2〕 笔者在同性恋幸福组织（OUT LGBT Well-being）的宣传工作中，一个同事建议，这一桥梁条款能讽刺地使1961年第25号法案《婚姻法》下的全部民事婚姻开放适用于同性伴侣，因为该桥梁可以解释为重新界定“婚姻”的普通法定义，以包括民事伴侣关系，婚姻的普通法定义正是《婚姻法》的基础。

结合法案》开展的扩展主义计划。在可预见的未来,南非人可以选择民事婚姻、习惯法婚姻、伊斯兰教婚姻、印度教婚姻、民事伴侣关系,或者注册家庭伴侣关系来确认他们的亲密关系。不过,正如华纳这样的废除主义者担心的,结婚或登记的选择在大多数人的眼中可能仍然在道德上更可取。在这种情况下,扩展亲密关系的多样化形态不会破坏婚姻的规范性力量,但通过扩大人们对亲密关系形态的选择范围,或许我们可以使这种规范性效力不完全集中在婚姻这一种形态上,而存在的婚姻关系也会因此呈现出许多不同的形态。选择不结婚与选择结婚不会再完全对立,相反它将只是可供选择的选项之一。

当同性婚姻演变成我们这个时代看似不可避免的民权问题,拥护巩固主义的同性婚姻主张者与支持废除婚姻主义者似乎被锁定在一个棘手却无关紧要的辩论中。〔1〕 废除主义者确实有一个有力的观点,但这种观点因其难以为人所知而使其力量被削弱。大部分人确实对婚姻有太多需求,并且大部分人确实期盼其他人会结婚。正因为如此,预期人们会放弃这种期盼是很天真的想法。

笔者怀疑,废除婚姻制度的主张可能只是权宜之计。像许多废除主义者一样,笔者认为,其他的社会关系,不仅是浪漫关系、姻亲关系,都是值得尊敬和支持的。笔者还认为,如果要促进对其他关系的尊敬和支持,就必须弱化婚姻的符号性意义。要达到这个目的,笔者并不认为废除婚姻制度本身是最可行的方案。相反,扩展法律承认的亲密关系才是正途。

由于其特有的人口、经济、文化和政治原因,南非在处理同性婚姻问题之前,近10年的时间里已经增加了很多新的关系种类。这段历史,有助于合法化对同性婚姻问题独特而有一定弊端的回应。第一个被认真考虑的建议,就是给反同性婚姻者提供"常规婚姻"的选择。而内阁首先提出的替代方案,

---

〔1〕 澄清:尽管笔者将关系承认视为民权问题,但笔者不认为同性婚姻属于现在不可避免或最重要的民权问题。笔者甚至不认为这是同性恋人群面对的最重要的民权问题,但这是另一个时期的主题。这种对必要性和重要性的真诚信仰是笔者认为废除主义者没有完全把握的重要数据。

隐藏了比扩展主义者的改革方案更隐秘的对同性恋者的歧视。削减版婚姻将允许同性伴侣称他们的结合为“结婚”，尽管政府对同一词汇的定义摇摆不定。即便如此，削减版婚姻将赋予同性伴侣一定程度的自定义自主权，这不仅与扩展主义的基本逻辑相吻合，而且让婚姻成为每个人真正的选择。一个性别中立的削减版婚姻，尤其是在一个不断扩展婚姻关系和伴侣关系的选项的语境下，也许可以帮助所有的南非人按照自己的理由来选择婚姻。随着国民大会对这一改革方案在最终法案中的采纳，我们终将有机会检验这一意料之外的承诺。

秘鲁法律稳定协议亦即法律合同

[秘鲁] 豪尔赫·达诺斯·奥尔多涅斯(Jorge Danós Ordóñez) *

赵学慧** 译

秘鲁行政法中的法律稳定协议,也被称作法律合同,尤其是在过去20年里,已经在所有国家与个人签订的合同中具有特殊意义。

制定法律稳定协议是为通过有法律保障的合同形式促进和增加私人投资(无论来自境内还是境外),即尽管立法者可以对相应法律框架做调整,但适用于投资者和被投资企业的法律制度在相应合同有效期间内对他们保持不变。法律稳定协议是秘鲁法规提供的吸引外资的主要条件之一,因为在任何一个自称有稳定性的法律制度内建立的合同本身就有保证。法律稳定协议为投资者提供在有争议的情况下,可以通过仲裁的形式(国内仲裁和国际仲裁,多数情况是国际仲裁)请求恢复稳定的法律制度的可能性。

本文目的是对秘鲁这一重要国家合同制度的主要方面做系统介绍。

"法律合同或者也被称为法律稳定协议,在签订协议时有效的法律在合同存续期间将一直有效,宪法对它的承认是防止国家单方面修改其条款,甚至通过立法途径也不行。"

---

* 豪尔赫·达诺斯·奥尔多涅斯,秘鲁天主教大学律师,也是该校法律系教授,教授行政法课程,同时是秘鲁行政法协会主席,智利行政法研究所、伊比利亚美洲行政法论坛、伊比利亚美洲管理研究协会(ASIER)、国际行政法协会(AIDA)、伊比利亚美洲公共行政法律研究所协会的成员。本文原刊载于秘鲁《法律与真理杂志》2013年第46期,第258~269页。

** 赵学慧,上海外国语大学2016级法律硕士研究生。

一、历史和发展

虽然从20世纪中叶起,法律稳定协议的身影就出现在秘鲁多部促进工业和采矿业经济活动的法律中,这些法律允许满足相应法律标准及材料要求的投资者,为保证以税收为主要方面的鼓励措施的适用年限,申请和国家签订合同,[1]但需要强调的是,法律稳定协议在法律上的建设以及向其他领域的扩展,发生在20世纪最后20年,主要是从20世纪90年代开始获得承认且受到现行《秘鲁宪法》(1993年)(Constitución Peruana)支持,并被纳入国家的政治经济结构中。当时秘鲁迫切需要吸引投资,主要是境外投资,来度过严重的经济危机。

在20世纪80年代颁布的法律规定中,其中两条在这方面卓有成效。这两条规定与其他法律不同。其他法律是针对经营范围限定在具体的经济、工业和萃取活动中的企业,而这两条则被赋予了上述国家合同规定整体概念范围的使命。

首先提到的是《鼓励投资、福利和免税总法》(Ley General de Incentivos, Beneficios y Exoneraciones Tributarias),它是由1982年的第259号立法令通过(1990年被废除),下面是我们摘录的第8条:

"第8条:法律或者经济的稳定对现行税收制度或者经济补偿在特定时期内实施的保证,只能由专门法律规定,并需要与受益企业签订合同。

为使每一项活动或者经济部门的情况都能及时地汇报给国会,用以约束前款合同的要求和条件需要以最高法令的形式提出,并附上经济、财政、贸易及相应部门的部长签字。"

摘录的这一条规定虽然仅仅涉及稳定协议提供税收方面保证的情况,但是它阐述了这项关于合同的法律制度的3个基本特点:这种协议只允许政府与符合法律规定和特定标准的投资者签订;正式给予实行一个稳定的法律框

〔1〕 参见 Zegarra Valdivia, Diego *El contrato-ley*. Lima: Gaceta Jurídica, 1997, p. 111 y de PINILLA CISNEROS, Antonio. *Los contratos-Ley en la legislación peruana*. Universidad de Lima, 1999。

架的保证,需要企业与政府之间签订一份合同;合同的要求和条件及可能出现的一些延伸问题,不属于双方自由协商的内容,因为这些都是在授权给国家签订这种协议的相应法律规定中预先确定好的。

第2条需要强调的是,1984年颁布的现行《秘鲁民法典》(el Código Civil)第1357条是这样规定的:

"第1357条:根据法律,为了社会、国家或者公共的利益,国家可以利用合同建立保障和安全。"

相比于以往只限于经济领域,如之前所提到的工业、采矿业、化石燃料业等,《秘鲁民法典》的这条规定决定性地给予法律稳定协议更宽的范围,尽管它只具有说明性质,但是它处在民法所有调整合同的规定中,则重新肯定了这项全国性的法律规定具有合同特点,这是为使国家给予经济代理人的保障和安全合法化,即虽然以后整体的法律框架可能会有所调整,但是在合同签订时适用的法律制度,在合同的有效期内是不会改变的。

从另一个角度来看,这一民法条文中的规定引发周围很多声音,误认为法律稳定协议的本质是私人的,而不是公共的(这是错误的),后来一项错误的法律规定甚至让他们坚定立场,这将会成为对这方面工作更深层次研究的话题材料。

在20世纪的后20年里,秘鲁有两次对法律稳定协议或者法律合同制度有重大影响的发展。一方面正是在司法领域,通过的新法律扩大上述合同的范围,然而最突出的一点是它获得现行1993年颁布的《秘鲁宪法》的直接承认,其保障性得到加强;另一方面是在经济领域,私人的经济代理人和代理机构为确保投资所适用的法律制度的稳定性,而想要签订这种国家合同的需求出现显著的高潮。

我们可以把在上述时期内关于法律合同制度的法律和宪法上的变革分为3个里程碑,这些变革赋予其在秘鲁今天的法律规定中仍然具有的特点。按照时间顺序,我们首先提到的是1991年通过的法律(第662号和第757号立法令),这些法律提供一种不考虑特定经济领域而签订这种合同的可能性,这是那个时候的传统主题：要求把实施高水平投资作为主要条件，在这些法律设定的规模中，对任何一个经济领域和活动都可以投资。但是最重要的里程碑是后来在 1993 年的《秘鲁宪法》中，第 62 条直接承认和说明这项经济制度，将这种和国家签订合同的模式提高到国家法律的更高等级，赋予它法律所能给予一个为了促进国家经济领域私人投资的政策所设计的机制的最大保障。

后来通过的法律提高了投资人及其企业能够在新的行业领域和经济活动内签订法律稳定协议，和使该种合同制度的效力准确发挥的可能性。

因此，20 世纪后 20 年，秘鲁的法律规定使法律稳定协议或者法律合同的主要特点形成并发展。作为国家为了整个国家的利益或者为了满足公共需要而促进私人投资的措施，法律稳定协议被给予合同方面的保证，即特定的法律制度在一段时期内保持不变，因此，那些在相应合同签订后修改的法律对该合同并不适用。

二、宪法基础

正如之前指出的，在秘鲁的法律规定中，法律稳定协议被国家宪法的第 62 条承认，该条文是这样规定的：

“第 62 条：……通过法律合同，国家建立保障与安全：法律合同不能被立法修改，前款提到的对它的保护依然适用。”

涉及的这些合同是根据政府为推动私人资本在国家的不同经济领域投资的需要而建立的，通过这些合同，政府提供给具体的签订合同的另一方以法律保障，这意味着向他们承认一条特殊的法规，即法律规定同合同签订时保持不变，假如法律规定在合同存续期间被修改或者废除（通常是被国家，特殊情况下是被立法者），则不会对该合同适用。

换句话说，法律合同或者也被称为法律稳定协议，在签订协议时有效的法律框架一直有效，宪法对它的承认是防止国家单方面修改它的条款，甚至通过立法途径也不行。

一些国会议员上诉西班牙电信公司秘鲁分公司的具有法律合同特点的提供公共电信服务的特许合同违宪,秘鲁宪法法院在判决书中借机宣布法律合同的本质和范围,它指出:

"就其本质而言,通过法律合同,国家寻找和吸引私人资本投资,目的是根据国家在政治经济蓝图中已经设计好的计划和目标,推动国家认为欠缺发展的经济活动。其内容是为投资者们提供安全框架。"〔1〕

秘鲁宪法法院认为:"通过法律合同,国家已经设定好合同的格式,通过这些格式,给予合同另一方法律保障,目的是刺激本国经济中的私人投资。"

《秘鲁宪法》对法律合同的肯定加强了对这类合同的法律保障,使其更加规范化。但是需要阐明的是,这些合同并不相当于法律规则或者法律来源,因为它们是双方互负义务的合同。其中,经济代理人为获得所说的利益,必须完成法律框架要求的投资和扩大生产力的义务。而国家必须遵守合同,在合同存续期间实行在合同签订时有效的法律框架,不做改变,遵守建立这些合同制度的相应法律。〔2〕

国家的立法权没有受到影响。法律框架始终能够被赋予立法权的国家权力机构修改,但是法律合同的存在,禁止在相应合同签订之后所做的法律修改,以及对那些与国家协议建立特定的法律制度的投资者及其企业适用。与我们之前讨论的相一致,对那些已经签订法律合同的人,法律稳定协议保障在这种合同中以特殊方式建立的法律制度的有效性。

《秘鲁宪法》给予法律合同的保障,允许投资者在认为与国家签订的法律稳定协议的保障受到侵犯时,不仅可以通过司法或者仲裁途径对可能造成

---

〔1〕 宪法法院判决文书(No. 005 - 2003 - AI/TC)2003 年 10 月由国会议员提出的上诉。载 http://www. tc. gob. pe/cgi-bin/searchtout. cgi。

〔2〕 参见 KRESALJA, Baldo y Antonio OCHOA. *Derecho Constitucional Económico*. Lima: Fondo Editorial de la Pontificia Universidad Católica del Perú, 2009, pp. 287 - 291. NORIEGA, Jorge Santisteban. *Constitución, privatización y servicios públicos. El blindaje jurídico que protege a los contratos-ley en el Perú*. En: Homenaje a Jorge Avendaño. Lima: Fondo Editorial Pontiicia Universidad Católica del Perú, 2004, p. 591 y AMADO, José Daniel y MIRANDA, Luis. *La seguridad jurídica en la contratación con el Estado: el contrato-ley*. En: Themis. Segunda época. No. 33, Lima, p. 20。

的损害请求相应的赔偿，而且也可以把要求重新建立和实施在相应合同存续期间建立的法律制度作为主要请求。

三、分类：一般制度和特殊制度

有两种法律合同的法律制度：我们可以称为一般制度和各种特殊制度。第一种一般制度，授权国家签订被投资的经济活动领域的合同，这些投资都实现了被要求的投资级别并扩大了生产力。

我们所说的法律稳定协议的一般制度，存在于第662号立法令《促进外国投资法》（Ley de Promoción de la Inversión Extranjera）和第757号立法令《增加私人投资法》（Ley Marco para el Crecimiento de la Inversión Privada），这两项法令都被最高法令162－92－EF《保障私人投资制度条例》（Reglamento de los Regímenes de Garantía de la Inversión Privada）修改。根据这个一般制度，为了能够签订法律稳定协议，投资者们应该通过国家财政系统为已经成立的公司或者将要成立的公司注入最少投资额，或者利用中间人做风险投资，在采矿业和化石燃料领域投资总额不得少于1000万美元，在其他领域不得少于500万美元。[1] 相应的法律合同向投资者，有时也向接受投资的企业，保证包括税收、劳动等特定制度的法律框架不变。[2] 最小投资总额也适用于参加促进公共、私有、特许的项目和服务的私人投资进程的投资者，以及签订相应特许合同的企业。

同接受投资的企业签订法律稳定协议，需要该接受企业的股东之一以投资人的身份签署过一份法律合同，为了使稳定性及于所得税税收制度，就产生特殊要求，即接受的新投资意味着资金和存款增长50%，并且要被用来扩大生产力或者改善技术。

---

〔1〕 最小投资额是在2000年9月1日颁布的第27342号法律的第2条规定的，它是对第662号立法令的第11条关于投资要求的修改。

〔2〕 法律合同的法律框架所建立的安全与保障包括以下内容：税收制度，尤其是所得税；自由使用外汇制度；自由交付收益、股息、资本和其他收入；禁止歧视；劳动合同制度；鼓励出口政策，以及融资租赁合同的总体税收制度的稳定。

相应的法律合同的内容，在前面提到的条例里已预先按照法律规定好了。从它启动开始，有10年的有效期。法律不能修改，但是倘若有新的投资时，也不能阻止签订新的协议。

法律合同的特殊法律制度相对来说数量更多，可以将其分成两组：将法律稳定协议的特点扩展到其他合同上的制度，和授权在特定经济活动上签订法律合同的法律制度。

第一组事实上只由一个法律规则组成：第26285号《新公共电信服务反垄断法》（la Ley de 26285 de Desmonopolización Progresiva de los Servicios Públicos de Telecomunicaciones），其第3条规定："国家特许提供公共电信服务的合同具有法律合同的特点"，其本质是说就该事项签订的特许合同被赋予法律合同的身份，在一般观念中，这既表示形成国家和被特许者之间这种关系的协议条款的稳定性，也表示法律框架实施的稳定性。那些唯一在这种制度下特许签订的，带有法律合同性质的公共电信服务合同，是从1994年开始，为刺激电信业的私人投资而与电信公司签订的。[1]

第二组是由不同经济活动领域的法律构成的，为签订这种法律合同制定很多不同于一般制度的规定。在采矿业领域的相关法律[2]的第155条和第157条中规定两种法律稳定协议，它们的要求具有的功能不同，福利扩大，稳定性的期限也延伸到15年或者10年。这些合同既可以由刚开始从事，也可以由已经从事采矿业的企业签订。它们需要达到不低于法规规定数量的生产水平，实现特定规模的投资，[3]以得到比一般制度更广泛的法律稳定保

---

〔1〕 参见 Zegarra Valdivia, Diego. *Servicio Público y regulación. Marco institucional de las telecomunicaciones en el Perú.* Lima：Palestra，2005，pp. 93－96。

〔2〕 指 el Texto Único Ordenado de la Ley General de Minería，1992年6月2日由最高法令014－93－EM通过，被1993年6月3日的最高法令02－94－EM修改，以及它的一些修改稿，最高法令004－94－EM，部长级决议No. 011－94－EMNMM，这些文件产生了法律稳定协议的模式。

〔3〕 签订有15年有效期的法律稳定协议需要采矿项目或者扩大目前的矿井能力，达到日产量不少于5000TM，刚开始启动的矿产企业或者运营资本是5000万美元的企业相关项目的投资不少于2000万美元。而签订有效期为10年的协议需要实现日产量350TM至5000TM，或者投资额不少于200万美元或者同等价值的国内货币。参见 Zuzunaga Del Pino，Fernando. *Convenios de estabilidad aplicaples a las empresas mineras.* En：Revista Estudios Privados，Lima，p. 84。

障,其中包括整个税收制度的稳定、出口外汇的自由使用、矿产品的自由贸易、汇率不歧视、外币记账的可能性等。

特别值得一提的是,法律合同给予矿产品交易方面的稳定性,其只涉及有关项目,而不是针对该法人。它包含企业所得税、城市宣传税、消费税、关税和其他为支持市政的税收。关于所得税制定很多规则标准,构成上述的法定税收制度,还有一些具体的规则被收录在适用于矿产企业的矿业法律中。这些规定都遵循一个规则,那就是矿产活动的名目只是所得税的标题,而税收才是被分配的对象。

最近这些年来的经验证明:法律合同规定的保障矿产企业税收和行政制度的稳定性,充当挡箭牌的角色。自其2004年实施以来,就抵制了很有可能会影响企业收入的一项新的税收"矿区使用费"[1]的实施。协议所给予的法律上的保护的另一个表现,是后来在2011年,政府为能够得到从高价矿产品中获益的矿产企业的更多财政贡献,又制定一项新的只适用于矿产企业的税收"矿业特别税"[2]。而矿产企业已经签订法律稳定协议,他们决定以自愿的方式缴纳这个"特别税",于是他们和秘鲁政府签订保证协议,而稳定协议依然在实施。

促进公共基础设施和公共服务领域的私人投资的法律制度被规定在《法律汇编》(el Texto Único Ordenado)中,它是由最高法令059-96-PCM通过的,其第19条就是允许签订法律合同来保障私人投资。它是在稳定协议的一般制度下的,但是有两个不同点:第一,稳定协议的有效期和特许期一致,在大多数情况下是长于一般制度规定的10年的;第二,有可能还会建立适用于这些企业的企业所得税的提前恢复制度,为使企业在一定条件下可以在开始运营之前,享受因采购而产生的税收优惠。

关于渔业的一般法律规定存在于《法律汇编》第159条,条文规定:具有从事渔业活动许可证的企业可以加入法律合同的一般制度,将法律稳定制度

---

〔1〕 由第28258号法律制定。

〔2〕 由第29790号法律制定,被2011年9月28日颁布的最高法令173-2011-EF修改。

扩大到渔业和渔业本身的法令。

此外,有一项法律合同制度不在上述提到过的任何一组里面,那就是第26221号《石油法》(la Ley 26221 Orgánica de Hidrocarburos),其第63条给予许可或者服务合同法律合同的特点。通过这些合同,政府授予个人勘探和开采石油的权利,向这些合同的签订者保障合同签订时的汇率和税收制度不变。与此相似的是,第28176号法律规定的适用于实现天然气发展计划投资的制度。它规定投资者同政府签订合同的批准、改动和特点的制度、所得税制度、临时的进出口制度,保证税收和汇率的稳定、外汇的灵活管理和使用,以及将该外币记账的可能性。此外,还有在这些合同存续期间,享有提前恢复总的企业所得税制度的可能性。

最后,应该提到的是第27972号《市政机构法》(la Ley 27972 Orgánica de Municipalidades),其第40条授权地方政府机构与在其辖区范围内投资的个人签订法律合同,给予他们尤其是政府税收方面的安全,采取仲裁裁决的方式解决稳定协议产生的纠纷的权利。据了解,各市政府已经通过地方法规制定符合当地条件的协议制度。[1] 宪法法院在2004年9月23日的No. 003 - 2004 - AL/TC判决书中评判安贡(Ancón)地区市政府的一项章程。该章程宣称,上一任政府和一家私人垃圾处理企业之间签订的一份法律稳定协议无效。法院认为不能用法律武器比如政府规章来使稳定协议无效,因为根据《宪法》第62条,因合同关系产生的纠纷只能根据合同中约定的保护机制或者相关法律,通过仲裁或者诉讼的方式解决。

四、稳定协议的性质:私法还是公法

国内学术界已经对这些国家合同的性质是民事合同还是行政合同展开讨论。一些人认为,国家统治的权力决定了这是行政合同;另一方认为,国家

---

[1] 2010年7月26日瓦曼加省政府的是行政规章No. 019 - 2010 - MPH/A通过的一种模式——与在该省辖区内投资的投资者和接受投资的企业签订法律稳定协议。

只是作为合同的一方当事人,是脱离公共权力的,于是他们说这是民事合同。[1]

产生这个问题是因为秘鲁第757号立法令第39条规定:"法律稳定协议受民法典第1357条保护,是有法律强制力的合同,不能被国家单方面修改或者认定其为无效。这样的合同具有民事性质而不是行政性质,只能由双方协商修改或者解除。"

这是法律合同被认为是民事合同而不是行政合同为数不多的几次,是被秘鲁法规中"存在两种不同的国家合同"理论同化。该理论认为一些合同仅属于行政法范畴,而另一些则只属于民法范畴。换句话说,这条被讨论的法律规定是建立在对行政法合同持否定态度基础上的,认为为了保障所谓的法律合同的不可侵犯性和规避国家违背承诺的风险,必须赋予法律合同民事的性质。

事实上,从这个角度考虑,在理解这些合同的逻辑方面就不会有多余的讨论。就像马努埃尔·德拉普恩特(Manuel De la Puente)教授所说的那样:

"我对合同是民事合同还是行政合同不感兴趣。只要它是合同就足够了,因为正如所看到的,无论是在私法中,还是在公法中,合同在双方之间创建法律关系,对他们来说是强制的……在这两种法律中,合同都产生义务。并且,在两部法律中,合同义务也是相同的:一种将双方联系起来的法律责任。不要忘记该合同的实质是不可撤销性。"[2]

尽管如此,但应当注意的是,它是公法中的一种例外,即以政府妥协的合

---

〔1〕 谈论过法律合同的和我们在本文中提到的秘鲁作者中的大多数都会提到这个关于这个合同是行政的还是民事的讨论,认为它是行政合同或者公共法律性质的理论占主导。至于其他作者,参见 Trelles De Belaunde, Oscar. *El contrato administrativo, el contrato ley y los contratos de concesión de servicios públicos.* En: Themis. Segunda Época. No. 44, Lima, p. 249; VIVANCO DEL Castillo, Tabata y Villanueva Llaque, Augusto. *Los contratos-ley y su relación con las obras públicas de infraestructura y de servicios públicos.* En: Revista de Regulación Económica. No. 1. Lima: Universidad ESAN, 2009, p. 148; y GUTIERREZ CAMACHO, Walter en sus comentarios al artículo 62 de la Constitución en el libro colectivo: *La Constitución comentada. Análisis artículo por artículo.* Tomo 1. Lima: Gaceta Jurídica, 2005, p. 871。

〔2〕 DE LA PUENTE Y. LAVALLE, Manuel. *El contrato en general. Comentarios a la Sección Primera del Libro VII del Código Civil.* Volumen XI, p. 367.

同方式为私人提供安全和保障。

毫无疑问,从法律上讲,所有的合同,无论是民事的、劳动的、公共的、国际的还是土地的,都是一种义务的源泉,不仅是对私人的,而且是对政府及其签署合同的下属部门。此外,还应该了解的是这一制度给予合同的单方不可撤销性,只有双方都有异议时才可以让他们的协议失效。"这条规则意味着单方意愿是没有资格中止合同的。"无论在民事还是行政合同中,国家和任何一个签约方一样都有要履行的义务。

秘鲁宪法法院在其发布的一份审理西班牙电信公司秘鲁分公司的法律合同违宪案件的判决书中这样写道:

"法律合同是一份可以在法律授权范围内和国家签订的协议。通过该协议,国家做出稳定不变的安全和保证。也就是说,通过这些法律合同,国家在法律上拥有最高权力,给予安全与保障,一旦签订法律合同,就必须完全遵守合同条款和保护它的法律。"(FFJJ No. 33)

关于法律合同是私法性质的还是占优势的公法性质这一讨论,宪法法院指出:

"国内学术界讨论该协议的法律性质。对一些人来说是民事合同,而对另外一些是行政合同。也有作者认为不能从理论上确定这种有政府参与签订的合同的法律制度的性质,而应该视每一个合同所包含的具体条款而定。显然,法律合同的性质可能是民事合同,也可能是行政合同,取决于合同签订的内容,因此理论上是不确定的。不管是哪种情形,将《宪法》第 62 条和《民法》第 1357 条综合起来解释可以推断出,法律合同的内容可能也应该维护社会、国家和公共利益……"(FFJJ No. 34)

在更近的一次判决中,宪法法院强调法律合同的保障功能:

"这样,通过研究具有相似内容特点的合同案例的方式,我们发现这些所谓的合同具有法律稳定性,受第 757 号立法令《增加私人投资法》的调整。在这些合同中,不可侵犯性是政府授予合同另一方的确定的安全与保障,目的是促进经济活动领域的私人投资,在政府监督下承诺并认可一种公共利益,以确保私人投资的发展符合国家政治经济蓝图中的计划和目标。然而,实行这种控制需要在宪法和法律限定的范围内(排除政府提出的过分的、背离协商条件的条款符合法律框架的可能性)。”(FFJJ No. 22)〔1〕

五、争议解决机制

产生法律合同的法律规定,把投资方和政府对合同的履行、阐释、有效还是无效的争议,将通过法律或者仲裁来解决作为一般规则。这是一个有宪法保障的纠纷解决机制。《宪法》第 62 条第一段的末尾写道,“因合同关系产生的纠纷只能按照合同或者法律设定好的保护措施,通过仲裁或者司法途径来解决。”并且这个机制在法律规定中具有特别的意义,因为仲裁功能的实现被宪法明确赋予裁判的性质。因此,它被认为是我们宪法和法律的规定以及具体的合同,给予国内和国外的投资者可以通过国内的,有些是国外的(CIADI)〔2〕仲裁途径来处理,可能会与秘鲁政府产生的纠纷的权利。至于对稳定的法律制度的遵守,该机制成为主要保障之一,同法律合同的宪法化一起,允许合同约定国家承担在相关合同存续期间不改变与投资方协商好的法律制度的义务的方式,来保障法律合同的效力。

关于这方面,不得不提在 2002 年发生的轰动一时的事件:3 家电子公司申请仲裁,声称自己受法律合同一般规则保护的与政府签订的法律稳定协议受到侵犯,因为国家政府税务机关(国家税务总局—SUNAT)认为,一部具体的法律(第 26283 号法令)及其修订允许减免可征收所得税的基础费用,纳税越多,减的就越多,这是作为社会重组活动中自动重新定位的结果,不构成所得税稳定制度的一部分。受理上述争议的仲裁庭认为,他们没有权力分配一个行政部门的权限或权力。对他们最好的回应就是对有关稳定协议条款的

〔1〕 宪法法院的判决文书 No. 00009 - 2007 - AI 和 00010 - 2007 - AI(集锦),2007 年 8 月 29 日,是一群公民提出的反对一部对非政府组织加强行政控制的法律的上诉。

〔2〕 国际投资争端解决中心(Centro Internacional de Arreglo de Diferencias Relativas a Inversiones)。——译者注

解释,以此来确定哪些是作为保障稳定性对象的法律规则。

在这方面我们和维克多·巴卡(Victor Baca)[1]教授一致。他指出在因稳定协议给予的易受侵犯的保障而引起的仲裁纠纷里面,应该讨论的是正确的规则(法律合同设定的法律框架)是否在实行,而不是这个规则是否被行政部门正确地执行,因为后者的争议不应该通过仲裁方式解决,而应该诉诸行政途径和/或司法途径(行政诉讼)的一般纠纷解决方式。

这位教授在他的论文中提到 CIADI 受理的 No. ARB/03/28 仲裁案件,涉及秘鲁政府和杜克能源国际投资公司(Duke Energy International Investments),该案的争端与我们前面提到的电子公司的案子很像,也是讨论政府是否实施了合同的稳定规则。关于这段内容的末尾,我们想要突出 CIADI 仲裁庭的两条声明,也是巴卡教授强调的:(1)对稳定协议的侵犯不仅仅是政府方面没有履行义务,企图实施不同的法律制度,单方面修改作为稳定性保障的规则,因为如果存在一种对稳定协议的解释是由负责履行协议的机关做出,那么解释方式的变化也是对具体的法律合同的触犯。(2)仲裁庭的权限只是裁判税务机关的决定是否对企业实现了税收制度的稳定。

综述,法律稳定协议或者秘鲁宪法所称的法律合同,是促进吸引投资者为国内经济投入资金的机制。通过这些协议,国家应当履行合同义务,遵守他们商定要保持稳定的法律制度。

官方数据显示,从 1993 年到 2001 年,秘鲁政府和投资方以及接受投资的企业一共签订 600 份稳定协议。[2] 之后的数据不清楚,但是根据

---

〔1〕 他的论文:*Son arbitrables los actos dictados en ejecución de la legislación congelado en virtud de un convenio de estabilidad? Un ensayo de repuesta general a partir del análisis de un caso concreto*. En: AAVV Desafíos del derecho administrativo contemporáneo. Conmemoración Internacional de la Cátedra de derecho administrativo en Venezuela. HERNÁNDEZ MENDIBLE, Victor. Coordinador. Venezuela: Ediciones Paredes, 2009, p. 1201。

〔2〕 参见 *Impacto económico de la inversión asociada a los convenios de estabilidad jurídica en el Perú*. Informe elaborado por encargo de ADEPSEP. Lima: Grupo Macroconsult, Mayo del 2003。

PROINVERSION[1]（一个负责处理和签订这种协议的机构）的官网称，他们每年都会收到无数份签订申请。投资者们对签订这种协议的频繁申请就说明法律稳定协议是对投资的法律稳定性的一项重要保障。

[1] 秘鲁私人投资促进署（Agencia DE Promocion DE Inversion Privada，简称 Proinversion）。——译者注

比较司法

俄罗斯治安法官制度:地位的双重性与其在俄联邦主体法院体系中的执法实践

[俄]帕夫利科夫·谢尔盖·格拉西莫维奇

(Павликов Сергей Герасимович)*

张竹一**

一、俄罗斯治安法官制度发展的历史实践分析

俄罗斯联邦(以下简称俄联邦)治安法官制度的地位具有双重性:一方面,其作为"俄联邦主体法院"有联邦立法者的特征;另一方面,其又是俄联邦整体司法体系的下级环节。其地位的独特性在于,治安法官作为俄联邦主体国家权力机关的组成部分,实际上完全按照已制定的联邦程序法规开展工作,对其判决不服可上诉至联邦法庭。然而,有充分的理由相信,在俄罗斯近现代史上治安法官制度是个相当高效的制度,其在很短时间内赢得了俄罗斯公民的信任和尊重。一直以来,该制度为各阶层广大民众均提供了良好的司法保护,从这一方面不难看出,现代治安法官制度中蕴含着对"十月革命"之前治安法官制度的继承性。

---

* 帕夫利科夫·谢尔盖·格拉西莫维奇,俄罗斯联邦政府金融大学宪法和国际法教研室主任,法学教授,俄罗斯科学院法学研究所研究员,莫斯科文职军官,毕业于莫斯科国立大学,曾任莫斯科四等法官并有治安法官的工作经验,从事法律相关工作二十余年已发表和出版学术作品超过140余篇。本文节选自帕夫利科夫·谢尔盖·格拉西莫维奇于2010年完成的博士学位论文《俄罗斯联邦主体法院体系之宪法法律研究》。本文现存于俄联邦总统(附属)国家行政学院图书馆。

** 张竹一,上海外国语大学2016级法律硕士研究生。

据学者研究,俄罗斯治安法官制度的原型最早可以追溯到公元14世纪,俄国公社依照《别洛泽尔斯克律书》(Губная Белозерская грамот а)(1539年)建立了以惩治犯罪现象为目标的地方司法机关,该机关的领导是由当地邑长来担任的。[1] 而这些邑长被看作治安法官的先驱者,类似于伊凡四世时期被集体推选出履行司法机关职务的人员。在《一五五零年律书》(Судебник Ивана Грозного)(又译作《伊凡可畏律书》)中有预见性地描述了治安法官的角色:"在各城市和各乡进行邑长、司法职务和警察职务官员以及陪审员的选举,被选中的成员将同总督及其执事一同审理案件,这一制度已在诺夫哥罗德和普斯科夫实行;另外,选举受民众信任的五十人长和百人长负责地方监督,以防止公务员独断专行和民众敢怒不敢言的现象发生。"[2]

然而,笔者认为,地方法院(治安法庭的前身)存在于更早的历史时期。在公元6世纪初的《涅斯托尔编年史》(Лет описи Нест ора)当中,有关于被称为"氏族长老"的记载:"那些年长的、理智的、有声望的并且赢得大家信任的人可以成为裁决民众纠纷的法官。"[3]但同时,把治安法庭和村民公社混为一谈显然是不合理的。因此,笔者将焦点转移到1755年颁布的《省城管理规章》(Учреждения для управления губерний)上,它规范调整了当时包括地方司法在内等各领域的社会问题。依照该规章在省和总督管辖区内设立司法机关,分为刑事法庭、民事法庭、上区法庭、市政公署,而县级区域内设立下区法院和农民特别法院(该法院专门为全国农民和独院农户[4]设立);而市政公署则主要解决商人和市民的纠纷。1861年俄国政府依照法律正式承认了一种特殊的地区司法机关形式——农民的乡法院,该法院依照俄国农民的习惯法审理案件。学者们公正地对此作出评价,地方法院的确有助于保障审理地区纠纷的合法性,但仅根据当地民俗和这一体系审理案件很难做到高效地

---

[1] Кононенко В. И. Мировой суд: опыт ст ановления и развит ия (уголовно-процессуальный аспект):Авт ореф. дисс... канд. юрид. наук. М.,2003. С. 17.

[2] Карамзин Н. М. Ист ория государст ва российского. М.:Из-во《Эксмо-Пресс》,2002. С. 626.

[3] Карамзин Н. М. Указ. Соч. С. 84.

[4] 独院农户地位介于农民和小地主之间。——译者注

解决农业生产领域的经济纠纷,因为治安法官本身是远离农业生活的人。[1]

俄国"十月革命"之前,治安法官制度的具体规则是依照其地位制定的。比如,由于其所处地位较低,所以对其民事诉讼费用有一定的限制,总体来说,治安法官通常只负责审理相对简单的案件。治安法官审理案件以高效著称,受理案件所涉及领域十分广泛,应当指出,治安法官在整个俄罗斯司法发展史中具有积极意义。И. Г. 沙尔科娃(Шаркова И. Г.)认为,"民众总是在几番争执难以取得满意结果后带着讨公道的目的和满腹的怨气去向治安法官寻求帮助。所有认为自己受到不公待遇或是默默承受委屈和压迫的民众都可以向治安法官请求司法裁决和保护。在俄罗斯时期,治安法官制度尚未得到广泛推行,随着案件审理效率的提高,民众的素质和法律面前人人平等的意识也随之逐渐提高。治安法官制度只用了一个世纪 1/4 的时间就建立起来,并在人民和社会之中树立起了法律的概念、对人尊重的意识、对财产权利保护的意识,并且巩固了资金交易中的信任关系。"[2] 的确,在 19 世纪随着"1864 司法大改革"的推行,新的法律规章的颁布,人们对于司法的本质,对于司法程序的任务都有了新的见解。И. Я. 福伊尼茨基(Фойницкий И. Я.)认为,"司法改革希望通过治安法官制度的推行给予地方民众更多地法律帮助,这种帮助不是来自于律师或是法律专家,而是来自治安法官,他们是小型纠纷的权威调停人,而调解被认为是一种高水平行使司法权力的方式。"[3]

然而,调解制度并不符合国家官僚制度的要求。于是,在 1889 年废除了治安法官制度,在各地设立了司法行政机关(地方长官、市法官、省会),这些机关同时握有行政权和司法权。[4] 但与此同时,在莫斯科和俄罗斯的一些边疆地区(一些残缺不全的史料有相关记载),以及在圣彼得堡,奥德赛和一

---

〔1〕 Земцов Л. И. Правовые основы организации и деят ельност и волост ных судов в пореформенной России(60 – е – 80 – е гг. XIX века):Дисс. . . докт . ист . наук. Липецк,2004. С. 220.

〔2〕 Шаркова И. Мировой судья в дореволюционной России //Гос. и право. № 9. 1998. С. 79.

〔3〕 Фойницкий И. Я. Курс уголовного судопроизводст ва. СПб:Из-во《Альфа》,1996. С. 305 – 307.

〔4〕 Полянский Н. Указ. Соч. С. 284 – 292.

些较大的城市中,治安法官调解制度被保留了下来。[1] 较为公正地看待这一现象不难发现,像在首都这样的城市废除治安法官制度令统治者感到害怕,因为该制度与社会生活以及人民的权利和自由密切相关。直到1912年,一些地区着手恢复治安法官制度,但由于第一次世界大战的爆发而被迫中止。接下来的历史就众所周知了,1917年“十月革命”之后治安法官制度的命运和其他绝大多数国家制度一样均被废止。

总之,调解制度在俄罗斯有着十分悠久的历史。“十月革命”之前,俄国和国外治安法官制度的优秀经验一起推动了20世纪末俄罗斯恢复治安法官制度的计划最终得以落实。这不仅是真正的时代要求,更能从实际意义上减轻普通法院日益增长的案件数量负担。当时迫切需要寻找一种新的司法制度,使其满足民主法治国家的需要。治安法官制度再度唤起曾经存在于人民心中的对这一制度的尊重,巩固了人民对司法保护的信任,同时又体现出联邦制的宪法原则。[2]

综上,早在氏族时期的古俄罗斯就开始赋予有威望的人以裁判权,之后逐渐设立了作为国家权力机关并得到民众认可的地方法院。无论是“十月革命”以前的调解司法机关还是乡法院,这些有意义的实践经验都可以为现代的俄罗斯所用:第一,设立作为司法机关的调解法院(而不是一个部门或是其他组成部分)。第二,通过让民众参与乡法院行使司法权的过程以及治安法官的选举来提高法院的威望。第三,治安法官制度利用其“颇得民心”和“与其他法院截然不同”的特点可以避免因任务过重、手续繁杂而出现的行事拖拉作风。总之,在笔者看来,俄联邦主体治安法官的地位应当伴随着一定的社会发展而发生变化,应当寻找其进一步完善的潜力,而本国积极的历史经验就是寻找的源头之一。

---

〔1〕 Энциклопедический словарь Брокзауза и Эфрона. Т. 37. М.: Из-во《Эксмо》, 2006. С. 431; Колоколов Н. А., Максимова В. В. Правоохранит ельная и судебная сист ема Курской губернии в 1917－1928 годах. М.: Из-во《Юрист》, 2006. С. 26－27.

〔2〕 Колоколов Н. А. Мировая юст иция—важная форма ст абилизации человеческих от ношений в гражданском общест ве //Мировой судья. № 1. 2003. С. 5.

二、俄联邦国家权力机关对俄联邦主体法院体系中治安法官制度的影响

在法律研究领域有观点认为，从历史角度来看，对治安法官制度的传统科学实践研究，是建立在以解决社会法律冲突为目的、以国家与公民互动关系为内容的法律模型之上的，不同的法律模型有不同评价公民生活能力水平的标准。[1] 研究人员将治安法官，看作一个为解决社会中最为典型和普遍的法律纠纷而设立的社会组织。[2] 同时，他们把每个单独的治安法官描述为可独立行使司法权的个人。在这一方面可以形成一个相对公正的观点，宪法精神中职权和联邦制的分离决定了以保障司法审判的及时性与普遍性为目标的治安法官制度在俄罗斯的形成。

从一方面来说，治安法官是法院统一体系中行使司法权的基础环节；从另一方面来说，其具有"俄联邦主体法院"的身份，这就引起了学界对治安法官地位众说纷纭的法律评价。[3] 联邦法律中规定了治安法官的职权、管辖范围、行使权力和就职的规则、治安法官的总数以及各联邦主体的司法机关构成。各联邦主体无权创设法律规定以外的治安法官职权，联邦法律另行出台确定治安法官权限的特别法律除外。

总之，就完善司法机关构成和消除治安法官职位空缺现象的角度而言，俄罗斯的调解司法制度才刚刚形成。[4] 如今，治安法官数量在不断增长，在

---

〔1〕 Ярцев Р. В., Гордеева Н. А. Акт уальные вопросы деят ельност и мировых судей в сфере уголовной юрисдикции //Мировой судья. №11,12. 2008; № 1,2. 2009. С. 14 – 17.

〔2〕 Цыганаш В., Сергеева С. Взаимосвязь пот енциала судебной власт и мирового судьи с организационными условиями его деят ельност и //Мировой судья. № 2. 2009. С. 4 – 7.

〔3〕 Дорошков В. В. 10 – лет ний юбилей инст ит ут а мировых судей в России и перспект ивы его дальнейшего развит ия //Мировой судья. № 1. 2009. С. 2 – 6.

〔4〕 К сожалению, на рубеже XX – XXI веков имела мест о сит уация, характ еризующаяся от сут ст вием участ ков мировых судей во многих субъект ах РФ. Так, например, по сост оянию на июль 2004 г. в семи субъект ах РФ вообще от сут ст вовали мировые судьи; лишь в 13 субъект ах РФ их шт ат был укомплект ован полност ью. 遗憾的是在 20 世纪和 21 世纪之交出现过这样的情况：在俄联邦主体的很多地区都缺失治安法官这一司法机关。例如，据 2004 年 6 月的统计数据，俄罗斯有 7 个联邦主体缺失治安法官，只有 13 个联邦主体有完整的治安法官编制。

一些研究人员看来,数量的增长就是治安法官工作质量提升的标志。

笔者并不认可上述观点,因为治安法官数量的增长并不能证明司法效率的提升。除此之外,国家权力机关对治安法官的干预和影响致使其联邦主体法院地位这一性质和特征被弱化。为了证明这一观点,下面将着重分析一下各地区相应的法律规定。大部分俄联邦主体在所适用的法律中确认了治安法官的地位。通常,这类法律被命名为《(某一俄联邦主体正式名称)治安法官法》;在一些俄联邦主体中(摩尔多瓦共和国、加里宁格勒州、莫斯科州、萨拉托夫州、坦波夫州、特维尔州、斯塔夫罗波尔边疆区)将明确治安法官地位的法规命名为《(某一俄联邦主体正式名称)治安法官任命与职权的规定》。几乎所有联邦主体都有自己设立治安法官制度和规范其职责范围的地方性法规,通常法规名称为《关于在(某一俄联邦主体正式名称)区域内设立治安法官及规范其职权的规定》。这些法规用以调解发生在本区域司法管辖范围内的法律纠纷,具体内容会被直接写在法律条文的正文部分或是附注、提要以及表格部分。[1] 只有在一种情况下相应法规会被命名为《关于在(某一俄联邦主体正式名称)内治安法官数量和司法职权范围的规定》(如布里亚特共和国)[2]、《关于治安法官的司法职权范围的规定》(如印古什共和国)等。一些联邦主体会立法对治安法官给予财政和物质技术保障(如阿穆尔州),还有一些地区对治安法官的签署就职和发放证明的程序详细作出规定(如圣彼得堡、阿尔汉格尔斯克州和加里宁格勒州等)。[3]

根据联邦法律《俄罗斯联邦治安法官法》,联邦法官由俄联邦主体立法

〔1〕 Закон Мурманской област и от 4 ноября 2002 г. № 363 – 01 – ЭМО《О создании судебных участ ков и должност ей мировых судей в Мурманской област и》(ред. 13. 07. 2009)//СПС Консульт ант Плюс.

〔2〕 Закон Республики Бурят ия от 4 апреля 2000 г. (в ред. от 07. 10. 2009) № 360 – П《Об общем количест ве судебных участ ков и числе мировых судей в Республике Бурят ия》//Бурят ия. № 64. 06. 04. 2000.

〔3〕 Попова А. Д. Ст ановление мировой юст иции:проблемы прошлого и дня сегодняшнего //Рос. судья. № 9. 2007. С. 20 – 22.

机关任命。根据法律规定[1],任命方式有以下几种:

(1)在大多数情况下,治安法官的任命和选拔由共和国、边疆区、州或与其同级别的法院院长负责,治安法官人选上任需通过资格考试、考核并且得到联邦主体法院考核资格委员会的正面评价。

(2)俄联邦最高法院司法部根据相应法规任命候选人,这一法律机关的领导可亲自任命治安法官。

(3)各联邦主体中最高职务领导有权任命治安法官。这些领导既包括联邦主体中拥有最高行政权的官员,也包括共和国、边疆区、州以及同等级别的俄联邦法院院长。

现在采取除上述情形以外其他方式任命治安法官的情况很少。例如,自2005年2月2日起,根据《基洛夫州治安法官法》,州法院院长不再负责提交治安法官人选给地方自治政府机构审核。[2] 与此同时,在伊万诺沃州,州法院院长在考虑治安法官候选人时则需广泛了解地方自治政府相应的市政机关甚至司法辖区内所有地区(城市)法院院长的意见。[3]

根据《俄罗斯联邦治安法官法》,各联邦主体可自行规定治安法官的最初任职时长,但不得超过5年。大多数联邦主体中治安法官的第一期任职最少3年(然而也有例外,如在鞑靼斯坦共和国和别尔哥罗德州是5年);第二期任职时长各联邦主体相差不多,均需超过5年,最长是10年(在伏尔加格勒州、勘察加州、鄂木斯克州、奥伦堡州、马里埃尔共和国、摩尔多瓦共和国和哈卡斯共和国等)。

显然,联邦立法者明确约束了各联邦主体"制定法律"的范围。尽管参考地区特点可以提高法院声望和提高司法程序的质量和效率,但行使俄联邦

---

[1] Пост ановление Президиума Верховного Суда Российской Федерации от 27 окт ября 2004 г. № 17 пв 04 //Бюллет ень Верховного Суда РФ. № 5. 2005. С. 4 – 6.

[2] Закона Кировской област и от 3 апреля 2000 г. № 169 – 30, О мировых судьях в Кировской област и,//СПС Консульт ант Плюс. ст . 7.

[3] Закона Ивановской област и от 20 июля 1999 г. № 34 – 03, О мировых судьях в Ивановской област и,. ст . 5 .

主体国家权力的立法机关在进行立法分析时，几乎不参照各地区传统，不顾及地区特点。作为例外，罗斯托夫州在设立治安法官制度时，研究了当地档案材料中关于治安法官的资料，并在制定治安法官制度时充分考虑地方特点，特别是当地的哥萨克民族传统。[1] 2006年12月14日由罗斯托夫州法院首倡，在俄罗斯司法学院罗斯托夫分院进行了一场关于重建与恢复罗斯托夫州部分司法制度的科学实践研讨会，会议上最激烈的讨论是围绕"何为治安法官管辖范围内地区调解职责的法律基础"这一问题展开的。会议讨论的主要内容是现代法律中关于联邦主体调解职责的规定以及治安法官制度调解法律纠纷的社会法律资源。正如研究人员所指出的那样，司法实践的历史经验是如今进行研究的历史基础。而调解、选择和平方式化解争端则是俄罗斯南部居民传统且有代表性的解决方式。[2]

笔者还发现，治安法官贴近当地居民的显著优势并不能完全付诸实践。宪法法院和国家权力机关的官员为了"方便"常常不会在一个地区内的不同行政区域真正"精选"治安法官。

除此之外，还产生了其他制约性的问题——联邦立法者并不总是对治安法官的法律调解地位产生积极影响，一些地区经常会缺失来自联邦主体国家权力机关对调解制度必要的支持。并且，在一些地域广阔而人口稀少的联邦主体行政区域内治安法官制度的普及和理解尚且还成问题（如靠近北极的地区和远东地区）。[3] 在大部分共和国内联邦立法者分别根据辖区面积或是辖区内人口数量确定治安法官的人数。而地域面积和人口是择一作为标准，而非两者兼顾。在另一些联邦主体中，城市人口密度大而村镇人口稀疏，这种情况下，会根据地域标准，也就是按照行政区域单位划分，一个司法辖区内

---

〔1〕 Ткачев В. На Дону гот овы к введению мировой юст иции //Рос. юст иция. № 4. 2000. С. 36.

〔2〕 Сачков А. Н. Восст ановит ельное правосудие: региональные возможност и, альт ернат ивы и дополнения к судебному порядку урегулирования конфликт ов мировыми судьями //Мировой судья. № 7. 2007. С. 4 – 7.

〔3〕 Пот апов С. И. Проблемы ст ановления мировой юст иции и пут и их разрешения //Юрист. № 2. 2007. С. 2 – 6.

可能只包括一个城市及其居民,然而为了保证每个司法辖区内的人数相当,一些司法辖区内可能包括几个行政区划单位。如今,各联邦主体均根据相应标准确定治安法官的管辖范围,州首府每个区一般会有数名治安法官和一个区法院。而在州的其他地区可能一个地区只有一名治安法官和一个区法院,当然,这唯一的治安法官和区法院的工作地点,一定位于该区中心。[1]

现在,在许多俄联邦主体中,还出现了一种新的趋势,政府不愿“花钱”为治安法官提供独立的工作地点。比如,在萨马拉,治安法官被分配在一栋建筑物的3~19层工作[2]。在下诺夫哥罗德,所有的治安法官都实际被安置在区法院的大楼内工作。

然而,阻碍治安法官制度发展的最大障碍是,治安法官作为俄联邦主体法院体系中的组成部分,它缺少相应的权责调整范围,具体来说,就是指其职权界限不够明确。有观点认为,如果治安法官的权限根据其作为俄联邦主体法院法官的身份来规范的话,那么其管辖范围需包含采用联邦主体地方法规(联邦主体在自己管辖范围内实行的地方法规)所审理的案件。[3] 立法者常常会根据案件的复杂程度、诉讼费用、刑事案件的社会危害性、民事案件会产生的影响等因素来确定治安法官的管辖范围。因此,现行的治安法官出于其职权的限制有时并不能保证案件的最优化处理。从一方面来看,治安法官受理的案件数量不断在增加。但从另一方面来看,这实际上也并未减轻联邦法院的负担,联邦法院作为治安法官的上诉法院,其受理的对治安法官的上

---

〔1〕 Как от мечают исследоват ели, жит елю района все равно приходит ся ехат ь в районный цент р, т ак же как и в районный суд. Ест ест венно, жит ели област ного цент ра и районных цент ров находят ся в более благоприят ной сит уации и им обрат ит ься в суд легче. Жит елям села для обращения в суд надо совершит ь поездку в районный цент р. Для них дост упност ь суда напрямую зависит от близост и районного цент ра и качест ва дорог. 研究人员发现,区管辖领域内的居民总是不得已前往区法院所位于的区中心地区。当然,位于联邦各主体首府的居民由于地理位置的优势前往法院较为便捷。而村镇的居民则必须花费一定的时间赶往区中心才能进行上诉。对他们而言,是否去法院上诉直接取决于进城路程的远近和路程费用的高低。

〔2〕 Вербицкая Л. Создают ся условия для успешной работ ы мировых судей //Рос. юст иция. № 5. 2002. С. 39 - 40.

〔3〕 Жуйков В. М. О роли мировой юст иции в Российской Федерации //Наст ольная книга мирового судьи, рассмат ривающего гражданские дела. М. : Из-во《КноРус》, 2002. С. 12 - 13.

诉案件数量也在增长。《俄罗斯民事诉讼法法典》中规定,治安法官通常只能受理民事诉讼费用在50,000卢布以内的经济纠纷案件。毫无疑问,对于经济发达,居民受教育程度较高的大城市而言,这样的数额界限相对过低。笔者在莫斯科进行了一个简单的调查,大部分受访民众抱怨说,他们因为案件涉及金额超过规定限制,不得已才去区法院起诉。除此之外,笔者在亲自担任治安法官的过程中还发现,有些居民甚至刻意减少案件涉及的金额,使自己可以去找治安法官调解,从而更快速地解决纠纷。因此在一些联邦主体中,治安法官莫名其妙承担着超负荷的工作量。而许多联邦主体治安法官所受理的案件,其实需要周期更长也更为细致地审查工作。[1] 就像已经指出的那样,在各联邦主体中,治安法官的具体数量不会因为城市人口受教育程度高、诉讼需求大而改变。于是在这种情况下,许多学者将研究的目光转移到了关注治安法官制度的早期设立阶段。2007年1月1日起司法辖区人口数量标准下降(由从前的每辖区30,000人降至23,000人),遗憾的是,上述暴露出的问题并未得到完全解决。[2] 司法辖区依旧是依照各联邦主体人口数量划分。的确,俄罗斯地域面积广阔,人口密度低,有些地区间甚至难以建立正常的交通联络,国情所致,联邦立法者在划分司法辖区时并未参考其他因素。因此,在谈起治安法官制度的完善和普及程度时,还是不能给予过高评价。[3]

联邦法律规定了治安法官管辖的刑事案件的审理范围,在《俄罗斯联邦刑事诉讼法法典》中明确规定了治安法官只能审理犯罪嫌疑人所涉嫌罪名刑期在3年以内的刑事案件。司法实践表明,治安法官在实践中审理了大量该规模的刑事案件,但其中也有些案件对于治安法官而言确实有些棘手(如自

---

〔1〕 Уваров В. Не слишком ли перегружены мировые судьи? //Рос. юст иция. № 1. 2003. С. 42.

〔2〕 Федеральный закон от 11 март а 2006 г. № 36 – ФЗ《О внесении изменений в ст ат ью 4 Федерального закона Омировых судьях в Российской Федерации》//Рос. газет а. 15 март а 2006 г. №51.

〔3〕 Осипова М. С. Мировая юст иция(региональный аспект)//Юрист . № 2. 2007. С. 55 – 58.

诉案件)。〔1〕

立法者也规定了各联邦主体治安法官的行政案件的审理范围。根据《俄罗斯联邦行政违法法典》的规定,除了(现役)军人的行政违法行为、需由军事法庭审理的普通公民的行政违法行为、需进行行政调查的行政违法行为、需行政驱逐出俄罗斯国境的行政违法行为,以及需暂缓执行的行政违法行为之外,其余行政事务均可由治安法官审理。此外,治安法官还受理一些当地机关和负责人交由其审理的行政案件。

一些学者认为,《俄罗斯联邦行政违法法典》从本义上并不允许通过联邦法律来规定俄联邦管理对象的行政责任,以及俄联邦与俄联邦主体共同管理对象的行政责任。然而,在现行法律中没有明确规定这类法规适用的优先顺序,因此这一问题并未得到根治。〔2〕 研究俄罗斯治安法官的职责,得出这样一个结论,治安法官并不按联邦主体的现行法律规范审理案件。但实际上,在行政违法领域有部分例外,如,在莫斯科,治安法官会按照莫斯科的地方法规追究影响公民休息和夜间安宁的行政责任;〔3〕在圣彼得堡,治安法官会按照圣彼得堡的地方法规追究纵容未成年人进入赌场的行政责任。〔4〕

在俄联邦一些主体的法律规定中(如阿尔泰共和国、布里亚特共和国,达吉斯坦共和国,亚库特共和国等)优先确定治安法官的管辖范围,其次明确其地位。俄联邦最高法院曾发布《关于确认鞑靼斯坦共和国所颁布的〈鞑靼斯

〔1〕 Мельникова Э. Б. ,Боровский М. В. ,Шаркова И. Г. Мировая юст иция //Судебная реформа:проблемы и перспект ивы. /От в. ред. Б. Н. Топорнин,И. Л. Пет рухин. М. :Из-во《ИГиП РАН》,2001. С. 179;Демидов В. В. ,Жуйков В. М. Коммент арий к закону о мировых судьях. М. :Из-во《Юрист 》,2001. С. 16 и др.

〔2〕 Вит рук Н. В. Общая т еория юридической от вет ст веннност и. М. :Из-во《РАП》,2008. С. 158.

〔3〕 Закон г. Москвы от 12 июля 2002 года № 42《Об админист рат ивной от вет ст веннност и за нарушение покоя граждан и т ишины в ночное время в городе Москве》//Вест ник Мэра и Правит ельст ва Москвы. № 32. 2002.

〔4〕 Закон Санкт -Пет ербурга от 20 окт ября 2005 г. № 493 – 75《Об админист рат ивной от вет ст веннност и юридических лиц и индивидуальных предпринимат елей за попуст ит ельст во нахождению несовершеннолет них в игорных заведениях》//Санкт -Пет ербургские ведомост и. № 205,01. 11. 2005.

坦共和国治安法官法〉不合理性的决定》。[1] 因为鞑靼斯坦共和国的这部法律,一字不差地复制了俄联邦法律中《俄罗斯联邦治安法官法》的条文。俄联邦宪法法院指出,问题的关键在于地方立法机关是否有权直接复制联邦法律条文。两部法律的立法机关级别不同,职权不同,立法基础不同。然而联邦宪法监督机构并未明确禁止复制联邦法律的条文,且《俄罗斯联邦治安法官法》本就是约束各联邦主体的法律,因此,笔者认为,复制并无过错。但实际上其他联邦主体在规定治安法官职权时都已吸取教训不再复制联邦法律原文。

俄联邦诉讼原则均由联邦法院制定。司法管辖权限内的联邦法院和治安法官审理民事案件的程序大体一致,略有一点差别在于,治安法官可以延长案件的审理时限。除此之外,对治安法官判决不服可以申请上诉审(апелляционный порядок),而不是再审(кассационный порядок)[2]。根据《俄罗斯联邦民事诉讼法》的规定,进行上诉审程序的法院有权调查新的事实和新的证据,而再审法院则只基于之前的论据与控诉核查一审法院判决的合理性和合法性,除非一方提出之前不能提交给一审法院的补充证据,进行再审程序的法院会接受此证据,而其余新提交的相关材料法院不予接受。显然,进行上诉审程序的法院真正具有审查的性质,它更全面地调查事实的真相。这不禁引人思考,是否存在违反俄联邦宪法规定的可能性,因为宪法规定在法律和法庭面前人人平等,然而,这种情况对治安法官判决不服的有权申请上诉审,而未能经过治安法官审理的案件则不可以。俄罗斯联邦总统国情咨文中提出新的任务,就是在全俄司法管辖区域内设立上诉审法院(第一

---

〔1〕 Определение Судебной коллегии по гражданским делам Верховного Суда Российской Федерации от 8 апреля 2003 г. № 11 – Г03 – 13《О признании недейст вующими ст . 3 и п. 1 ст . 11 Закона Республики Тат арст ан《О мировых судьях Республики Тат арст ан》//Архив Верховного Суда РФ. В наст оящее время ст . 3 Закона Республики Тат арст ан《О мировых судьях Республики Тат арст ан》изменена. Примеч. авт .

〔2〕 此处的再审(кассационный порядок)有别于我国的再审程序。——译者注

阶段自2012年1月起实施,主要受理民事案件)。[1] 这样的制度可以提高司法审理的合法性和合理性,与此相适应,也应在各联邦主体内为治安法院设立采取上诉审程序的上级调解法院。

治安法官审理民事案件还有一个特别程序——“命令诉讼程序”。它是《俄联邦民事诉讼法》所规定的治安法官行使司法权力的简易程序,这一程序适用范围有着明确的限制(如处理抚养费纠纷,拖欠工资纠纷等)。但遗憾的是,在实践中,很少有公民申请这一诉讼程序。笔者认为,其原因主要是由于公民对此程序缺少应有的了解。

治安法官审理刑事案件(除自诉案件以外)的审理程序与联邦法院的审理程序有所不同。治安法官审理该类案件的期限是自向法院起诉之日起3日至14日内,而联邦法院则是30日内(特殊规定的除外)。《俄罗斯联邦刑事诉讼法》对治安法官在刑事自诉案件中的审理程序有更为详细的规定。在自诉案件中,治安法官可以采取和上述的命令诉讼程序类似的简易诉讼程序,以便在审理中可以顾及各联邦主体的不同特点。审理自诉案件是建立在以下原则基础之上的:受害者的诉求直接被递交到治安法官处;可排除预先调查机关的参与,直接行使作为联邦主体法院的“职权”;诉讼程序具有“可逆性”的特点,被告人可以对受害人(原告)提出反诉;可以中止正在调解审理的案件。[2]

治安法官审理行政案件的司法诉讼程序,由《俄罗斯联邦行政违法法典》规定。自2004年起,俄联邦各主体立法机关失去了制定治安法官审理行政案件司法程序的权力。这导致一个问题逐渐暴露了出来,如何调整俄联邦与其各主体之间行使司法裁判权的相互关系。按照联邦宪法的规定,俄联邦及其各主体均享有行政立法权。这一宪法规定在《俄罗斯联邦行政违法法

---

〔1〕 Послание Президент а Российской Федерации Федеральному Собранию от 12 ноября 2009 г. //Рос. газет а. № 214. 13. 11. 2009.

〔2〕 Федеральный закон от 19 июля 2004 г. № 50 – ФЗ《О внесении изменений в ст ат ьи 1и 10 Федерального закона》《О мировых судьях в Российской Федерации》//Рос. газет а. № 131. 2004.

典》中得以落实,根据该法典的规定,俄罗斯的行政违反法律由该法典以及俄联邦主体其他相应的行政违反法律组成。但在学界中有观点认为,这样的法律规定实际上并不符合宪法精神的要求,因为只能根据联邦法律来限制人的权利和自由。[1] 然而,正如 Н. В. 维特鲁克(Вит рук Н. В.)所指出的,"这样的不准确性其实是在被允许范围内的,人的权利和自由不仅可以由俄联邦立法机关规定,也可以由俄联邦及其各主体立法机关规定。俄联邦及其各联邦主体并没有制人的权利和自由,而是在共同保护人的权利和自由"。[2] 这位学者还充分强调了这一事实,即俄联邦宪法法院反复认可了根据联邦宪法明确各联邦主体以保护公民基本权利、自由和其他宪法精神为目的的行政责任的可行性。而笔者也认为,剥夺各联邦主体独立规范自己辖区内治安法官有争议领域的立法可能性是不合理的。

三、结论

综上,治安法官的诉讼程序基础是由联邦法律所规定的。当然,也不能忽视治安法官本身作为俄联邦主体法官的地位。因此,治安法官才有权缩短审理期限,设立特殊的自诉审理程序、命令诉讼程序等。但与此同时,上述这些也并未完全开发出治安法官作为联邦主体法院所享有其他职权的潜在可能性,以及逐渐形成各联邦主体法院体系的潜在可能性。这不仅缩短审理期限,还可以设立简易司法程序,将调解程序广泛运用到各类纠纷领域,使治安法官制度真正彰显地方司法的特点。然而,实际情况却恰恰相反,俄罗斯如

---

〔1〕 Агапов А. Б. Админист рат ивная от вет ст венност ь. М. : Из-во《Ст ат ут 》, 2004. С. 39; Он же. Пост ат ейный коммент арий к Кодексу Российской Федерации об админист рат ивных правонарушениях. М. : Из-во《Ст ат ут 》, 2002. С. 8 – 9; Шергин А. П. Админист рат ивно-деликт ное законодат ельст во России: сост ояние, проблемы, перспект ивы //Админист рат ивное право и админист рат ивный процесс: сост ояние и перспект ивы. М. : Из-во《Юрист 》2004. С. 171; Карасев М. Н. Инст ит ут совмест ного ведения Российской Федерации и субъект ов Федерации: необходимы серьезные изменения//Журн. рос. права. № 9. 2001. С. 39.

〔2〕 Вит рук Н. В. Общая т еория юридической от вет ст венност и. М. : Из-во《РАП》, 2008. С. 161.

今的司法实践呈现以下特点:治安法官和联邦法院在审理行政违法案件时采用同样复杂的审理程序;解决刑事案件和民事案件时治安法官也并未采取任何简易程序。此外,治安法官还无法审理许多涉及企业经济纠纷的案件。理由很简单,在治安法官的司法管辖权限中规定其只能处理小额诉讼。

在笔者看来,提升治安法官工作效率和质量的关键并不在于联邦权力机关对其施加的影响,而是在于从历史和现实意义上转变对治安法官和调解司法制度的观念,产生建立和完善调解制度的需求。这可以最大限度地提升联邦主体法院的威望,落实宪法法院和治安法官制度相互影响的现实可能性,最终完善联邦主体的法院体系。

比较法律教育

法学研究者培养危机的解决方法：以法学教育·研究的再构造为目标

[日]法学委员会法学系大学院分科会*

张　哲　郝婷婷　杨　欢**　译

一、提议的背景、经过和目的

日本于 2004 年 4 月开始在 68 所院校创设法科大学院，到现在为止，距 2006 年 3 月培养出第一届毕业生已经过去了 5 年。法科大学院在作为高等教育机关的大学中，被定义为负责法曹[1]（专职司法人员）培养教育的专门职业大学院（与研究生院培养研究者的目的相区别，以培养高度专门职业化人才为目标），从法科大学院毕业成为参加司法考试（国家考试）的必备条件，为了成为法曹，法科大学院教育是不可缺少的（但例外的是从 2011 年度开始实施预备考试）。在此之前，在大学接受法学教育并非必要条件，自司法考试合格才能取得法曹（同前）资格的制度确定以来，法曹制度发生了跨时代的转变。

法科大学院制度的导入，使法曹制度发生根本性的变革。2005 年度新

---

* 此文乃日本学术会议法学委员会法学系大学院分科会的审议结果，在平成 23 年（2011 年）9 月 22 日予以公布。

** 张哲，上海外国语大学 2015 级法律硕士研究生；郝婷婷，上海外国语大学 2015 级法律硕士研究生；杨欢，上海外国语大学 2015 级法律硕士研究生。

〔1〕 日语中“法曹”一词一般指包括法官，检察官及律师的三种职业人员，因此三职均须通过司法考试，故也有三位一体之说，在特定语境下，也有专指法官的用法，此处显然应指前者。

设74所法科大学院(当时每一学年学生固定人数6000人,原则上为3年制),在此之前,根据学部(本科)阶段进行的法学教育与研究生院进行的法学研究者培养之间的不同作用划分、两种制度之间的关系,以及如何确保法学教育承担这3项职能(专职司法人员培养教育、法学教育和研究者培养)的实现,是基本的研讨课题。

日本学术会议向司法制度改革审议会(设置期间1999年7月至2001年7月)提出法科大学院的设置构想,随后在政府的推进下,对于法科大学院的相关问题进行讨论,整理论点并进行必要的提议。围绕法科大学院的设置给法学教育、法学研究整体带来怎样的影响,有可能产生哪些问题,对此是否有必要进行回应等问题进行探讨,并公开发表了《法学部的将来——关于法科大学院的设置》(第2部对外报告·2001年5月)、《法科大学院和研究者培养的课题》(第2部对外报告·2003年6月)以及《法科大学院的创设和法学教育.研究的未来》(第2部对外报告·2005年7月)等报告(第2部是2005年10月日本学术会议的新体制发生之前7部制下的组织,负责法学、政治学领域)。

在2005年7月最后一次的对外报告中,针对法科大学院教育实际开展过程中对现实情况进行问卷调查的分析,提出了以下建议:

(1)法学部的未来定位,应该是在重视发挥迄今为止为社会培养人才以及支撑日本社会法制精神作用的同时,考虑如何应对更为民主化的法学教育,或重新定义的一般教育基础上如何解决学生择业及满足社会需求等方面的问题。

(2)法学研究生院的未来定位是,虽然法科大学院能否代替研究生院的博士前期课程仍是个问题,但是,未来既要避免全部代替型,同时,部分代替型和非代替型也要在各自的课程和研究指导上下功夫,伴随取得法曹资格的法学研究者的培养产生的新的状况、课题相应的体制和教师的预备也是不可或缺的。另外,应留意研究者的缩小再生产的危险性,并结合重新审视和再讨论选择制度的必要性积极推进。

(3)确认法科大学院的创设意义以及法学教育、法学研究的新构筑,是各大学作为推进力的集体努力的发展进程,日本学术会议在此过程中作为学术交流的代表机关,今后也应从俯瞰性、学术性的立场发挥有效、适当的作用。

这次提出的建议,是对伴随着法科大学院的设立出现的新情况的应对(改革),并期待着各大学后序做出创新性的努力。应留意建议里提出的“研究者缩小再生产的危险性”,在现阶段已经发展到深刻撼动法学教育及研究整体系统基础的地步,并且超出了各个大学对应的领域。日本学术会议法学委员会思考如何解决随着法科大学院的设立而日渐严峻的关于法学研究者培养的困难和阻碍,设置法学系大学院分科会继续审议,进行问卷调查,通过召开公开研讨会加深讨论。

本提议是与法科大学院的设立和法学教育、研究全体相关的,根据日本学术会议之前的讨论和提案,聚焦更为深刻的法学研究者培养的现实问题,为使目前存在的问题更加明朗而提出建议,是为了揭示此前遗留的中期课题。

二、法学研究者培养面临的困难和阻碍

法科大学院设立后,随之产生的法学研究者培养面临的困难和阻碍,直观地表现为研究生院的研究生(青年研究者)的数量减少。法科大学院设立前的2000年度、2001年度,博士前期课程(包括硕士课程,下同)入学者大约2400名,博士后期课程(包括博士课程,下同)入学者共计约300名,但自2004年法科大学院开办以来,入学者数量急剧减少,2009年度、2010年度,博士前期课程的入学者约1000名,博士后期课程的入学者停留在约200名。大学院所有领域的博士前期课程的入学者,在此期间从7万人增至8万人,博士后期课程的入学者在1.7万名左右徘徊没有大的变动,显著的是法学领域的减少倾向。法科大学院的入学者人数,在开设初年2004年度为5766名,2010年度为4121名,并且经过同样的期间(2004~2010年),法学部的入

学者从约4.5万人减少到3.8万人，这反映出随着法科大学院的设立，一些大学为了确保法科大学院的教师数量，削减了部分法学部学生的名额。

根据如上现实状况，预测将来法学领域的研究者将显著减少，理由如下：

第一，由于法科大学院的设立，产生了新的选择，实现可能性更高的法曹志愿（法科大学院）与一直以来传统的研究者志愿（研究生院）出现制度上的竞争关系，对于法学本科生而言，研究者道路的吸引力显著减退。

第二，根据司法制度改革审议会的讨论以及法科大学院设立之初各大学对于制度改革的乐观估计，对于希望专攻实定法的研究者来说，用法科大学院代替研究生院的博士前期课程，与确保升学者经由法科大学院可以过渡到博士后期课程的预期相悖，导致的结果是法科大学院的研究志愿者极少。

第三，司法制度改革审议会对于将来在法科大学院担任实定法的教师，明确了以取得法曹资格为原则的制度构想，但这是建立在上述对制度改革的乐观估计的基础之上。同时，该构想也促使将来的研究志愿者选择不通过法科大学院，而直接从博士前期课程入学研究生院。该制度构想对今后的法学研究者来说，预示着其必须从法科大学院毕业并取得法曹资格，意味着研究生院存在的意义逐渐弱化。

第四，上述乐观的预估，无法明确设立法科大学院使其培养研究者陷入困难的门槛。对于法学研究者，法科大学院没有与之对应的人才培养方案以及强化培养的预案。最重要的是，在法科大学院设立之际，过度强调了专业应用的培养目的，培养研究者的教学计划开展较为困难。

第五，总体来说，在设立法科大学院制度之际，过度关注新制度的成功，使得课题被缩小。法学教育、研究全体人员的循环，即法学部、法科大学院以及研究生院这3个支撑法学教育、研究的组成部分，使教育者和被教育者两方面形成相互的关联，这种关联进一步被明确，但针对应安排的人才交流，没能斟酌完备的制度。直截了当地说，法科大学院的设立对研究生院产生的作用及影响，从一开始就存在制度上考虑的不足。

法科大学院的设置,给法学研究者团体带来了新的课题和负担。虽说法科大学院教师团队有法律应用型人才(法官、检察官、律师等)的加入,但却大大加重了从事法学研究的教师的负担,也连带弱化了研究生院的研究指导。而且,制度上规定法科大学院的专职教师,不能担任研究生院硕士课程的专职研究指导教师(专门职业大学院设置基准第5条第2项)。例如,不能对自己学部研讨小组内参加研究生院入学考试的学生给予研究指导,这一问题在现实中受到非常大的批判。

上述培养青年研究者中的困难和阻碍是非常深刻的,其中包含迄今为止培养诸多法学研究者的大学共同面临的问题。多所大学的法科大学院的毕业生,并未选择攻读博士后期课程,而是直接采用助教的措施,并未对研究生院的研究者培养制度进行评估,为了培养研究者,利用助教的制度,本身就偏离了本来的制度宗旨。总之,为解决目前的困难使法学教育、研究的整体系统得以持续营运,构筑新的环境变得十分必要。

三、关于法学研究者培养现状的分析

为了把握和分析关于法学研究者培养的现状,首先探讨在各学科分会实施的问卷调查、个别大学的事例报告以及个别学会的做法。

(一)"有关法学研究者培养理想状态的问卷调查"的结果分析

1. 问卷调查的目的

法学委员会法学系大学院分科会在法科大学院设立后,法学研究者培养产生诸多困难的情形下,为打开局面认识现状而提出开展问卷调查的建议。问卷调查的目的是汇集研究者培养的焦点问题,掌握客观信息。此次问卷调查对象也包括公共政策大学院等专门职业大学院,并且向法学研究者培养的有关研究机关也发送了该调查问卷。就对象机关的不同特点,分为A型(法科大学院作为独立大学院被设立)和B型(在进行法学系研究者培养的大学院里面,除去A型的)。B型的细目,是(a)将法科大学院包含在研究科内的大学院,(b)不包含法科大学院的法学研究科,(c)社会科学系大学院,(d)高度职业化人才培养大学院。另外应注意,关于B型不要将调查对象仅限定在研究者培养已取得成绩的大学院。

2.关于问卷调查的回答率和问卷调查结果的利用方法

问卷调查于2009年12月15日向155个机关发送,截止日期为2010年1月20日,反馈结果如表1所示。

表1

	发送数	回答数	回答率
A型	62	42	67.7%
B型	93	49	52.7%

问卷调查的回收率,与在日本学术会议上实施的同类问卷调查相比较低,但仍可以明确大致的整体倾向。特别是,培养研究者的实际状态(困境)能以数字方式得以体现。但是,也存在一些问题,特别是在B型收集的回答中,既包括在研究者培养中未取得业绩的机关,也包括取得业绩的大学中未作出答复的机关,因此对于本问卷调查结果,很难做单纯的数值化的讨论。

3.问卷调查分析

(1)问卷调查整体结果的分析

①在A型和B型之间,可以看出对法学系研究者培养(继任者培养)的问题的关注程度存在差异。尤其是通过自由意见栏的内容可以看出这个问题。

②从B型的回答,可以看出对法学系研究者培养的未来存在的危机感(1-7,自由意见)。但是,除了部分机关,以法科大学院的存在为前提的新的研究者培养系统尚未被确立(1-3)。

③B型的"研究者培养中大学院博士前期课程的入学人数"(仅法学系)显著减少,特别是取得研究者培养业绩的机关存在大幅度减少的严重问题(1-5)。

④关于继任者培养的方案(7-1,复数回答)B型的回答约占7成,其中

列举出的“对志愿做研究者学生的财政支援”受到广泛关注。另外,A 型中,值得关注的是对“确保保持研究和教育平衡的研究环境”的回答占 4 成。

⑤雇用应用型人才作为研究者的优劣(5-1),将法科大学院的实定法教员限定为法科大学院毕业生(法曹资格者)(6-1),A 型与 B 型的共性是,关于前者“候选人如何,要一同考虑实际业务经验和研究业绩”,关于后者“不应有缩小研究者的职业道路这样的想法”,“应该将多种多样的研究者作为教员进行教育,这样的想法违反多样的法曹培养的理念”诸如此类的回答占多半,可知普遍看法是较柔和的。

(2)其他应当注意的调查结果

①关于法科大学院毕业生攻读博士后期课程,A 型的回答大部分是“不会”。B 型回答“不会”的也占 4 成,不过,也有 10 个机关回答“会”。升学者仅有 23 名。据此可以反映出经由法科大学院的研究者培养路径未能充分发挥作用(1-7)。

②无论是法科大学院研究者培养的津贴(2-1),还是对经由法科大学院升学至博士后期课程的研究生的津贴(3-3),都体现出对论文写作的一定关注,但仍缺乏培养外语能力的项目。考虑到法科大学院的研究者也需要具备比较法研究能力,这个情况是个问题。

③关于研究者培养聘用助教(助手),A 型与 B 型的大部分机构都未聘用。有一个机构的助教(助手)岗位雇用了 35 名,不过这是例外,其他存在聘用助教的机构在过去 4 年聘用的实际人数是 0~4 名(4-1),被限定在一定程度内。

综上,根据问卷调查的结果,对于青年研究者减少这个问题,经由法科大学院升学博士后期课程这个渠道未能真正发挥作用,关于研究者培养的困难中,虽存在共同的危机感,但法科大学院及研究生院都未能拿出对应的措施。另外,作为改善策略列举出诸多类似“向志愿做研究者的学生提供经济性支援”这样的意见,反映出这一点在法学领域关于青年研究者、科学家的培养中已形成共识。另外,值得关注的重点是针对法科大学院的实定法教员拥有法曹资格这一要求,司法制度改革审议会的制度设想的意见大半是否定的。

(二)个别大学的现状和实例

下文将探讨京都大学、早稻田大学及北海道大学3所大学的实际案例,其中,京都大学和早稻田大学在法科大学院设立面临的困难中,通过各自的努力并未有很大的退步,属于正面的案例,应重点关注其原因及产生的条件。北海道大学的案例,是伴随法科大学院的设立对研究生院进行大幅度改革,属于追求功能强化的案例。总之,上述案例作为在新的法学教育、研究系统(法学系、法科大学院及研究生院)持续稳定过渡期内积极应对的代表案例,具有重要地位。

1. 京都大学的事例

(1)研究者培养制度的变更

京都大学设立法科大学院之后,除了政治学以外,法学中的法史学和国际法仍旧从本科过渡到博士前期课程,除此以外的法学领域,采用了首先经过法科大学院再推荐进入博士后期课程。关于继续攻读博士后期课程,除了通过专业考试选拔的方法之外,针对京都大学法科大学院学生中的成绩优异者,也可以通过资料审查升学。京都大学实际上采用了以法科大学院代替相当一部分博士前期课程(政治学、法史学和国际法以外)的形式。

另外,对于法科大学院成绩优秀的毕业生,也可以在法科大学院毕业后作为助教聘用。

(2)研究者培养的现状

京都大学在设立法科大学院之后,研究者培养的变化状况如下:

首先,关于博士前期课程,从2004年开始,进入该课程的日本学生人数显著减少。如上所述,推荐进入法科大学是主要原因。导致的结果是,博士前期课程的2/3以上为留学生。

其次,关于博士后期课程,从2006年开始,留学生的人数增加。但是,与博士前期课程相比,因为博士后期课程的日本人数较多,留学生所占的比例为1/3~1/2。

此外，法科大学院毕业被直接作为助教聘用的人数，自 2006 年以后，每年 1～4 名。如果将被聘用为助教的人数和博士后期课程的升学人数合在一起，在法科大学院设立前后，成为研究者的人数没有太大的变化。但是，在近 2 年，有减少的倾向。

从法科大学院到博士后期课程的升学者和被聘用为助教的总人数，从 2006 年以后，分别为 7 名、2 名、6 名、5 名、3 名。这些人中有个别成为应用型人才，不过多数是完成论文作为研究者工作。

（3）研究者培养的促进方法

在设立法科大学院后，京都大学采用了以下促进研究者培养的方法：首先，对法科大学院在读学生的培养方法：①研究论文的单位化；②设定和研究者路线相应的法政治理论专业的共通科目；③除了采用使学生在一定限度内学习法政治理论专业的科目的方法外，召开有关研究者培养的说明会，致力于把握和引导研究者志愿的学生。

除此之外，如上所述也采取了法科大学院毕业后作为助教聘用的方式。另外，将攻读博士后期课程学生中的成绩优秀者纳入法科大学院教育补助职员，给予相应报酬。

以上所述中，助教制度使在固定员工数量削减的同时确保助教人数变得更加困难。此外，由于存在不能取得博士课程这样的制度缺陷，为促进从法科大学院升学到博士后期课程，规定自 2011 年度起升学者可以获得文部科学省的特别经费。具体来说，在攻读博士后期课程的学生中，聘用获得法务博士学位、有特别出色的资质并预期做出出色研究成果的人作为特定研究学生，给予其经济支援。

此外，为了应对法科大学院毕业生进行外国法研究的基础素养不足等问题，决定在博士后期课程初始，作为入门科目，除提供外国法概论科目以外，增加外国法文献阅读和理解科目，使其能顺畅地投入研究中。

（4）京都大学事例的特征

京都大学的事例，以法科大学院代替相当部分的博士前期课程为前提，以诱导法科大学院毕业生走向研究道路为方针。聘用研究者作为助教,或利用特别经费,给予经由法科大学院进入博士后期课程的学生以经济性支援的政策。再加上,研究生院为来自法科大学院的升学者提供了特别课程。这样的法科大学院和研究生院的联合,可以理解为设立法科大学院的好处。综上,京都大学在法科大学院设立前后能确保一定数量的青年研究者没有大的变动,表明通过法科大学院的教学计划,志愿研究人员对研究的积极性与助教岗位和特别经费等制度的建立密不可分。

2. 早稻田大学的事例

(1)关于研究者培养制度

在早稻田大学,法科大学院设立后研究生院法学研究科的制度并未做特别的改变,包含实定法课程的博士前期课程、博士后期课程等依旧存在。但是,随着法科大学院的设立,大多数教员转移到了研究生院法务研究科(作为独立研究生院的法科大学院),因此不能对博士前期课程进行研究指导,所以,对同一课程,从教师对每个学生进行个别指导的方式转变为在每个实定法课程中进行集体教学的体制。

为了吸引更多的学生学习博士后期课程,法学研究科设计了多样化的入学途径并进行了扩大(减轻入学负担)。入学途径的多样化是指,法科大学院毕业生(准毕业生)可以通过自己推荐入学和特别推荐入学(作为法学部助理聘用),且重新设置了法曹资格考试的条件。其中,自己推荐入学需要完成法科大学院的笔试,并且满足成绩达到 GPA2.8 以上的条件,而特别推荐入学的条件是,在法科大学院前 3 年的成绩进入前 5%,并作为法学研究科教师的助理。另外,参加法曹资格考试的条件是,拥有 3 年以上法官、检察官、律师的实务经验并参加笔试。为了扩大入学途径并减轻入学负担,在上述情况下,会考虑毕业生之前的学习成绩,并进行资料审查与面试。并且,比起以前的博士后期课程入学考试,外语考试从两个科目减到了一个科目。(外国留学生是日语小论文)

(2)研究者培养的现状

早稻田大学在设立法科大学院后,培养研究者的法学研究科发生了以下的变化。博士前期课程入学生在法科大学院设立当年(2004 年)急剧减少。原因是,从前把博士前期课程作为过渡的旧司法考试考生转变目标进入法科大学院。在过去,培养研究者的研究生院在读生在准备旧司法考试时,察觉到自己对研究感兴趣而成为研究者的人很多,据此认为博士前期课程入学者的减少给研究者培养带来了影响。而与此相对,博士后期课程入学者则没有较大变动。这是因为在同样的课程中有一定数量的外国留学生,在法学研究科,推行博士前期、后期课程的连贯教育,不中断前期和后期之间的学习,采取了使多数参加前期课程的学生可以顺利进入后期课程学习的方针。

在博士后期课程,为了学习不断变化的外国法律知识,努力招聘海外研究者,进行比较法的研讨,举办与海外合作的研讨会,以及派遣研究生进行博士论文的海外调查。不过,这些项目,大部分的资金是靠日本学术振兴会等的外部机构援助,所以持续性是一个问题。

(3)早稻田大学的事例的特征

早稻田大学将法科大学院作为独立的研究生院设立起来,但并没有导入将法科大学院作为代替博士前期课程的制度(非代替型),而是贯彻了作为独立研究生院来确保年轻研究者的数量,扩大入学途径以及使入学途径多样化的政策。虽然如此,其中心课题还应是寻求通过法科大学院升入博士后期课程的方法,以及对博士后期课程的教学计划进行充实。如上所述,通过设立法科大学院,有了博士前期、后期课程的连贯教育,使博士后期课程的升学人数与博士前期课程入学人数的激减之对比变动不至于很大。早稻田大学为了培养年轻研究者而采取的措施以及在法科大学院设立后的积极应对方法,使研究者人数的流失问题得以抑制。

3. 北海道大学的事例

(1)研究生院改革的尝试

北海道大学研究生院法学研究科,在 2002 年开始了对研究生院教育制度的改革和对现有教学、研究指导方法的重新研讨，决定将研究生课程设置为研究者培养和综合法律政治知识两部分，以及博士后期课程的必修学分和论文预审制度（博士后期课程第一年提交论文构思报告，之后每年提交一篇论文）。2004年法科大学院设立（作为法律实务专攻设立）的同时开始了新制度（研究生课程人数30人、博士后期课程15人），2005年因为决定另外设立公共政策研究生院（公共政策联合研究部、教育部），再度开始了对研究生院（法学政治学专攻）的改革。

从2005年开始，研究生院废止了课程制，用必修条件来区分研究者和专修学习者（研究生课程人数20人、博士后期课程15人），并进行双专业和双指导的模式，上述的三大学院（法科大学院、公共政策研究生院、研究生院）之间的课程互相接轨，包含了减轻法科大学院毕业生的博士后期课程入学考试的要求以及采取助教制度的可能性等，试图使教育体制灵活化。一方面，入学考试保持原状，研究生课程进行内部特别选拔和一般选拔（夏季、冬季两次），博士后期课程包括外语、论文审查和口试（留学生为夏季、冬季两次）。另一方面，博士学位的取得（或者博士学位论文即将完成）依旧保持原来的制度。另外，通过对大型研究、教育资助项目的选择以及参加定期的学科研究会等，激发学生对学术的追求。

（2）研究生院的现状

2005年的改革之后，希望做研究者的留学生数量增加。2007年入学的16名研究生（留学生8名）中希望做研究者的有3人（留学生2人），另外，在这些学生迎来博士后期课程入学的2009年，同课程的入学者有8名（留学生5名），专业门类中实定法4名（留学生2名），基础法1名（留学生1名），政治学3名（留学生2名）。这种趋势在2010年仍在延续，研究生课程中希望做研究者的入学者有9名（留学生6名），博士后期课程入学者8名（留学生5名）。特别是基础法、政治学基本上都是留学生，就连实定法领域希望做研究者的日本人都很少。

2011年4月的研究生人数是，研究生课程56名（留学生33名）、博士后期课程 39 名(留学生 24 名)、研修生 12 名(都是留学生)、特别研修生 3 名(都是留学生)、特别旁听生 6 名(都是留学生),学完课程的学生 2 名,总计 118 名,留学生的比例是 66.1%(其中 9 成来自中国)。

(3)北海道大学的事例的特征

北海道大学在法科大学院设立前后学生人数发生大幅变化的时候,进行了对研究生院的改制,特别是在 2005 年以后的教学计划重建后教师和学生大致固定了下来,取得了一定的成果。

但是,作为其中的一系列课题,面对希望成为研究者的日本人数量减少的情况(像专职研究生院一样在东京进行入学考试的必要性仍在讨论中)、基础法、政治学的研究者志愿减少以及就业困难(目前的改善不包括在内)、学生的封闭化(包含专职研究生院在内的学生人数激增,导致学生间的沟通减少)、在研究方面法科大学院指导的差距(法科大学院为了应对考试而进行的指导与研究之间有隔阂)、留学生增加的倾向(使日本研究生的希望变得更小)、教学时语言方面的问题(学生的语言能力参差不齐导致外语教学有困难)等问题,有必要提出解决的对策。

北海道大学关于法科大学院毕业生向博士后期课程升学的情况,并未提出特别的对应策略,认为与其像国外大学一样以发挥学生的自主性为主推进研讨教学,还不如试着强化研究生院自身的机能。

(三)学会方面解决的事例

作为个别学会解决年轻研究者培养问题的事例,以国际法学会为例来说明。国际法学会于 2007 年设立了“国际关系法教育研讨委员会”来解决有关广义的国际关系法的教育改革的问题。最初导致问题产生的意识是,“国际关系法”(公法类)作为司法考试选择性科目,引发了其参加者和合格者人数减少的危机,但是,调查探讨开始后,探讨的重点则移向了法制培养制度改革给现有的研究生院带来的显著影响。

1. 实况调查

为了了解现状,学会对教师会员进行了第二次的问卷调查,听取了来自年轻研究者会员的声音,以及对国际关系法研究生进行了问卷调查。在以教师会员为调查对象的调查(2007年)中,虽然得出了研究生院的学生有增加趋势的结果,但其中大部分学生是留学生,并且对教师方面指出的日本人不愿做研究者的原因的评论也有很多。第二次的调查(2010年)还指出了研究生减少,包括向法科大学院的转换和对国内实定法科目的重视,国际法的“难以融合”意识的表面化,教师的负担加重以及研究者培养程序的不完善等原因。对法科大学院毕业生、司法考试合格者的研究者培养路径,在国际关系法的情况下基本上是不适用的。

来自年轻研究者的意见中,特别指出了毕业后失去奖学金资格所面临的经济困难,将来的不确定性,跨越大学的框架进行讨论的机会不足等问题。在对研究生的调查中,希望进入研究生院的人占22%,其中希望走上研究者道路的人占39%,包括考虑过升学的人在内的学生指出,最大的困难是对将来的不安感以及学费的问题。并且,年轻研究者和学生两方,升学的动机主要是对学术的追求,因受老师劝诱而升学的人基本上没有。

2. 学会的意见和建议

对以上的调查和探讨进行总结,学会内部整理出如下的意见和建议。

首先,呼吁国家进行制度改革:(1)在研究生院中将研究者培养置于主流位置,且给予相应的保障;(2)将取得博士学位作为成为研究者的基本条件;(3)给予在读研究生充足的奖学金等补助;(4)减轻教师在大学、研究生院的负担,确保教师有充裕的时间培养研究者(可以作为个别大学的解决方法)等。在国际关系法领域中培养法科大学院毕业生和司法考试合格者成为研究者是十分困难的,招募有法律实务经验的人在一定程度上是有效的,但研究者培养的核心部分不能依赖于此。如果不对研究生院进行特别的强化,将会导致日本的国际关系法教育和研究在数十年内受到毁灭性的打击。

其次,学会方面提出了有效的对策:(1)对研究生院毕业取得博士学位的人可以选择研究职业以外的就业道路这一情况进行宣传;(2)联络大学之间进行对抗形式的研讨会等以增加交流;(3)让学生了解国际关系法的魅力,扩大国家关系法教育的视野等。

最后,除了大学和研究生院之外,作为教师的应对策略:(1)使研究生院的教育、研究体系化;(2)为校际交流等教育、研究交流活动的扩大创造条件;(3)在大学教育上进行有利于将来的研究者培养的改革,例如,强化毕业论文的指导,奖励学生进行相关的社团活动;(4)教师为创造研究者培养的条件付出一定的精力;(5)教师需秉持将研究者培养为己任的自觉性等。

四、关于法科大学院法学研究者培养的具体路线的探讨

(一)法科大学院和研究生院的关系

法科大学院是以培养法曹人才为目的而设立的专职研究生院,“以追求高度专门性职业,培养丰富的学识和卓越的能力为目的”(《专职研究生院设立准则》第2条)。与此相对,研究生院(以前的培养研究者的研究生院)则是以培养研究能力和研究者为目的,“树立广阔的视野教授精深的学识,以培养在专攻领域相应的研究能力,追求高度专门性职业,培养卓越的能力为目的”(研究生课程),以及“在专攻领域,研究者可以自主进行研究活动,其目的是培养从事专门的业务所需的必要能力及在此基础上所需要的丰富的学识”(博士课程)(《研究生院设立准则》第3条、第4条)。

以上述制度的区别作为根据,在导入法科大学院的制度时,是以既存的法学领域的研究生院仍保有独立的目的和比例作为前提。法科大学院,是根据美国的概念,作为 professional school 而设立的法律学院,和作为 graduate school 的研究生院完全不同。提出导入法科大学院的司法制度改革审议会也有这样的共识,对于法科大学院和研究生院此后的实际关系,做出了(1)二者在形式上虽然是对立的,但希望二者在内容上可以有合作;(2)在法科大学院担任实定法科目的教师,希望他们在将来能取得法曹资格等评论(《司法制度改革审议会意见书》2001年6月)。

这两个评论背后的制度设想是,法科大学院(法科大学院毕业以及在此基础上取得法曹资格)至少作为实定法研究者培养的前阶段,应该发挥其应

有的作用。因此,随着法科大学院制度的导入,不少的研究生院采用了以专攻实定法的博士前期课程代替法科大学院专业课程的制度,另外,一部分大学停止招收实定法领域的博士前期课程的学生,采用相同的课程全部由法科大学院替代的制度。法科大学院采用一部分代替或者全部代替博士前期课程制度的时候,原本设想经由法科大学院升学到博士后期课程是研究者培养的一条切实可行的路径。但是,就像上述指出的那样,以期待落空而告终。

从目前情况来看,法学研究者培养规划到底应如何展开?从希望做研究者的人来看,是像以前一样从法学院毕业后立即进入研究生院,还是在法科大学院毕业后再进入研究生院,还是通过司法考试,法律实习后取得法曹资格再进入研究生院(再者可能有例外,即希望在法科大学院毕业后被雇用为助教),存在好几种选择。诚然,大多数以前的实定法教师没有通过旧司法考试,合格的人却没有经过实习,因为缺乏实务经验,即便理论方面比较强,却不能与实务相关联,这一现状在研究、教育这两方面受到了批判,研究者培养的程序中收入法科大学院制度(在学期间取得法曹资格)是对于法学研究者培养的一个质的改善。另外,也必须考虑到研究者未经过博士前期课程而导致研究者应具备的基本素养和能力(古典和外国文献的阅读能力、通过小范围研讨形成的课题意识、论文的写作方法的学习等)不足。

根据法科大学院制度的设立,如果原本进入研究生院的学生转而进入法科大学院,且这种情况一直持续,那么这些潜在的研究志愿者在法科大学院毕业后通过何种路径成为研究者是一个重要的论点。极少数的日本国立大学会利用法科大学院毕业生们助教的制度来培养研究者,一般来说,都会将进入博士后期课程作为研究者培养的路径。但是,这样的路径,对于法学研究者培养,真的会在之后形成持续的、稳定的研究者培养制度吗?其中的利弊将在下文进行探讨。

(二)法科大学院毕业生和研究者培养的具体规划

1.将法科大学院毕业生直接雇用为助教的情况

关于助教岗位的活用,能利用这个的大学是有限的,并且,可以利用的大学中职位的数量也有限,所以不能变成研究者培养的固定制度,现在不得不采取其他措施。另外,对于当事者来说,会考虑到助教的任期是3年左右,在这期间必须写作、发表研究论文和找工作,且博士论文是取得博士学位的唯一途径(论文博士制度本身该不该维持下去也值得商榷)。考虑到今后在法学领域为获得研究者资格而取得博士学位是非常普遍的(没有博士学位在就业以及国际交流上都是不利的)等不利的方面,利用法科大学院毕业生作为助教这个路径,作为一般的制度并非十分稳定和持续。

2. 法科大学院毕业生升学至博士后期课程的情况

在这种情况下,有如下3种路线:(1)以成为研究者为目的,在法科大学院毕业后立刻进入博士后期课程的学习,而不参加司法考试;(2)法科大学院毕业后立即进入博士后期课程的同时参加5月的司法考试,通过后不参加司法实习,而继续向研究者的道路进发;(3)参加司法考试并且通过后,在实习结束后取得法曹资格再进入博士后期课程。

在第一种情况下,从年限来说,与法学本科毕业后立即进入博士前期课程这种以前研究者希望的路径是相同的。也就是说,法科大学院的教育取代了之前博士前期课程。但是因为法科大学院的教育目的以及教育内容与博士前期课程有很大的差异,因而从研究者培养角度来看,法科大学院的课程能在多大程度上替代博士前期的课程是一个问题。一般来说,博士前期课程,作为研究者必要的基础训练,要进行本研究领域所需的外国法知识和外语文献阅读能力、写作论文的方法等的培养。然后博士后期课程,则是以博士论文的写作作为主要目的对自己研究的主题进行专门研究。所以,从法科大学院毕业进入博士后期课程的人,在法科大学院没有进行研究者必要的基础训练,就必须在博士后期课程进行自我训练。另外,因为从法科大学院毕业后并不会取得法曹资格,所以在不想继续成为研究者的情况下,法曹道路上的选择也是很贫乏的(经过一定的年数,会取消参加司法考试的资格)。

在第二种的情况下,与第一种中不能取得法曹资格的情况不同,因为已通过司法考试,所以在从研究者转向法曹的道路上,可以继续实习这一点是有利的。话虽如此,但在博士后期课程中需进行研究者必要的自我训练这一点,与第一种情况相同。

在第三种情况下,与年数挂钩过多是个大问题,从法科大学院毕业后到实习结束获得法曹资格,最短为1年8个月(3月底法科大学院毕业,同年5月通过司法考试,次年11月实习结束后取得法曹资格)博士后期课程的入学时间通常在4月,到博士后期课程入学为止则至少需要2年。取得法曹资格后进入博士后期课程,从法科大学院及实习中所获得的法律知识和实务能力来说,掌握3年博士后期课程研究者所需的能力,作为初期研究者提高与其能力相适应的业绩并非难事。但其中的障碍是,到了这个年纪在无法阅读外国法文献,特别是英文以外的外国法文献这样的状况下,仍要坚持半年甚至是一年孜孜不倦地工作。另外,同期的朋友已获得较高收入的职位而自己还需要以学生身份支付学费,且将来研究者的地位也不稳定,他们能否忍受这样状况值得怀疑。

显然,由于法学研究者的研究内容、方法多种多样,如上所述外国法知识、外国文献的解读能力,并非全部研究者都需要具备。但日本实定法是以明治时期以来的外国法典、外国法理论为依据发展的,且反观法律制度的根本,追溯其本源的时候,无法否定对外国法制度进行历史性、体系性研究是有益的。加之,大陆法系和英美法系对比参照研究的重要性,伴随着法律国际化、全球性法律制度的变化,鉴于欧盟法的统一化发展及亚洲法的新发展等,今后对国际法动向的理解和比较法研究具有更加重要的意义。另外,向世界传递日本的法学研究成果,以及在推进国际性学术交流上、外语知识和能力也是必不可缺的。这样一来,在上述任意一种情况下,在研究生院需要被培养的研究者的基础能力,制定出至少在一定范围内能够代替博士前期课程的训练的教学计划是非常必要的。

(三)法科大学院在研究者培养中的定位

基于以上讨论,针对法科大学院在研究者培养中的定位进行如下整理。

对于法科大学院设立后的法学研究者培养,研究生院无视法科大学院的存在而推进研究者培养是不现实的,并且也是不适合的。因此,须建立法科大学院毕业生作为研究者培养的具体方案。如上所述,有法科大学院毕业生不进入博士后期课程而直接作为助教采用和法科大学院毕业后直接进入博士后期课程学习这两种方案。前者作为一般方案不具有通用性且即使从制度方面来看也不具备原则性,对于当事人来说缺点可想而知,应该作为确保当前青年研究者地位的例外措施。

法科大学院毕业后进入博士后期课程学习的路径,达到了法科大学院和研究生院各自所期待的效果,且在研究者培养方面,作为联合培养方式即使今后也具有重要的意义。这种方案的核心问题在于,因为法科大学院的课程至少能在一定程度上替代博士前期课程。从研究者培养角度来看,法科大学院与研究生院能各自采取必要且合适的应对措施。显然,研究生院采取必要措施是理所应当的。他们虽然拥有丰富的实定法和法律实务的知识,但缺乏博士前期课程的基础训练,应当为青年研究者制定与之相配套的教学计划、援助机制。

有关法科大学院对应博士前期课程,法科大学院现有的方法存在基本问题。以法科大学院替代博士前期课程的大学,虽然可以预料到学生会从法科大学院进入博士后期课程进行学习,但并不一定能给志愿做研究者的法科大学院学生提供宿舍和研究者培养教学计划。法科大学院的教育从设立开始一直伴随着司法考试的压力,所以实际上大部分的法科大学院更加关注司法考试。但是,根据法科大学院最初的理念,虽然法科大学院是作为专职研究生院,以培养法曹为目标的教育机构。但这个教育目标不应仅仅是学习高超的法律实务技术,还应投身于学问研究。通过学习法律的解释和适用,进而在法律思维方面有更深的感悟,并能逐渐感受到学问研究的魅力。法科大学院的培养,应与其期待的教育目标相适应,同时是在与研究生院合作中发挥其作用的必要条件。无论是法科大学院中想成为研究者的人,还是从一开始就立志成为研究者进入法科大学院的人,在法科大学院中学习并精通各种法律,并且树立实务性理念,或许对于将来成为研究者是个优势。基于以上原因,法科大学院被期待能够为立志于成为研究者的学生提供援助及促进性的教学计划。

为了推进法学研究者培养,如上所述,在研究者培养方面中适当发挥法科大学院的作用是必要的,与之相配套地,在研究者培养方面须将研究生院置于核心位置,否则无法促进研究者再产生的持续稳定。

五、法学研究者培养的困难及阻碍的解决方法(建议)

(一)突破现状的基本思路

法科大学院的设立,作为大学中的法曹教育在法曹培养制度中处于中心地位,可以称为划时代意义的改革。法科大学院为满足社会需要培养高质量法曹,也可以说是法学研究者团体的责任和义务。另外,在导入法科大学院制度之际,主要关注法曹培养制度的改革、法科大学院的设立与法学部的法学教育以及研究生院的研究者培养有怎样的关联、带来怎样的影响、在此之上采取何种措施是必要的。在此制度设计上并未充分进行模拟实验,各大学被要求采取相应的措施来应对。我们所面临的法学研究者培养的困境,可以说是对应的制度不足导致的结果。

法学研究者培养陷入困境的原因,不仅是从事法学教育的教师再生产的困难所导致,法科大学院教师招聘困难也是导致其产生的原因。如果不给予法学教育充分的津贴,会对以成为法曹为目标进入法科大学院学习的学生培养造成阻碍。法学部教育、法科大学院的法曹培养以及研究生院的研究者培养是作为相互关联的整体体系组成法学研究者团体的。毫无疑问持续、稳定的法学研究者培养才是维持整体系统的基础条件。基于现状认识,以下基本思路是解决方案的前提。

第一,现阶段,法科大学院的设立这样划时代的改革,造成上述整体系统(大学的法学教育、法科大学院法曹培养教育,以及研究生院中研究者培养)的偏差和问题,正处于进行改革修正,形成平衡性良好循环的调整期。(改革偏差的补正期)

第二，为形成整体系统平衡良性循环，必须对三部分中的人力、物力的资源配置进行合理调整，对各自的偏差和问题采取相应的改进措施。

第三，研究生院在法学研究者培养中处于核心地位，充实研究生院的人力、物力的配备，从根本上强化相应的研究者培养机能非常重要。另外，研究生院要联合法科大学院在研究生培养体系中对法科大学院教育进行定位，并使其灵活发挥作用。

第四，法科大学院，不仅要发挥法曹培养的作用，还需在研究者培养方面也发挥补充作用。为发挥其补充作用，实现其实际效果，法科大学院的教育应当重新回归最初的理念。为不陷入偏重司法考试的教育，重新评估教育内容非常重要。

第五，大学的法学教育，是支撑整个社会法律素养的法学学士的专门教育，其中法曹以及法学研究者应对人才的培养发挥作用。也正因为有这样的大学法学教育，才能发挥法学教育研究体系社会性的存在价值，为持续性、可能性的循环奠定基础，有必要强化其机能的配备。

（二）法学研究者培养的困难及阻碍的解决方法

1. 研究生院的解决方案的强化

研究生院，必须建立起从研究者基础能力开始到博士论文指导的系统性研究指导体制。因此博士学位的取得，应该进行原则化研究者培养。今后，拥有博士学位无论在国内还是国际都可以取得研究者资格，另外，在特别法领域，对以法曹资格为前提的研究者来说，博士学位具有重要意义。在研究指导方面，有必要发挥留学和国际学术交流的积极作用，与研究生院间及相关学会联合，促进研究生院校际间自主研究的机会。

研究生研究教育条件的改善，在各个大学力所能及范围内进行努力的同时，需要在研究生的经济资助方面，从根本上扩充国家奖学金制度和扩大学费免除的范围。另外，赋予博士后期课在读学生以“研究职业人”的地位（日本学术会议《日本展望——学术建议 2010》，2010 年，第 39 页），期待经济自立可能性的公有财政支助体系的确立。

2. 研究生院与法科大学院的联合强化

研究生院与法科大学院研究者培养联合强化,是当前极为重要的应对政策。但从现状调查报告结果来看,两大机关的联合协议体制并不充分。必须先建立起两者间恒定长久的联合协议体制。

作为研究者联合培养制度之一,在教学计划中设立法科大学院与博士前期课程的共同课程,另外,为法科大学院进入博士后期课程的学习的学生,适当开设研究者培养必要的科目也非常重要。即使在法科大学院,开设研究基础能力训练相关课程,为有研究志愿的学生进行指导等。除了为学生博士后期课程的深造提供帮助之外,为了避免对实务现状无批判的弊病,也要注重批判性、创造性的法律思维的培养。与此相关的,第三者也应肯定法科大学院对志愿做研究者学生进行资助的帮助效果。

大学现状中,最大的问题是法科大学院专职教师对研究生的研究指导。专职研究生院和研究生院的设立标准,是为保证教育质量确定必要的专任教师人数,不承认一个教师同时在法科大学院和研究生院双重任职。但以法科大学院设立后的10年作为过渡期,法科大学院专任教师在不超过1/3范围内可以兼任研究生院博士前期课程的教师,而兼任博士后期课程的教师则没有1/3的限定(《专职研究生院设立标准附则》第2项)。因此,即使是现在博士前期课程中,大多数法科大学院的教师也存在不能同时进行研究指导的问题,但2014年以后,法科大学院的教师,无论博士前期课程和博士后期课程都逐渐不再担任研究生院的研究指导。

从保证教育质量的标准设置来看,确保专职教师的人数有其正当性,虽然专职教师的数量与学生人数相关,但能否参与实际研究指导,是否成为专职教师则不能一概而论。如果某大学同一专业领域只有一名教师,将这个教师安排到法科大学院,则无法在这个专业领域进行研究指导,明显制约了研究者培养的可能性。即使同一领域有多名教师,根据研究主题的不同,接受法科大学院安排的教师的研究指导也并不罕见。否定研究生院设置中的必要的教师人数设定,是与研究生院和法科大学院联合充实研究者培养体系的主旨相违背。鉴于法科大学院设立后法学研究者培养的困境,以及立足整体系统,从部分系统相互间人员合理调整的角度来看,目前的措施进一步延长附则的过渡期规制的同时,有必要对研究生院中有资格进行研究指导的教师进行重新评估。期待身负基础政策制定和运用责任的文部科学省对此进行重新讨论。

3. 法学部教育的解决方案

在论证法科大学院的构想过程中,与美国法学院模式相关的不设法学部(美国制度中没有法学部)受到了极大的推崇。但日本法学部,不仅通过法学学士的培养确保广泛的社会法律素养,且通过法学专门教育培养出的不仅是法曹,还有活跃在社会各个领域的多样性人才。针对法学部的社会存在意义的评价是,虽然法科大学院的设立没有带来任何改变,但问题是斟酌法科大学院设立后产生的新的条件,以及如何完善大学法学教育。

法学教育中法学学士的培养应该有哪些内容?目前,日本学术会议,参考国际现状的同时考虑日本法学教育的共同目标而进行("法学领域的参考基准研讨委员会"审议中)。这样的研讨,计划在所有的学术领域进行。但是即使有共同的教育目标作为"参照标准",但这并不是具体的指示教学计划性质的东西,而仅是参考标准,但参考此标准的各个大学被期待能制定出具有创意的教学计划。

一般而言,在大学法学教育中,无论在社会生活中培养市民法律素养,还是设立包括法曹志愿学生晋升路径课程的制度等。对于希望继续攻读法科大学院的学生,了解法科大学院的教育内容,明确法学教育应掌握的知识,结合法科大学院的法曹培养教育是重要的。与此同时,为致力于成为法学研究者的学生制定教学计划和强化教师指导是必要的。大学教师通过授课、指导研讨及小组的交流等形式激发学生对法学研究的兴趣也非常重要。

4. 法学研究者教师对课题的解决方案

法科大学院设立后,产生的一个严重问题是法学研究者教师负担加重。这是由于大学新增了法曹培养功能,一次性设立了超过70所法科大学院所引发的必然问题，进一步加剧了法学研究者培养的困难。

法学研究者团体，在这种情况下，承担着大学法学教育、法科大学院的法曹培育教育和研究生院的研究者培养的整体体系，肩负各自使命。各大学中进行各自部分系统间人力资源的合理调整，应当提出法学研究者教师一体化的课题，消除研究生院与法科大学院间的隔阂。同时，各大学也应该尽可能改善研究者教师的研究教育条件。采取灵活休假制度、促进海外进修、进行国际性、学际性、各专门领域不同等级多样水平的共同研究，加强与实务人才的研究交流等也很重要。

在此阐述研究者培养与法学研究者教育的关系，重要的是要如何发掘立志于成为研究者的学生(早期坚定立志成为研究者的除外)。通常学生在本科或研究生期间会遇到各样的研究者，在生活方式和思想上产生同感，进而逐渐产生成为研究者的想法。也就是说，从法学部的早期阶段开始，教师在激发学生成为研究者方面下功夫也是很重要的。另外，在法科大学院中，随着学习的推进，对法学的理解加深，也存在比起从事实务更想从事研究者方向的学生。为了引导此类学生适当地走上研究者之路，需要消除法学部、法科大学院、研究生院之间的隔阂，须要确保研究生院的教师、法科大学院的教师，通过在法学部教授课程等形式，增加与法学部学生接触的机会。另外，法科大学院的学生有机会通过演练和研究会等接触研究生院教师的话，不仅对致力于成为研究者的学生有益，而且能唤起其对研究的重视，增加深入研究的机会。应将法学部、法科大学院、研究生院间的人才交流联合成一体，作为法学研究者培养整体系统的基础。

(三)法科大学院中期课题的再研讨

为使法学教育研究的整体系统持续发展，有必要对现有法科大学院进行重新考虑。其中重点是从制度性上明确大学法学教育与研究生院研究者培养的联合关系。

在与大学法学教育关系上，既向现有未修过法学的法科大学院学生提供3年制课程，明确与大学法学教育的联合关系，也向已修者提供2年学制课程的选择。重要的是法科大学院向所有领域的毕业生全部开放,提高未修过法律学生的入学积极性,当然也提供适当的教学计划。但是明确同大学法学教育的联合关系中,为了不浪费大学法学教育资源,重要的是明确法科大学院制度性的定位。

与研究生院的联合,积极保障了法科大学院毕业生进入博士后期课程学习深造的机会,对法科大学研究者培养发挥补充作用。为了推进实际效果,如上所述,必须将偏重司法考试应试的法科大学院教育重新回归到原本所期待的理念中。法科大学院的创设培养的法曹目标是"要求在具有丰富人性、感悟、广泛教育与专业知识、灵活思考力、说服交涉能力的基础上,拥有对社会和他人有洞察力、人权意识,尖端法学领域、外国法知识和见识、具有国际视野和语言学能力"(《司法制度审议会意见书》2001 年 6 月)。据此,寻求从旧司法考试选拔到新的法曹培养制度(将法科大学院作为核心机构的法曹培养教育)的转换("关于法科大学院的设立基准等(答复)",中央教育审议会 2002 年 8 月说明)。进一步来讲,现代法曹,仅依靠已掌握的法律知识来解决社会中发生的新的法律纠纷是不够的,还需要在实践中研究和形成创造性的法律实务。这就意味着法科大学院教育是以 researcher in practice 培养为目标,可以说更加侧重研究者培养。

与这样的法科大学院理念相对应,司法制度改革审议会预测司法考试合格率为 7 ~ 8 成。而现如今的低合格率(2 ~ 3 成)给多数法科大学院带来压力,因为司法考试的存在,即便是法科大学院也不得不偏重司法考试应试教育。司法考试的合格率关系到将合格人数控制在哪个程度、法曹人数如何增加,以及将司法考试作为资格考试还是选拔考试、人为规制法曹人数是否合适、作为法曹至少应该具备怎样的能力等一系列问题,这些都与法曹培养的政策密不可分。因此,研究生院与法科大学院的研究者培养的联合成败,可能成为今后法曹培养政策相关的阶段性课题。

关于以上阶段性课题,今后有必要进行进一步的审议。

美国法学教育的特点及对我国的启示

张海斌　王伟臣　孔凡洲*

法学教育是国家法治建设的人才保障,我国的法学教育在改革开放之后步入正轨,为中国特色社会主义法治国家建设培养了大批的法律人才。然而,与法学教育经历了几个世纪发展的美国相比,我国法学教育依然有进一步完善的空间。随着对外交往的频繁,我国法学专家、法科生赴外交流乃至实务界法律执业人员赴境外的实务培训,也往往以美国为首选。2017 年全国法律专业学位研究生教育指导委员会修订了《法律硕士专业学位研究生指导性培养方案》,而法律硕士这一学位的设置,就是参照了美国法学教育体系。因此,考察美国法学教育的特征,可以为我国法学教育的改革提供可借鉴的"他山之石"。

一、美国法学教育的特点

第一,美国法学教育以法律职业训练为导向。美国早期的法律教育主要通过学徒方式进行,[1]未设立专门进行法学教育的法学院,法律教育与法律职业密不可分。美国独立后,经过近一个世纪的发展,法学教育才开始主要在大学的法学院中进行,法学教育从法律职业中分离,但与法律职业的关系

---

* 张海斌,上海外国语大学法学院教授;王伟臣,上海外国语大学法学院副教授;孔凡洲,上海外国语大学法学院讲师。

〔1〕 *See* Susan Katcher, "Legal Training in the United States: A Brief History", 24 Wis. INT' L L. J. 335(2006).

依然密切。在美国,法学教育主要是目标是向法律职业共同体输送人才。尽管如此,20 世纪二三十年代美国出现现实主义运动,在法学教育领域就诞生了一种观点,认为法学院培养的学生在能力方面与法律职业对技能的需求之间存在较大差距。因此,法学教育也进行了现实主义改革,法学院的课程设置、教育模式、教育导向均以职业训练为目标,培养学生"像律师一样思考。"〔1〕

为此,美国法学院在课程设置上更加偏向实务,重视法律职业道德教育。美国大学的主流学位 JD 第一年以民事诉讼法、合同法、侵权法、财产法、刑法与刑事诉讼等为必修课程,第二年选修自己感兴趣的课程方向,比如国际法、证券法等。还有一类课程就是法律职业伦理课程和职业技能课程,如法律文书写作、法律检索等。这种以职业训练为导向的法学教育模式,以及从执业律师中选拔法官的法律职业模式,是美国法律职业共同体的形成和稳定的重要因素。

第二,美国法学教育学历层次以研究生教育为主。学历层次设置上,美国无法律本科教育。在英美法系国家,因其案例法和习惯法传统,法律更加强调经验。在法学教育界,普遍认为高中毕业生基于个人成长、社会阅历和知识储备等原因,难以较好的接受法学教育,因此在法学教育方面,学生获得其他本科专业学位后,知识储备乃至心智等方面较为成熟之后,方能申请法学学位。美国的法学学位分为法律博士(J. D.)、法学硕士(LL. M.)和法学博士(S. J. D 或 J. S. D.)。美国的法学院以 J. D. (法律博士)为主,J. D. 学制为 3 年,需要已具有本科学历的人才能申请,而 J. D. 的培养目标非常明确,就是培养律师。LL. M. (Master of Laws),法学硕士学位,学制 1 年,大多面向外国毕业生及律师。法学博士(S. J. D 或 J. S. D.)主要面向具有 LL. M. 学位的法学研究生,如果获得法学硕士学位的学生希望在某一专门法律领域有更深的研究,或者其职业目标往往以学术研究为导向。该学位培养的是从

〔1〕 James L. Elkins, "Thinking Like a Lawyer: Second Thoughts", 47 Mercer L. Rev. 511(1996).

事纯法学理论研究的工作人员,学制 2 ~ 20 年,但这部分学生所占比重较小。因此,美国法学教育主要呈现为普通法传统下 3 年制研究生层次的职业教育特征。[1]

第三,在教学方法上重视案例教学法。从 1870 年开始,哈佛法学院院长兰戴尔(Christopher Columbus Langdell)将案例教学法施用于法学课堂。由教师指导学生讨论案例,引导学生对案件中涉及的法律原则和法律规则进行提炼和梳理,目前已经发展出"模拟法庭"与"法律诊所"式的教学方式。自 20 世纪 60 年代起,法律诊所教育发展迅速。[2] 在诊所教育中,法学院的学生能够在校内和校外导师的共同带领下,接触到实际的案件,与当事人交谈,准备法庭的材料,让学生提前感受律师执业的工作方式。通过此种教学方式,不仅涉及法律实体问题,对于程序性问题也在案例教学法中得到训练,并且突出了法律教育的实践性。美国重视案件教学法,主要基于其判例法国家的特征。制定法国家基于制定法的特征,法学教师需要在课堂上花费较多的时间对抽象的法律概念和原理进行解释,课堂以法条为中心,而非以案例为中心,属于典型的注释法教学方式。案例教学法重视引导学生对法律问题的讨论,一方面可以有效调动学生的积极性,增强其自主学习的能力,把法律条文和法学原理运用到具体的案件中,提高分析和解决法律问题的能力;另一方面也可以培养学生的判例法思维,这些素质都是法律职业所必需的。

第四,美国法学院的师资构成。雄厚的师资力量和合理的师资构成,是评价一所法学院的重要指标。美国法学院普遍重视师资力量,法学院师资主要从具有较高学术水平,对于法学教育有兴趣的人中选择,美国法学院教职稀缺,教师选拔程序严格,在任期间强调教学。同时,法学院还会不惜重金从世界各地选聘法学专家任教,从世界各地挖掘法学专家任教是美国有实力的法学院在师资建设方面的主要做法。此外,其师资队伍中,大部分法学专业

---

[1] 参见 Judith A. McMorrow:《美国法学教育和法律职业养成》,载《法学家》2009 年第 6 期。

[2] Margaret Martin Barry, Jon C. Dubin & Peter A. Joy, "Clinical Education for This Millennium: The Third Wave", 7 Clinical L. Rev. 1, 12(2000).

教师都具有实务经验或者兼任律师，在授课时能够将法学理论和法律职业技能有效衔接起来。另外，和成文法国家的法学教育不同，美国的法律体系化较弱，只有在证据法、证券法上有比较领先的地位。因而，越来越多的人意识到，法律本身其实是有关政策、有关社会、有关经济的，不能自足。而且随着经济学方法逐渐向人文社科渗透以来，交叉学科研究已经逐渐成为美国法学研究和法学教育的主要趋势。因而越来越多的法学教师都拥有 J. D. 和另一学科的 PHD（如人类学、经济学、社会学）。通过学科交叉后方法上的借鉴、理论上的运用等，美国的法学教育才变得更为的多样化。

第五，法律职业特点决定学生毕业后主要从事律师职业。在美国，律师是成为法官的前提条件，而检察人员又是政府聘任的律师，因此法学院以培养律师为目标，学生就业也主要以律师职业为选择。要成为律师，除了获得法学学位之外，还需要通过律师资格考试。美国的律师考试（Law Exam，也称为 Bar exam），由于美国联邦和州的双轨制特征，律师资格考试主要由州最高法院组织，在某个州执业，就必须通过某个州的律师资格考试，当然也有一些州之间存在互免协议，通过某一个州的考试，可以申请有协议的另一州执业。由于每个州的法律存在差别，因此考试内容也有差异，但主要考察法律内容及对法律的运用，注重实务能力的考察。考试通过者，方可成为律师，被政府聘请的律师，则成为检察官。当然，对于律师资格的审查非常严格，律师职业道德也需要进行审查，由州律师协会或者州最高法院考试委员会进行，并且有发达的律师协会制度，包括具有官方性质和纯粹民间性质的，具有官方性质的律师协会对违反职业道德或者纪律的律师可以进行惩戒，最严重者可以取消律师资格。美国的法官必须要有一定的法律执业年限，一般是从有经验的律师和检察官中产生。美国的法科生经过高校的法学教育，基本具备了从事法律职业的能力甚至职业道德，这也决定了美国法律职业的专业性和职业化。

二、我国法学教育的现实困境

我国法学教育经过多年的发展和完善，已经形成庞大的法学教育规模。

一方面随着法治进步,市场对法律人才的需求不断增加,法学教育事业欣欣向荣;另一方面是法学专业毕业生就业困难,根据麦可思研究院发布的《中国大学生就业报告》,法学专业多年位居就业红牌专业行列。这一现象折射出我国法学教育存在一些困境。

首先,法学教育的培养目标决定我国法学教育缺乏自身模式。我国法学教育起步时以培养政法管理干部为目标,随着社会发展,我国法学教育培养人才的目标也不再局限于政法管理干部,但就一些知名法学院人才培养的过程和法学院学生就业情况而言,现在法学院承担着为社会各领域培养人才的任务,法学院毕业的学生就业选择不仅仅是与法律相关的职业。正是这种并非以法律人才为培养目标的法学教育定位,导致我国法学教育没有自身特有的模式,与一般社会科学教育模式类似。

其次,法学教育过于通识化。目前我国法学教育强调通识教育,在课程设置上,一般分为公共课、专业必修课和专业选修课。比如,本科生的课程设置,公共课占总学分的1/3,公共课程所占比重较大。课堂注重对法学理论的讲授,强调教育属性,忽视与法律职业之间的联系。通识化的法学教育虽然有助于学生广泛地掌握法学知识,但其定位有违法律职业的特殊性,导致学生从法学院毕业后通常缺乏法律实践能力和基本的法律技能,往往需要在进入法律实务部门后经过较长时间的系统培训,才能基本胜任法律实务工作事务。由此,将本应由高校承担的培养任务转嫁给了法律实务部门,既增加了法律人才的社会教育和培养成本,也影响了法律实务部门的工作效率。甚至法学教育和国家司法考试之间存在较大差距,法学院学生要想通过国家司法考试,大部分都需要专门参加司法考试培训班。

再次,法学教育学位层次多样。经历扩招之后,我国现有法学院600多所。教育层次主要分为中专、专科、本科、硕士、博士。目前法学教育的中专层次已经消失,专科也在减少,法学教育主要为本科生和硕士研究生教育。法学院的硕士分为法学硕士(科学学位)和法律硕士(专业学位),法律硕士又分为法律硕士(法学)及法律硕士(非法学)。法学硕士允许任何本科专业毕业生攻读,主要目标是培养学术型人才,一般学制为3年,也有学校规定2年半。法律硕士(法学)只招收本科为法学专业的本科毕业生,学制一般2年;法律硕士(非法学)只能由本科为非法学专业的学生攻读,学制为3年。此外,还有在职法律硕士。法学院数量多,但有特色的少。法学教育层次多样,但各学历层次的人才培养目标交叉,定位不明确。

最后,大部分法学教师缺乏法律实践背景。我国法学院专任教师主要从应届法学博士中选聘,"各法律院系的教师绝大多数以理论知识见长,而对法律的实际运行所知甚少:一是偏重于抽象性的理论,而不注重具体的操作;二是偏重于国外的法律原理和制度,而不了解中国自身的问题。"〔1〕教学中,缺乏法律实践背景的老师对学生运用法律解决实际问题的能力训练不够,法律思维的训练不够,主要是对法条进行逐条解释,对其产生的合理性和适当性进行论述评析,而法律条文又处于变动之中,导致教学与法律职业实践需要的脱节。

三、美国法学教育对我国的启示

美国法律职业的特点,决定了法学教育的模式。我国的法律职业体系,处于不断完善的过程中。在改革开放之前,由于法制不受重视,法律职业处于可有可无的状态;法律职业的专业化不足,具有大众化的特点;从事法律职业主要以政治素养为标准,缺乏法律职业资格制度。改革开放之后,法律职业受到重视。1983年《人民法院组织法》和《人民检察院组织法》对法官和检察官的任职提出了"法律专业知识"的要求。1995年出台的《法官法》和《检察官法》,对法官、检察官的任职提出了具体要求,特别是建立了法官、检察官资格全国统一考试制度,使法律职业逐步专业化和正规化和职业化。2001年修订后的《法官法》《检察官法》和《律师法》中明确了初任法官、初任检察官和取得律师资格实行统一的司法考试制度,有利于法律职业化的发展和法律职业共同体的形成。目前我国已经形成以法官、检察官和律师为典型代表

〔1〕 冀祥德:《对中国法学教育全面反思与展望》,载《中国政法大学学报》2010年第4期。

的法律职业体系，通过司法考试是从事法律职业的前提。法律职业化更加强调法学教育的重要性，通过考察美国法学教育的特征，结合我国法学教育的现实困境，可以得出以下启示：

第一，我国法学教育要重视法学教育与法律职业的衔接。法律具有很强的实践性，法律教育应当和法律职业相关联，立法应明确规定律师、法官、检察官等职业必须在法学院接受全日制法学教育，并取得相应的学位，实现法律职业的专业化。而法律职业的专业化必须与法学教育的培养目标相联系，法学教育的目标应当是培养法律职业人才。我国已经充分意识到培养法学人才的重要性，2012 年 5 月教育部“卓越法律人才教育培养计划”在北京启动，旨在“打造应用型、复合型法律职业人才”，目标是“以提升法律人才的培养质量为核心，以提高法律人才的实践能力为重点，培养、造就一批适应社会主义法治国家建设需要的卓越法律职业人才。”目前已形成 59 个应用型、复合型法律职业人才教育培养基地，24 个涉外法律人才教育培养基地和 12 个西部基层法律人才教育培养基地。“高素质的法律人才，绝不仅仅只是掌握了法学知识体系的人，‘他’应当是和必须是法律专业知识、法律职业素养和法律职业技能的统一体。”[1] 如何使基地充分发挥功能，真正实现法学教育的目标，就需要各培养基地认真反思和研究。

第二，注重学生法治思维培育和法律实务技能教育。掌握基本的法学基础理论和法律知识体系是法学教育最基本的要求，除此之外，还应培养学生运用法律解决实际问题的能力，重视口头辩护以及语言表达的技能，特别是在提升实践能力的同时注重培养法律职业伦理。使学生可以和法律职业直接对接，避免法学教育与法律职业脱节的现象。注重培养学生的法治思维，即“像法律职业者那样去思考问题”。在课程安排上，应当在选修课模块增加实践性强课程的数量，增强学生的实践能力。在教学方式上，针对不同的培养层次应当有所区别，对法学专业本科教育应当采取以课堂讲授为主，课

---

〔1〕 霍宪丹：《中国法学教育反思》，中国政法大学出版社 2007 年版，第 69 页。

堂讨论为辅的教学法;而对研究生教育应当采取以课堂讨论为主,课堂讲授为辅的教学法。注重讨论式教学方法和诊所式教学方法。前者让学生真正参与到课堂中,成为课堂的主体,培养学生的法治思维,而非填鸭式教学模式。后者是案例教学法的升级,可以让学生接触真实案例,了解甚至参与案件解决的全过程,对法律职业有初步直观的认识。

第三,调整法律人才培养模式。必须把我国的法学教育从通识教育向通识教育、专业教育与精英教育相结合功能定位的转化,把法学教育的培养目标从单一的法律知识型人才培养转变为法学应用人才、法学研究人才和社会管理人才的共同培养。[1] 有学者提出,“一个立足现实、比较合理的方案是以法学本科教育为基础学位,硕士研究生教育(含学术性和应用型两种硕士)为主学位,博士研究生教育为补充的学位体系。”[2]应用型人才的培养,应当是目前法学教育的主流,可以加强对法律硕士的培养。法学硕士以培养法学研究型人才为目标,在当前应当考虑适当缩小招生规模,同时注重精英教育,而研究型人才强调学历层次,所以法学硕士要与法学博士研究生的培养相衔接。挑选和培养真正有志于从事学术研究以及有极大学术研究潜力的人才,充实法学教育队伍。缩小学术型研究生的年限,以 2 年为主。如果法学研究生对学术感兴趣,2 年后可进入博士阶段学习,适当延长博士修业年限,如从现在的 3 年制改为 4 年制。法学博士应为精英教育,注重培养质量,提高其在校期间的待遇和毕业门槛。

第四,加强法学教师实践经验的培养。法学教师队伍是否具有法律实务经验,关系法律人才培养实务型模式的成败。可以采用两种方式:一是鼓励学校专业教师从事与法律相关的兼职,如律师、司法实务部门挂职等。2011 年 12 月底教育部和中央政法委共同颁发了《关于实施卓越法律人才教育培养计划的若干意见》的通知,文件指出:“选派 1000 名高校法学骨干教师到实务部门挂职 1 ~2 年,参与法律实务工作。选派 1000 名法律实务部门具有丰

〔1〕 冀祥德:《对中国法学教育全面反思与展望》,载《中国政法大学学报》2010 年第 4 期。
〔2〕 韩大元:《全球化背景下中国法学教育面临的挑战》,载《法学杂志》2011 年第 3 期。

富实践经验的专家到高校任教1~2年,承担法学专业课程教学任务。"可见,国家已经重视法学院师资实务能力的要求。二是吸引具有法律实践经验的人才补充到法学教师中,形成常态化的专兼结合的师资队伍,培养既精通法学理论又擅长技能教学的"双师型"教师。[1]

第五,突出法学教育的特色化。教育部设定了16门法学核心课程,其他课程可以由学校自行设定,但各个学校课程设计较为类似,缺乏特色,并且理论性课程较多,实践类课程较少。我国具有法学专业的院校数量达600多所,法学专业学生人数庞大,但实践中对法治人才的缺口依然比较大,比如,能够解决复杂跨国法律业务的高端法律人才缺乏。应当整合资源,在实现法学教育共性目标的同时,体现法学教育的特色。比如,语言类学校,可以利用其多语种优势,注重涉外法律实务人才的培养,不仅可以突出人才培养的特色,而且还符合国家对人才的需求,中国共产党十八届四中全会通过的《中共中央关于全面推进依法治国若干重大问题的决定》就提出"建设通晓国际法律规则、善于处理涉外法律事务的涉外法治人才队伍"的要求,2017年年初,司法部、外交部、商务部、国务院法制办公室联合印发《关于发展涉外法律服务业的意见》要求"建立一支通晓国际规则、具有世界眼光和国际视野的高素质涉外法律服务队伍。"上海外国语大学法学院长期致力于"法律+外语"复合型涉外法律人才培养模式,通过建立多语种法律硕士"三导师"制度,就是法学教育特色化的重要尝试。

实现依法治国的总目标,至为关键的要素是建设一支高素质的法律职业队伍,法律职业队伍的建设必须以法律人才的培养为前提。因此,与时代需要相适应的法学教育是依法治国总目标实现的前提。通过考察美国法学教育模式,可以为我国法学教育改革提供适当借鉴。但由于成文法和判例法之不同,我国在借鉴美国法学教育经验的同时,应考虑我国成文法传统下法律人才培养的现实。

---

[1] 何勤华:《全面推进依法治国视野下的法学教育改革》,载《中国高等教育》2015年第6期。

域外法规

2015年《英国保险法》

女王伊丽莎白二世颁布

魏 红 王丽姣* 译

本法对保险合同作出了新的规定,包括修正《2010年第三人对保险人权利法》中被保险人对本法的适用以及与此有关的条文。

经由英国女王陛下,按照在此届国会与会的神职及俗职贵族以及平民的建议及同意,并以其权力,立法如下。

第一章 保险合同:定义

第一条 保险合同:定义

在本法(第六章除外)中:

"消费者保险合同"的含义与《消费者保险法(披露与陈述)》相同;

"非消费者保险合同"指除消费者保险合同以外的保险合同;

"被保险人"指保险合同中的被保险方,或合同订立前的准被保险方;

"保险人"指保险合同中的保险方,或合同订立前的准保险方;

"合理陈述义务"指本法第三条第一款中规定的义务。

* 魏红,上海外国语大学2016级法律硕士研究生;王丽姣,上海外国语大学2016级法律硕士研究生。

第二章 合理陈述义务

第二条 适用与解释

本章仅适用于非消费者保险。

本章适用于对非消费者保险合同的变更,但需要注意:

(1)本章中所指涉的风险指的是在提议合同变更时意图变更风险;以及

(2)本章中所指涉的保险合同意指合同变更。

第三条 合理陈述义务

保险合同订立前,被保险人应当向保险人合理陈述风险。

本条第一款系本法所称的合理陈述原则。

合理陈述原则应当符合:

(1)告知内容包含本条第四款;

(2)被保险人以合理清晰、容易理解的方式向谨慎的保险人告知;以及

(3)有关事实的重要陈述在实质上是正确的,并且与期望和信念有关的重要陈述是基于诚实信用做出的,且有关事实在实质上也是正确的。

除本条第五款所列情况外,告知应当符合:

(1)被保险人应当告知其知道或应当知道的所有重要情况,或者

(2)被保险人向保险人提供的信息足以引起谨慎的保险人注意,使其提出进一步询问以深入了解。

保险人询问前,本条第四款不要求被保险人主动告知以下情况:

(1)减少风险;

(2)保险人已知;

(3)保险人应当知道;

(4)能够推定保险人知道;或者

(5)保险人放弃获知该情况的相关信息。

更多关于保险人和被保险人的规定参见本法第四条至第六条,相关补充规定参见第七条。

第四条　被保险人知晓的相关事项

本条规定第三条第四款第(一)项所称的被保险人知道或应当知道的内容。

视为个人被保险人知道的包括:

(1)个人被保险人本人知道的;以及

(2)个人被保险人的保险负责人知道的。

视为非个人被保险人知道的包括:

(1)非个人被保险人的高层管理人员知道的;或者

(2)保险负责人知道的。

本条第二款第(二)项和第三款第(二)项中,视为被保险人知道的不包含:

(1)保险代理人或其雇员获知的有关秘密信息;以及

(2)秘密信息因被保险人的保险代理人通过与非保险合同相关人之间的商业关系而获得。

为使本条第四款得到实施,保险合同相关人指:

(1)被保险人和由保险合同承保的其他人;以及

(2)如果保险合同再保了其他合同已承保的风险,则保险相关人指与其他合同有关的人。

无论被保险人是否是个人,通过合理查询,被保险人应当能够获取经过合理披露的信息(查询可以通过询问或其他任何方式进行)。

本条第六款所称"信息"包括非个人被保险人组织内部或其他任何人(包括但不限于被保险人的代理人或保险合同承保的其他人)拥有的信息。

为使本条得到实施,

(1)"雇员"指与被保险人的代理人相关的人,包括为代理人工作的任何个人,无论此人是否具有责任能力;

(2)被保险人的保险负责人指代表被保险人参与保险合同订立过程中的个人(无论个人是以被保险人雇员或代理人,或代理人的雇员,或其他任何

身份订立合同);以及

(3)“高层管理人员”指对被保险人的保险活动在如何管理或组织方面起重要作用的个人。

第五条　保险人知晓的相关事项

为使第三条第五款第(二)项得到实施,代表保险人作出承担风险的决定以及制定承担风险的条款的人(无论此人是保险人的雇员或代理人,或代理人的雇员,或其他任何身份)所知道的事项,视为保险人知道的事项。

为使第三条第五款第(二)项得到实施,保险人应当知道的包括:

(1)保险人的雇员或代理人知道,并且应当合理地传递给本条第一款中相关保险人的信息;或者

(2)本条第一款中相关保险人经过合理查询就能获取的信息。

第三条第五款第(四)项中,推定保险人知道的包括:

(1)一般常识;以及

(2)向该领域的被保险人提供当前保险类别的保险人,能够合理期待其在通常业务中知晓的事项。

第六条　知晓:一般规则

为使第三条至第五条得到实施,个人知道的情况包括实际的情况、怀疑的情况以及可以获知但故意不确认或询问导致未能获知的情况。

本章将不会影响任何法律规则的运作,被保险方或保险方的个人(“F”)实施的欺诈行为将不会分别归因于被保险人或保险人:

(1)若被保险方欺诈,则F是第四条第二款第(二)项或第三款中所述的任何个人;或者

(2)若保险方欺诈,则F是第五条第一款中所述的任何个人。

第七条　补充

合理陈述通过口头和书面两种形式均可作出。

条款所列“情况”包括与被保险人的交流,和被保险人传达的信息。

重要的情况或陈述指,该情况或陈述能够影响谨慎的保险人决定是否承

保或以何种条款承保。

重要情况包括但不限于：

(1)与风险相关的特别或不寻常的事实；

(2)任何导致被保险人寻求保险承保风险的特别考虑；

(3)在当前保险业务类别和活动领域中被普遍认为应当通过合理陈述解决风险问题的情况。

如果谨慎的保险人认为陈述的情况与实际上正确的重要情况没有区别，那么这个重要陈述应当被认为是实质正确的。

在保险合同订立前，可以撤回或更正陈述。

第八条　违约救济

保险人仅在发生以下情形时，就被保险人违反合理陈述原则享有救济：

(1)保险人能够证明如果不是被保险人违反合理陈述原则，保险人将不会订立合同；或者

(2)保险人能够证明如果不是被保险人违反合理陈述原则，保险人将会修改某些合同条款。

相关救济规定详见附则一。

保险人因被保险人违反合理陈述原则而享有救济的违约，系本法所称的“限制性违约”。

限制性违约可以出于被保险人的故意或放任，也可以两者皆非。

由于被保险人故意或放任导致的限制性违约指：

(1)被保险人在明知会违反公平陈述义务；或者

(2)对此义务漠不关心时的违约行为。

限制性违约出于故意还是放任，应当由保险人证明。

第三章　保证与其他条款

第九条　保证与陈述

本条对被保险人陈述的相关规定适用于：

(1)拟定的非消费者保险合同;或者

(2)拟定的对非消费者保险合同的变更协议。

这种陈述将不会被转化为保证,无论是通过消费者保险合同的条款(或变更条款),还是其他合同的条款(无论是否宣称该陈述将构成合同的基础)。

第十条　违反保证条款

废除任何由于违反保险合同中的保证(明示或默示)导致保险人免除合同责任的法律规定。

如果损失产生在违反保证条款后、违反被更正前,或损失的产生归因于上述期间某些事件的影响,保险人对此不承担责任。

本条第二款不适用于:

(1)由于情势变更,该项保证不再适用于合同;

(2)遵守该保证将违反任何此后颁布的法律;或者

(3)保险人对违反保证的行为放弃抗辩。

如果损失产生在下列期间,或损失的产生归因于该期间某些事件的影响,本条第二款不影响保险人就损失承担责任:

(1)在违反保证前;或者

(2)更正违约行为后(如果违约行为可以被更正)。

为使本条得到实施,以下情形可视为被保险人违反保证的行为得到了更正:

(1)在第六款所述的情况下,如果该保证与其后所涉及的风险与当事人原先所设想的风险基本相同;

(2)在其他任何情况下,当被保险人停止违反保证时。

本款规定包含以下情况:

(1)正在商讨中的保证需满足在确定的时间内,被保险人保证去做或不去做某种特定事情,或履行某项条件,或者肯定或否定存在某些事实的特定状态;

(2)该要求不符合规定。

废除《1906 年海上保险法》中的第三十三条(保证的性质)第三款第

(二)项,和第三十四条(何时可免除违反保证)。

第十一条　与实际损失无关的条款

本条适用于保险合同的条款(明示或默示),而不适用于定义整体风险的条款,如果遵守该条款将会导致以下一个或多个风险的减少:

(1)特定种类的损失;

(2)特定地点的损失;

(3)特定时间的损失。

若被保险人能够满足第三款的要求,在损失发生且上述条款没有被遵守的情况下,保险人不能以此为由而排除、限制或免除保险合同下的责任。

在损失出现的情况下,若被保险人能够证明不遵守条款本不会在实际上增加损失发生的风险,则被保险人满足本条款的要求。

本条同时适用于第十条。

第四章　欺诈性索赔

第十二条　欺诈性索赔救济

如果被保险人对保险合同提出一项欺诈性索赔,那么会导致:

(1)保险人就该项索赔不承担赔偿责任;

(2)若保险人就该项索赔已经支付相关款项,可以要求被保险人返还;以及

(3)此外,保险人可以主张解除保险合同,解除通知到达被保险人时,保险合同自欺诈行为发生时解除。

如果保险人主张解除保险合同,那么会导致:

(1)对于在欺诈行为之后发生的相关事项,保险人可以拒绝承担该合同下的保险责任;以及

(2)保险人无须退还相应保费。

本条终止合同的规定,不影响合同当事人对欺诈行为之前发生的相关事项享有权利或承担义务。

在本条第二款第(一)项和第三款中,“有关事项”指在合同中能够引起保险人责任的任何因素(包括但不限于:发生损失、产生索赔或潜在索赔的通知,具体视合同内容而定)。

第十三条　欺诈性索赔救济:团体保险

本条适用以下情形:

(1)保险合同由个人与保险人订立(该方合同主体以下简称为A);

(2)合同的承保对象为除合同当事人以外的一人或多人(该方合同主体以下简称为Cs),无论该合同中是否也为A或其他被保险的当事人提供保险;以及

(3)Cs或其代表提出的欺诈性索赔(该方合同主体以下简称为CF)。

保险人签订的CF类保险视为保险人与每位个人分别签订的保险合同,适用于第十二条的索赔规定;因此

(1)第十二条规定的保险人权利仅对提出CF的投保人享有;以及

(2)该权利的行使不影响该合同中其他相关人的利益。

应用中若适用了本条第二款,则须对第十二条作出以下特别修改:

(1)在本条第一款第(二)项中出现的“被保险方”,第一层含义就保险人所支付的任何特别金额而言,是指保险人对A或CF支付的任一款项;若该款项支付给A,再经由A转付给CF时,则参考对CF的规制;

(2)第一款第(二)项中“被保险方”第二层含义指A或CF;

(3)第一款第(三)项中“被保险方”指A和CF两者;

(4)第二款第(二)项中所述的根据本合同支付的保费,是指就CF支付的保费。

第五章　诚信原则及排除适用

第一节　诚信原则

第十四条　诚信原则

废除任何允许合同一方当事人因另一方未尽到最大诚信义务要求而解

除合同的法律规定。

本法与《2012 年消费者保险法(披露和陈述)》已对订立保险合同时所基于的最大诚信原则的相关规定进行了修订。

作出以下相应规定:

(1)废除《1906 年海上保险法》第十七条(海上保险合同是基于最大诚信原则订立的)中,自“以及”至该条末尾部分;以及

(2)修订后条文的适用依据本法与《2012 年消费者保险法(披露和陈述)》的规定。

废除《2012 年消费者保险法(披露和陈述)》第二条(合同签订或变更前的披露和陈述)中的第五款。

第二节　排除适用

第十五条　排除适用:消费者保险合同

消费者保险合同或其他合同中的有关规定在某种程度上是无效的,即因本法案第三章或第四章的事由,使消费者比适用本法案(目前指与消费者保险合同有关的规定)有关诚信原则的规定更加不利时。

第一款的情形包括合同变更。

本条款不适用消费者保险合同中解决索赔的合同。

第十六条　排除适用:非消费者保险合同

非消费者保险合同或者其他合同中的有关规定在某种程度上是无效的,即适用第九条比适用条文中有关诚信原则的规定对被保险人更加不利时。

非消费者保险合同或者其他合同中的有关规定在某种程度上是无效的,即适用本法第二章、第三章或第四章的其他规定比适用有关诚信原则的规定(目前指与非消费者保险合同有关的规定)对被保险人更加不利时,除非能够满足第十七条的规定。

该条款规定的情形包括合同变更。

本条款不适用非消费者保险合同中解决索赔的合同。

第十七条　透明度要求

在本条中,“不利条件”指第十六条第二款提及的相关内容。

在合同订立或变更之前,保险人必须采取足够的措施引起被保险人注意不利条款。

不利条款的效力必须清楚明确。

为判断是否满足第二款和第三款的规定,被保险人的特征以及交易的情况都要考虑进来。

如果被保险人(或其代理人)在合同订立或变更时已经认识到了不利条件,被保险人就不能根据第二款主张保险人具有过错。

第十八条　排除适用:集体保险合同

本条适用于第十三条第一款第(一)项规定的合同,在本条款中,“A”和“Cs”的含义与第十三条相同;“消费者 C”指的是属于 Cs 中的一员,如果与消费者 C 而不是 A 订立保险合同,则与其订立的合同就是消费者保险合同;以及“非消费者 C”是指不是消费者 C 的 Cs 中的任何人。

在保险合同或其他合同中的有关规定在某种程度上是无效的,即因第十三条的事由,适用该条款比适用有关诚信原则的规定使消费者 C 处于更加不利的地位时。

在保险合同或其他合同中的有关规定在某种程度上是无效的,即因第十三条的事由,适用该条款比适用有关诚信原则的规定使消费者 C 处于更加不利的地位时,除非能够满足第十七条的规定。

当第十七条适用于第十六条第二款时,被保险人是 A 而不是非消费者 C。

该条款规定的情形包括合同变更。

本条款不适用保险合同中解决索赔的合同。

第六章　对《2010 年第三人对保险人权利法》的修正

第十九条　为实施 2010 年法案而改变“相关人士”含义的权力

用本法第十九条替换《2010 年第三人对保险人权利法》第四条至第六条。

“第十九条　改变‘相关人士’含义的权力”

为实施本法，国务大臣可以根据本条第二款制定法规增加或者减少符合“相关人士”的情形。

本款规定仅根据国务大臣的意见有所增加，增加的情形包括：

(1) 涉及法人或非法人的实际或预期解散；

(2) 涉及个人、法人、非法人的实际或预期破产或其他财政困难；或

(3) 类似于第四条至第七条描述的有关情形。

本条可就以下条款作出规定：

(1) 由于第一条增加或减少的情形(受影响的情形)，某人的权利在某种程度上将发生转移；

(2) 当第一条中受到影响的情形改变时，已转移的权利重新转移；

(3) 在受到影响的情形中，第一条转让权利之后果由被保险人承担。

由于本条规定了增加或减少法人或非法人的实际或预期解散的情形而可能改变以下条文的适用，因此该条文包含或排除该类解散或其他类型主体的解散：

(1) 第九条第三款(已转移的权利不受制于需要被保险人向保险人提供信息或协助的情形) 以及

(2) 附则一的第三条(需要披露的告知)。

在规定生效前，本条款规定的增加情形可能会导致本法案的第一条适用于以下情形，即与某人相关的下列任意或全部情形出现：

(1) 与某人有关的情形出现；

(2) 保险合同中出现对被保险人的责任。

为实现本法案的目的，根据本条规定，存在以下情形时，除非法律作出具体规定，否则某人不得被作为相关人士对待：

(1)增加情形；以及

(2)在规定生效前，规定本法案的第一条适用于以下情形，即第五款第(一)项和第(二)项提及的与某人有关的事件发生。

在规定生效前，根据本条款减少情形可能会使本法案第一条不适用于以下情形，即第五款第(一)项和第(二)项(并非全部)发生在同一个人身上时。

本条作出以下规定，并且第三款到第七款与本款的一般原则同等适用：

(1)包括间接的、附带的、补充的、过渡的、暂时的或保留的规定；

(2)为不同的目的而制定不同的规则；以及

(3)参考不时修订、扩展或适用的成文法则制定法条。

本条的规定可以修正任何时间通过或制定的成文法则，包括本法。

本条的规定由行政立法性文件制定。

行政立法性文件草案非经审议和“两院”的决议通过不得制定。

第二十条　其他修正

附则二修正《2010年第三人对保险人权利法》中适用于被保险人的相关条款。

第七章　总　　则

第二十一条　第二章的重要规定

本条款为本法案有关第二章的重要规定。

废除《1906年海上保险法》第十八条(被保险人披露)、第十九条(保险代理人披露)及第二十条(交涉待谈判合同)。

废除任何与上述条文效力相同的规定。

对《1988年道路交通法》(保险人对被保险人及第三方风险责任的例外规定)第一百五十二条作出以下修订：

(1)该条第二款第(一)项中，以“适用相关保险立法或安全条款的规定”

替代“当该法案不适用时，适用《2012 年消费者保险法（披露和陈述）》的规定”；第（二）项中，以“适用相关保险立法或安全条款的规定”替代“或者该法案的安全条款或者”。

（2）第三款“具体为”后增加“相关保险立法或安全法规”；

（3）第四款后增加第五款“在本条款中，‘相关保险立法’指的是《2012 年消费者保险法（披露和陈述）》或《2015 年保险法》第二章”。

《1981 年道路交通法令（北爱尔兰）》（保险人对被保险人及第三方风险责任的例外规定）的第九十八（A）条作出以下修订：

（1）该条第二款第（一）项，以“适用相关保险立法或安全条款的规定”替代“当该法案不适用时，适用《2012 年消费者保险法（披露和陈述）》的规定”；第（二）项，以“适用相关保险立法或安全条款的规定”替代“或该法案的安全条款”，或者

（2）第三款，在“具体为”后增加“相关保险立法或安全法规”；

（3）在第四款后增加第五款“（5）在本条款中，‘相关保险立法’指的是《2012 年消费者保险法（披露和陈述）》或者《2015 年保险法》第二章”。

废除《2012 年消费者保险法（披露和陈述）》（重要规定）第十一条第一款、第二款。

第二十二条　第二章至第五章的适用

第二章（及第二十一条）和第十四条仅在以下情况适用：

（1）保险合同在相关期间届满后订立；以及

（2）相关期间届满后，可在任何时间订立保险合同的变更合同。

本法案的第三章、第四章仅适用于相关期间届满后订立、变更的合同。

第一款和第二款中的“相关期间”指本法案自通过之日起 18 个月内。

除非有相反的意思表示，第二章至第五章中保险人或被保险人做出的或与之有关的行为包括其代理人做出的或与之有关的行为。

第二十三条　范围、时效及法律简称

本法同样适用于英格兰、威尔士、苏格兰及北爱尔兰地区，以下情况

除外：

(1)第二十一条第四款，对北爱尔兰不适用；以及

(2)第二十一条第五款，仅对北爱尔兰适用。

本法(第六章及本条除外)于颁行日18个月后生效。

第六章第十九条于颁行日两个月后生效，第二十条及附则二与《2010年第三人对保险人权利法》第二十一条第二款同时生效。

本条于本法通过之日起生效。

本法可称为《2015年保险法》。

附则一　对限制性违约的保险人救济

第一章　合　　同

总则

1. 附则一第一章适用于非消费者保险合同中关于合理陈述义务的违约(变更部分见第二章)。

故意或放任违约

2. 如果一项限制性违约出于故意或放任，那么保险人

(1)可以解除合同、拒绝赔偿；以及

(2)无须返还任何已付保费。

其他违约

3. 以下第四条至第六条适用于当限制性违约既不出于被保险人的故意，也不出于放任的情形。

4. 如果不存在该项限制性违约，保险人原本不可能订立保险合同，那么保险人有权宣布合同无效，但是需要退还保险费。

5. 如果保险人原本可能会与被保险人订立保险合同，但是会选择不同的保险条款(不包括保险费条款)，那么这种不同的保险条款应当视为包括在已订立的保险合同中。

6. 此外，如果保险人原本可能订立保险合同，但是会确定更高的保险费

率，则保险人在理赔时可以对被保险人的索赔按比例扣减。

第一款中的“按比例扣减”指，保险人只需按合同条款规定的义务支付索赔金额的 X%（或当适用第五条时，根据该条所提供的不同条款）。

$$X = \frac{\text{实际收取保费数额}}{\text{更高保费数额}} \times 100$$

第二章　变　　更

总则

7. 附则第二部分适用于非消费者保险合同中违反合理陈述义务的变更。

故意或放任违约

8. 如果一项限制性违约出于故意或放任，那么保险人可以通知被保险人保险合同自更改时终止，并且无须返还任何已付保费。

其他违约

9. 本条适用于当一项限制性违约既不出于故意，也不出于放任，并且合同的变更导致总保费的增加或不变。

如果没有发生限制性违约，保险人将不同意变更任何条款，那么可视为保险人自始未变更过合同，但是必须返还对该事件支付的额外保费。

当本条第二款不适用时，则：

（1）如果保险公司同意以不同的条款进行变更（除与保费有关的条款外），保险公司要求的变更就被视为以不同的条款订立的；以及

（2）在以下情形中同时适用附则第十一条，即如果保险人本应增加比过去更多的保费（在保费增加的情况下），或保险人本应增加保费（在保费不变的情况下）时。

10. 本条适用于当一项限制性违约既不出于故意也不出于放任，并且合同的变更导致总保费的减少。

如果没有发生限制性违约，保险人将不同意变更任何条款，那么可视为保险人自始未变更过合同，同时适用于附则第十一条。

当本条第二款不适用时，则：

(1)如果保险公司同意以不同的条款进行变更(除与保费有关的条款外),保险公司要求的变更就被视为以不同的条款订立的;以及

(2)在以下情形中同时适用附则第十一条,即保险人本应增加保费,本不应减少保费或者本应少减少保费时。

11. 如果适用本条,保险人在处理对合同变更后的索赔时,可以对被保险人的索赔按比例扣减。

第一款中的"按比例扣减"指,保险人只需按合同条款规定的义务支付索赔金额的 Y%(无论根据原条款、变更后条款,或根据第九条第三款第(一)项或第十条第三款第(一)项所提供的不同条款,依具体情况而定)。

$$Y = \frac{\text{实际收取保费总额}}{P} \times 100$$

第二款所列公式中的"P",在第九条第三款第(二)项中,指保险人将收取的总保费;在第十条第二款中,指原保费;在第十条第三款第(二)项中,当保险人不更改保费时,指原保费,此外指保险人将收取的增加或(如有可能)减少后的总保费。

第三章　补　　充

与《1906 年海上保险法》第八十四条的关系

适用于《1906 年海上保险法》第八十四条(缺乏对价的退费)有关非消费者保险的海上保险合同,应参照本附则的规定。

附则二　第三方对保险人的权利:相关被保险人

1. 本法对《2010 年第三方对保险人权利法》作出以下修订。

北爱尔兰享有债务减免令的个人。

2. 第四条(相关人:个人)修订如下:

(1)在第三款第(二)项(《1989 年破产令》中的债务清算协议)后插入"(ba)增加第四款,债务破产令由该法令第七章作出规定";

(2)第四款(仅指为实现第一条第一款第(二)项目的相关人士中的个

人)规定中,在“第一款第(四)项”后增加“或者第三款第(ba)项”。

法人团体等组织的管理

3. 第六条(法人团体等)修订如下:

(1)在第二款(《1986 年破产法》规定的事项)中,将第(二)项替换为“(二)该团体遵循上述法案附则 B1 的规定”;

(2)在第四款(《1989 年破产法(北爱尔兰)》规定的事项)中,将第(二)项替换为“(二)该团体遵循上述法令附则 B1 的规定”。

过渡情形

4. 在第一条第五款第(二)项(“相关人”的定义)的末尾处增加“同时参见附则三第一 A 项的规定”。

5. 附则三(临时性、过渡性及保留条款)修订如下:

(1)在开头处增加“本法案的适用”;

(2)在第一项后增加——

“相关人士

1A. 在下列情形中,不属于第四条至第七条中的个人、公司或有限责任合伙将被作为相关人士对待。

第一种情形指有关个人在生效日期之前破产,并且破产人的剩余债务未被免除。

第二种情形指在生效日期前,个人与其债权人达成和解协议,并且该和解协议仍然生效。

第三种情形指在生效日期前,对公司或有限责任合伙的清盘令已经做出或自动清盘决议已经通过,并且公司或合伙组织的清盘仍在继续。

第四种情形指有关公司或有限责任合伙在生效日期之前被监管,并且仍处于被监管状态中。

第五种情形指在生效日期前,公司或有限责任合伙的破产财务管理人已被任命,并且任命仍然有效。

在这些情形中,承担保险合同债务的人为相关人士,其保险期限为下述条款提及的时间段:第二款第(一)项,第三款第(一)项,第四款第(一)项,第五款第(一)项或第六款第(一)项(视情况而定)";

(3)在第二款前增加"《2007 年破产及注意法案(苏格兰)》";

(4)在第三款前增加"1930 年法案的适用";

(5)在第五款前增加"解释"。

解释

6. 在第十九条后增加——

"19A 解释

无论何时通过或制定第四条至第七条、第九条第七款、第十四条第四款以及附则一中的第三条第二款第(二)项,第四款、第五款提及的成文法则将视为被另一成文法则修订、延伸或适用,有相反的意思表示的除外。

本法中的'成文法则'是指被包含在下列项目或文书中的法则:

(1)法案;

(2)威尔士国民议会法案或措施;

(3)苏格兰议会法案;

(4)苏格兰法例。"

2016年《德国烟草制品法》

夏　双　施若冰*　译

第一章　总　　则

第一条　定义及法规的适用性

本法适用欧洲议会第二条第2014/40号行政命令和2014年4月3号关于同盟国调整烟草制品的生产、包装、出售的相关建议,不适用第2001/37号行政命令。

对保护人类健康、保护消费者免受欺诈的法律和其他法律法规的颁布保持不变。

第二条　其他定义

根据本法宗旨颁布的法律规定有:

(一)产品:烟草制品及相关产品;

(二)相关产品:电子香烟,可填充草药烟产品;

(三)处理:称重、测量、倾析和填充、冲压、印刷、包装、冷却、储存、运输;

(四)经济活动参与人员:制造商、授权代表、进口商、分销商和在产品的供应和分销链上的其他参与人员;

(五)促销信息:名称、规格、包装、图像、广告的目的、标志和符号;

---

* 夏双,上海外国语大学2016级法律硕士研究生;施若冰,上海外国语大学2016级法律硕士研究生。

(六)广告:任何带有商业性目的或对推广销售商品有直接或间接性影响的商业宣传;

(七)赞助:对该活动提供公共或私人贡献的;个人的支持或对促进产品的销售起到直接或间接的作用;

(八)社会信息服务:社会信息服务应根据欧洲议会第一条第一款 2015/1535 号行政命令和 2015 年 9 月 9 日关于技术法规和社会信息服务方面的建议去执行;

(九)消费品:包装、容器或与产品接触的其他包装;

(十)海关部门:负责管制外边境的主管部门。

第三条　负责人

经营者在其经营期间有义务确保:只有满足本法和根据本法颁布的条例要求的产品才能投放市场。根据章程第(一)项所称的"一个或多个经营者"附加适用本法规定。

《广告禁令》的第十九条至第二十一条的规定适用于制造商,进口商,分销商和经营广告或提供赞助的任何自然人或法人。

第二章　烟 草 制 品

第四条　废气排出值

生产香烟或在市场上销售香烟,其排放水平不能超过:

(一)焦油:每支香烟 10 毫克;

(二)尼古丁:每支香烟 10 毫克;

(三)一氧化碳:每支香烟 10 毫克。

联邦粮食与农业事务部被授权,与联邦经济能源部门合作,通过进一步限制排放量来保护消费者的健康。

第五条　成分

禁止在市场上买卖:

(一)以下品种的香烟或烟草:

1. 有特殊的味道；

2. 含有香料物质成分或者有使香烟的气味和含烟度改变的技术性成分物质存在；

（二）含有烟草或尼古丁成分的过滤嘴，香烟纸和香烟盒；

（三）烟草制品中含有有毒性或成瘾性的，致癌性或危害身体健康的添加剂；

（四）不符合章程第二款第（一）项第三目、第四目规定的烟草制品。

联邦粮食与农业事务部被授权，与联邦经济能源部门协调，按照管理条例保护消费者的健康。

（一）确定那些根据章程第一款第（一）项规定的带有特殊气味的添加剂或添加剂组合成分；

（二）香烟和烟草，里面含有哪些根据章程第一款第（一）项确定的带有特别气味的添加剂或添加剂组合成分；

（三）确定带有特殊成分的烟草产品的成分并限制其数量；

（四）确定烟草制品中含有的添加剂含量范围；

（五）依照章程第（一）项和第（二）项规定生产商、进口商、期限、要求：

1. 必须对烟草产品的成分和其使用的添加剂，添加剂的功能和其使用原因，以及使用这些添加剂的效果，特别是在产生特殊的气味方面的效果作出书面意见报告；

2. 当产品从市场上撤回时需采取的措施；

3. 参与的成员国需告知第三方有发表评论，作出报告之义务；

4. 根据章程第（一）项第五目的规定，执行部门是联邦消费者保护与食品安全部。

第六条　警告标志和包装

只有当烟草制品的包装和外包装都提供健康标示警语，该警语必须符合章程第二款第（一）项的规定时，该烟草制品才能投入市场。

粮食与农业联邦部门被授权：

(一)在联邦参议院批准的范围内,经济能源部与卫生部管理安全警示标语的内容、方式、范围和方法;

(二)在联邦参议院批准的范围内,联邦财政部与经济能源作出规定,只有在特定的单位经过特定尺寸包装的烟草制品才能投入市场。

第七条　可追溯性,识别和安全标志

只有当烟草产品的包装带有以下标志时,才可以投入市场:

(一)带有独特的识别标志;

(二)具有防篡改的安全功能。

在联邦参议院批准的范围内,粮食与农业部门被授权,与联邦财政部达成协议,管理包装标志的内容、方式、范围和方法,包装必须具有独特的识别标志和具有防篡改的安全功能。包括:

(一)要求经营者注明商品上某些必要的信息,特别是时间、地点和生产方式、种类、数量、来源和烟草产品的性质,并把握分销链上所有顾客的名字和通信地址,根据章程第(三)项将这些信息储存到数据库里;

(二)烟草产品生产商负责向除了直接向消费者们出售烟草的商家以外的其他经销商,提供烟草检测和根据章程第(一)项规定的电子信息传输的技术设备;

(三)烟草产品制造商和进口商负责处理根据章程第(一)项规定的信息,由独立的第三方处理欧盟境内储存的数据并对此缔结数据存储合同,该规定同时要求:

1. 委员会选择和认可独立第三方的程序和要求;

2. 根据章程第(一)项规定,信息的加工和管理需保持一致性,数据需进行保护和备份;

3. 外部审计制作关于制造商赔偿义务的报告需由独立第三方进行监督;

4. 根据章程第(一)项规定,委员会、主管当局、欧盟成员国和海关当局可通过信息的物理访问渠道访问储存的数据。同时,认证过的生产商和进口商也可以访问这些信息;

(四)要求各运营商的分销链进行书面记录和储存。

第八条　辐射

禁止：

(一)生产商生产烟草产品时使用没有经过批准的紫外线或电离辐射；

(二)违反根据章程第二项第(一)款规定的条令的烟草产品流入市场；

通过联邦参议院的批准，粮食农业部门被授权，与研究教育部，自然环境保护和建设以及核安全部协调统一规定。

(一)为了特定目的可以允许使用紫外线或电离辐射；

(二)为了保护消费者的健康，需要在规定的技术方式下使用允许使用的辐射。

第九条　农药

在联邦参议院批准的范围内，粮食农业部被授权与联邦财政部门和经济能源部门协调一致，保护消费者健康。

(一)必须确定农药的降解和反应产物的数量，若其超过规定，则该烟草制品不允许流入市场；

(二)使用特殊农药制作的烟草制品禁止流入市场。

第十条　识别

使用根据章程第八条第二款第(一)项规定的允许使用的辐射时必须给出相应的标注。粮食农业局被授权规定标示的种类以及允许的例外情况，以保护消费者的健康。

在联邦参议院允许的范围内，粮食农业局被授权与经济能源部门协调一致，

(一)第九条规定了烟草产品的识别规则；

(二)要求针对烟草产品适用的附加材料作出特定的说明。

第十一条　口服使用的烟草产品

禁止口服使用的烟草产品投入市场。

第十二条　新型烟草产品

新型烟草产品只有经过允许才能流入市场。

负责部门是联邦消费者保护与食品安全部和联邦经济与出口管制部。

只有当新型烟草产品不符合本法规定的满足烟草产品或无烟产品的规定时,才禁止流入市场。

如果该法或根据本法颁布的条例不再适用时,该法条或条例应当被撤销。《行政程序法》的第四十九条不受影响。

在联邦参议院批准的范围内,粮食农业部门被授权,与经济能源部协调一致共同管理批准程序,包括申请人提供的信息在内的:

(一)对健康的影响,包括成瘾性和风险收益分析;

(二)市场研究和预期的消费者认知。

第三章　相 关 产 品

第十三条　电子香烟和可填充香烟产品的内部材料

只有满足以下几种情况,电子香烟和可填充香烟产品才可投入市场:

(一)满足章程第二款第(一)项到第(三)项的法律规定的要求;

(二)在制造这些蒸发液体时只能使用高纯度物质材料,等蒸发到技术上不可避免留下来某些物质时,这些物质只能是高纯度物质,禁止有其他物质存在;

(三)在制造蒸发液体时不能含有包括尼古丁在内的物质成分,且该物质成分在加热和未加热的情况下都不能有危害人类健康的风险。

在联邦参议会授权的范围内,粮食农业部门被授权,与经济能源部门协调一致,为保护消费者的生命健康,对电子香烟和可填充香烟产品规定:

(一)限制或禁止在生产制造过程中使用特殊的物质;

(二)确定某些成分的最大含量额;

(三)应宣布相关制作材料成分的纯度。

第十四条　电子香烟和可填充香烟产品的特性

在满足章程第(二)项的要求时,如果电子香烟和可填充香烟产品要投入市场,还必须满足以下几条:

(一)可填充香烟产品的最大容积不超过 10 毫升;

(二)一次性电子香烟或一次性盒具的最大容积不超过 2 毫升;

(三)含尼古丁成分的液体被蒸发,其尼古丁含量每毫升不允许超过 20 毫克。

只有当电子香烟里尼古丁的含量低于正常需求水平时,该电子香烟产品才能流入市场。

电子香烟产品和可填充香烟产品投入市场前,必须保证儿童安全和操作安全,具有防断裂、防泄漏功能,可填充香烟要保证防泄漏。在联邦参议院授权的范围内,粮食农业局被授权与经济能源部门协调一致,为保护消费者的生命健康,要求电子香烟产品和可填充香烟产品:

(一)确定儿童安全和操作安全,具有防断裂防泄漏的技术上的要求;

(二)确保可填充香烟不可泄漏。

第十五条　电子香烟产品和可填充香烟产品的说明书,警告指示和包装

电子香烟和可填充香烟只有满足以下要求才能流入市场:

(一)有说明书,说明书里包含有使用说明,对健康的影响说明和生产日期;

(二)包装和外包装里必须设有健康警告标志;满足章程第二款第(三)项的法律规定,其包含包装设计、具体产品信息说明。

在联邦参议院批准的范围内,粮食农业部被授权与经济能源部门协调一致,共同保护消费者和第三方的生命健康,

(一)详细规定说明书里的内容和标题;

(二)规定标示的内容、种类、范围和处理办法,必须附带健康警示;

(三)包装和外包装必须含有产品介绍和包装设计、特殊产品的信息和提示;

（四）电子香烟和可填充香烟产品必须说明特定成分的含量值。

第十六条　电子香烟和可填充香烟产品的生产商、进口商和零售商的责任问题

制造商、进口商和零售商分别根据他们的业务采取适当的风险防范措施，这些措施必须与电子香烟和可填充香烟产品的属性相适应，以便能够及时召回产品并作出有效的警示。

制造商、进口商和零售商分别根据他们的业务，

（一）对市场上流通的电子香烟和可填充香烟进行抽样检测；

（二）对被投诉的电子香烟和可填充香烟进行检测，一旦被投诉就要引入实施意见簿。

采取什么样的抽样检测取决于产品的风险程度，电子香烟和可填充香烟产品应尽可能避免风险发生的可能性。

当市场监管机构需要了解他们的详细信息时，制造商、进口商和零售商应当将自己的营业场所告知市场监管机构，尤其是当他们的电子香烟产品和可填充香烟产品构成威胁健康和人身安全的风险时，就必须将以下信息详细地告知给市场监管机构：

（一）对健康和人身安全的风险；

（二）对避免这些风险采取的措施。

市场监督部门应立即告知联邦消费者保护与食品安全部该情况，告知者根据章程第（一）项规定不承担刑事责任或根据《行政法》不会被起诉。

在不违反章程第三款第（一）项相关规定的情况下，制造商，进口商和零售商应当立即告知欧盟成员国的市场监管机构，其电子香烟或可填充香烟产品已经投入市场或将要投入市场。

制造商、进口商和经销商必须提供市场监管当局要求提供的额外的信息和文件，例如：产品安全和质量、电子香烟和可填充香烟中任何潜在的不利影响。

第十七条　草药烟制品

只有当草药烟制品的包装和外包装设有健康警告时，该草药烟制品才能

流入市场。

在联邦参议院批准的范围内,粮食农业部被授权与经济能源部协调一致共同管理欧盟执法行动的内容、方式、范围以及设置安全警示标语的程序。

第四章　对烟草制品及相关产品的一般规定

第十八条　禁止保护欺诈行为

禁止以下行为:

(一)违反章程第二十五条的规定,生产或销售不合格产品;

(二)贩卖的产品没有足够清楚的辨识标志,或者是伪造的标志。

若产品质量有所欠缺,相应的产品的价值和实用性就大大地降低了,如果产品质量更好,就更容易唤起人们的购买欲。

禁止在烟草产品的包装和外包装上进行虚假广告宣传,尤其是禁止以下虚假宣传:

(一)产品有健康隐患或者产生某种刺激作用;

(二)故意给顾客留下这种印象,该烟草商品比起其他产品对身体危害更小或者商品里面含有更少的危害身体健康的成分;

(三)商品广告缺少以下信息:商品气味、味道、芳香剂和添加剂信息;

(四)烟草商品包装成药物、食物或者化妆品的样子;

(五)对商品的生产地、数量、重量、生产日期,或者在包装上对商品的保质期,或者商品其他重要的自然和生态特征进行虚假广告、虚假宣传。

禁止具有以下特征的商品投入市场:

(一)当产品的包装和外包装上注明了产品含有尼古丁、焦油、一氧化碳等信息的;

(二)当产品的包装和外包装给顾客留下该产品经济实惠的印象的。

除了有关芳香剂和尼古丁含量的信息之外,电子香烟和可填充香烟产品适用于章程第二款和第三款的禁止类规定。

草药烟制品适用于本章程第二款第(一)项、第(二)项第一目、第二目、第四目的禁止类规定。禁止产品包装和外包装上缺少有关添加剂和芳香剂之类的信息的草药烟制品流入市场。

第十九条　禁止在无线广播、印刷商品、社会信息服务上传播广告,禁止赞助

禁止烟草制品、电子香烟和可填充香烟产品在无线广播上进行广告宣传。

禁止烟草制品、电子香烟和可填充香烟产品在报刊或其他印刷刊物上进行广告宣传。

禁止为了促进烟草制品、电子香烟和可填充香烟产品的销售而赞助无线广播节目。

禁止为了直接或间接促进推广销售烟草制品、电子香烟和可填充香烟产品而赞助举办以下活动:

(一)当在举办的活动中有多个欧盟成员国参加;或者

(二)该活动是在欧盟成员国内举办的;或者

(三)举办的活动影响了其他国家。

第二十条　禁止在视听媒体上进行广告宣传

根据欧洲议会第一条第一款第2010/13号行政命令以及2010年3月10号关于同盟国调整的有关对烟草制品、电子香烟和可填充香烟产品的生产、销售的相关规定禁止在视听媒体上进行广告宣传。

第二十一条　禁止定性指标广告

禁止在烟草制品的流通中或者在广告中出现以下宣传信息:

(一)通过广告给人们这样一种假象,即享用或适当使用烟草产品不会损害身体健康,反而对身体功能和健康有益;或者

(二)广告的内容促进青少年消费使用烟草制品;或者

(三)广告的内容使吸烟这一行为具有模仿价值;或者

(四)广告的内容给人们留下这样一个假象,即该烟草制品的成分是纯天然的或没有添加其他杂质的。

在联邦参议院授权的范围内，粮食农业部被授权与经济能源部门协调一致，为保护消费者的生命健康，严格执行本法第一款规定，尤其是：

（一）规定广告的种类、范围和涉及范围，只能以特定的方式在特定的时间特定的地点播放广告；

（二）禁止或限制某些特定群体成员发表言论或声明。

第二十二条　跨境远程销售与数据保护

跨境远程销售烟草制品，电子香烟和可填充香烟产品给欧盟境内的消费者时，必须遵守：

（一）检测订购香烟的消费者们的年龄是否满足规定的最低年龄；

（二）贩卖烟草产品必须在主管负责机关进行登记。

登记地点：

（一）若烟草产品的销售场所是在德国的话，在德国的主管机关进行登记，如果烟草制品在欧盟成员国内销售的话，在欧盟成员国内的主管机关进行登记；

（二）若烟草制品的销售场所是在欧盟境外的话，在德国的主管机构进行登记。

章程第二款第（一）项、第（二）项，以及第（三）项适用于有关国家销售场所的登记规定。

申请登记的主管机关或机构负责签发登记证书，负责如第一款第（一）项规定的最低年龄监测，以及有效登记证书的签发，将所有已登记的跨境远程销售点列明清单。

对于跨境远程销售烟草制品，电子香烟和可填充香烟产品的商家，其个人信息的收集，处理和使用必须根据联邦数据保护法有关个人数据保护的相关规定来进行。

在联邦参议院的允许的范围内，粮食农业部被授权与财政部和经济能源部协调一致共同执行以下法律行为：

（一）规定登记注册的内容、方式以及程序；

（二）根据章程第二款第（一）项、第（二）项和第（三）项的规定，负责登记注册的风险责任全部或部分转移给消费者保护与食品安全联邦办公室。

第二十三条　授权

在联邦参议院允许的范围内，粮食农业局被授权与经济能源部协调一致：

（一）为保护消费者和第三方的生命健康，根据章程的规定：

1. 禁止和限制使用特殊的程序制造和销售烟草制品；

2. 确立调查烟草产品或其放射物中特定物质的含量的调查程序；

3. 检测烟草产品或其放射物中特定物质的含量只能在规定的检测实验室进行；

4. 对于能减少烟草产品或其放射物中特定物质的含量的物品和方法，应详细规定其性质和使用效果、使用过程；

5. 规定在哪种情况下应当对烟草产品或其放射物中特定物质的含量以报告形式说明；

6. 主管当局应当对产品的功能、市场、制造商或产品的组合物，组合物使用的成分及其功能和使用该组合物的原因，以及组合物根据欧盟法律所处的地位及其分类，组合物成分对人类产生的影响和人们对组合物和排放物有关生命健康的评论作出报告；

7. 由一个独立的科学委员会或主管机关进行研究，主要研究关于烟草制品的成分及其排放物对人类健康的影响，及其在市场上的销售情况；

8. 主管当局应当公布烟草制品的销售额；

9. 公开宣布对电子香烟和可填充香烟产品的合规性、质量和安全作出担保；

10. 考虑到对企业和商业秘密的保护，应当规定详细的操作程序，包括数据传输和产品的识别号码的分配规则、信息的存储和使用、信息的访问方式、共享信息的发布规则；

（二）为避免消费者受到欺诈，应当规定：

1. 市场上流通的烟草制品的包装和外包装上应当注明产品的生产日期、

包装日期、保质期、原产地和配制成分;

2. 没有满足产品生产、装配、产品性质要求的产品禁止投入市场,只有具有清晰识别标志以及将产品信息具体罗列出来的产品才可以投入市场。

有关产品要求的规定适用于:

(一)章程第一款第(一)项第一目、第四目;

(二)章程第一款第(一)项第六目。

若产品没有满足上述法律规定的要求,则该产品不能投入市场。

第五章 需 求 物

第二十四条 需求物在流通中的一般要求

需求物在物质构成方面,特别是在其病理学材料被净化后,不会危及消费者健康和安全的,允许流通。

第二十五条 材料变成产品的方式

禁止忽视需求物产品材料,在流通中使用或者基于这种目的的流通。需求物原料中无法保证健康安全,或者气味、口味与技术存在风险的,应当被去除;

在联邦参议院授权范围内,联邦农业与食品部被授权,确定符合章程第一条要求的特定的物质材料,以保护消费者远离健康损害。在联邦参议院授权范围内,联邦农业与食品部授权联邦消费者保护与食品安全局承担此项职责。联邦消费者保护与食品安全局无须参议院表决即可通告此项行政命令。

第二十六条 授权

在联邦参议院授权范围内,联邦农业与食品部可以授权,基于避免人身安全和健康危害的目的,必要时可以实行下列行为:

(一)限制和禁止特定原料、材料混合剂或材料群在生产和加工中使用;

(二)在需求物和材料生产中限定使用特定原料;

(三)禁止和限制需求物生产中特定程序的使用;

(四)确定对于需求物中原料在消费者使用和生产加工流通中的最高限额;

(五)确定需求物在生产中使用的原料纯度;

(六)规定如下:

1. 特定需求物中特定需求材料的数量是可以确定的;

2. 特定需求物的使用目的是确定的。

不符合章程第一款第(一)项至第(三)项和第(五)项已发布的行政命令要求的需求物,不能进入市场流通。

根据第一款的行政命令要求联邦经济能源部和联邦环境自然保护核能部应协调一致。

第六章　监　　督

第二十七条　资格与合作

根据章程第(二)项的要求,市场监督是联邦州政府赋予行政机关的义务。其他法律指定的机关不可与本法律相冲突。在部长责任分配上,市场监督服从于部长和其他特别地位的公务人员。

在章程第一条要求下,市场监督部门应依据欧洲议会第三编第三章第765/2008号行政命令和2008年7月8日关于授权和市场监督的规定的建议与海关部门合作,并依据产品营销的第339/39号行政命令相互配合。在这种合作框架下,海关可以依据市场监督部门的请求传达《海关法》有关产品的转变和那些市场监督部门完成工作所必要的信息。

第二十八条　市场监督部门的任务

市场监督部门在监督体系中起着基础性的保障作用。监督纲领应特别包含以下几点:

(一)对于重点市场和物流调查的评估与评价;

(二)建立和实行一个以检验产品为基础的监督程序,并使这种程序现实化。

市场监督部门至少每四年进行一次检验评估并考察监督体系的效果。

市场监督部门依据章程第一款第(二)项第二目的要求以电子方式或其

他方式公开市场监督程序。

联邦应保证,市场监督部门能有秩序地履行任务。因此联邦应提供必要的资源。他们要保证市场监督部门之间和欧盟成员国相互有一种有效的合作和信息交流方式。他们关注监督的发展和调整,准备相应措施避免紧要危机。

联邦市场监督部门在必要的情况下,可以承担其他欧盟成员国市场监督部门的义务。因此他们要准备必要的信息和通告,实施合适的调查和其他恰当的措施,同时他们应当在其他欧盟成员国开展调研。

第二十九条　市场监督措施

市场监督部门应以适当的形势和方式控制样品和规模,使产品符合已颁布的行政命令、生效法律的要求,市场监督部门应该奉行风险评估,接受申诉信息的合理原则。

当市场监督部门怀疑产品不符合已颁布的行政命令、生效法律要求时,应当采取以下措施:

(一)承担整合措施,当产品符合法律和行政命令之时,产品才能进入市场流通;

(二)规定当生产者自主检验产品或产品被检验时,生产者应通报检验结果;

(三)直到样品检测结果出来或市场监督部门安排检测或符合章程第(二)项关于检验相关规定的要求,产品才能投入市场流通;

(四)禁止单一产品投入流通;

(五)规定二次使用产品的回收与销毁方式;

(六)规定产品被销毁的处理方式;

(七)根据章程第三条关于义务者的条文,对于流通中的产品,公众应当被警告产品中存在的风险。

市场监督部门有权规定相关措施,根据章程第十九条至第二十一条禁止广告宣传。

根据章程第二款第(三)项关于义务人的条文,为切实采取有效措施,市场监督部门有权取消或者变更措施。

当产品对于消费者的安全和健康存在危险和隐患时,市场监督部门有权规定产品的撤销、回收和限制市场的供应。在考虑形势和危险产品进入市场可能性的危机评估机制下,无论产品是否显现危机,都应该采取措施,并预防该产品产生紧要危机。

市场监督部门有权根据第765/2008号行政命令第十九条第三款决定,产品在某个欧盟成员国或者欧洲经济区协议的某个协议国的市场进行投放。

基于电子烟和多次性滤嘴对健康的隐患,即使其符合法律和已颁布的行政命令法律的要求,市场监督部门仍可以决定,采取合适的临时措施。市场监督部门指导委员会和其他欧盟成员国的有关资格部门采取措施并通知他们最新的信息。

第三十条　市场监督措施的承受者

市场监督部门的措施特定针对章程第三条的义务人。

第三十一条　准入权利,许可和采样

商业监督部门和它任命的人员必须履行以下义务,在以下框架下监督商品:

(一)生产;

(二)第一次使用;

(三)带有特定目的的流通与储存;

(四)签发日期。

对这些产品的检查和检测是合理的。当这些产品在港口准备进一步运输时,市场监督部门和它的代理人应进行检查和检测。如果这些检验活动证明,产品不符合已颁布的行政命令,生效法律要求,市场监督部门可以向计划将产品投入流通、储存、展览的人员征收检查和检测的费用。

市场监督部门和它委托的人有权提取样品,要求生产商提供样品和必需的材料和信息。这些样品、材料和信息应无偿提供。

如果样品在性质上没有或不存在危险,生产者可以放弃遗留的样品。遗留的样品应被可靠封存或保存,且样品应附有样品提取时间和封存时间的清单,在样品本身到期和封存时间到期之后,样品自动失效。

对那些根据法律在官方框架下提取的样品,不能要求任何赔款。在特别情况下承担赔款的最高额度是售价,但在其他情况下赔款可能高于售价。

第三十二条　容忍义务和合作义务

章程第三条的义务人根据章程第三十一条第一款至第三款负有应当容忍的义务,市场监督部门和它的义务人应支持。根据第三条的义务人授予市场监督部门对任务实现必要的答复要求权利。当这种回答根据《民事诉讼法》第三百八十三条第一款至第三款会造成刑事迫害或者违反法律的,答复义务人可以拒绝答复,并被告知有关于拒绝答复的权利。

第三十三条　授权

为了促进统一市场监督的实行,在联邦参议院授权范围内,联邦农业与食品部被授权,颁布关于以下的规定:

(一)关于实验者个人普通仪器制造装置以及产品调查和样品程序的规定;

(二)惩罚规定和罚金规定。

第七章　惩罚规定与罚金规定

第三十四条　惩罚规定

有以下情形的,处一年自由刑或罚金:

(一)违反章程第四条第一款和与行政命令相关的第四条第二款关于香烟生产和投入流通的规定;

(二)违反第五条第一款和与行政命令相关的第五条第二款第(一)项、第(二)项关于香烟和烟草变相投入流通规定的;

(三)违反章程第五条第一款第(二)项关于过滤器、烟纸和烟壳投入流通规定的;

（四）违反：章程第五条第一款第（三）项、第（四）项和与行政命令相关的第五条第二款第（三）项、第（四）项，章程第八条第一款第（二）项和与行政命令相关的第八条第二款第（二）项，章程第十一条规定，把烟草产品投入流通的；

（五）违反章程第九条或第二十六条第一款第（四）项的行政命令和基于此类行政命令的可执行的命令的。只要这种行政命令明确规定处罚的特定事实情况的；

（六）违反章程第十二条第一款关于新烟草产品投入流通允许的；

（七）违反章程第十三条第一款第（一）项与行政命令相关的第十三条第二款、第十三条第一款第（二）项、第（三）项、第十四条第一款、第二款、第三款和与行政命令相关的第十四条第三款第（二）项把电子烟或可填充香烟产品投入流通的；

（八）违反章程第十八条第一款和与行政命令相关的第二十五条第二款、第十八条第一款第（二）项、第二十三条第二款第（一）项和与行政命令相关的第二十三条第一款，把产品投入流通的；

（九）违反章程第十八条第二款和与行政命令相关的第十八条第四款、第五款规定，把烟草产品、电子烟、可填充香烟产品或草药烟产品投入流通的；

（十）违反章程第十八条第三款和与行政命令相关的第十八条第四款规定，把烟草产品、电子烟或可填充香烟产品投入流通的；

（十一）违反章程第十八条第五款，把草药烟产品投入流通的；

（十二）违反章程第二十二条第一款第（一）项不使用或不正确使用年龄检验系统的；

（十三）依据章程第二十二条第一款第（二）项没有登记而从事远程销售的；

（十四）违反章程第二十四条和第二十六条第二款和与行政命令相关的第二十六条第一款第（一）项至第（三）项、第（五）项规定把需求对象投入流通的。

违反欧盟权利行为内容规定的同样也会受罚,

(一)符合章程第一款第(一)项至第(四)项、第(七)项正式命令和禁令;

(二)符合章程第一款第(五)项授权规定的规章,明确注明依据章程第三十七条第(一)项关于惩罚规定的特定事实情况的。

第三十五条　罚金规定

疏忽大意违反条例,实行第三十四条行为的。

疏忽大意或故意,有以下违法行为的:

(一)依据以下行政命令:

1. 章程第五条第二款第(五)项和第六条第二款第(二)项;

2. 第十条第二款第(一)项、第十五条第二款第(四)项、第二十三条第一款或第二十六条第一款第(六)项;

3. 章程第七条第二款第(二)项;

4. 章程第七条第二款第(二)项或第十条第二款第(二)项,并基于此类可执行的命令的。只要这种行政命令明确提示罚金的特定事实情况的;

(二)违反章程第六条第一款和与行政命令相关的第六条第二款第(一)项、第七条第一款和与行政命令相关的第五条第二款第(一)项;

(三)违反章程第十条第一款和与行政命令相关的第十条第一款第(二)项的,无法辨认辐射的运用;

(四)违反章程第十五条第一款和相关的第十五条第二款第(一)项、第(二)项、第(三)项规定的,电子烟或可填充香烟产品投入流通的;

(五)违反章程第十六条第三款和与行政命令相关的第十六条第四款,行政部门未通告、未正确通告、未完全通告、未及时通告的;

(六)违反章程第十七条第一款和与行政命令相关的第十七条第二款的,将草药烟产品投入流通的;

(七)违反章程第十九条第一款、第二款和与行政命令相关的第三款的,宣传烟草产品、电子烟或可填充香烟产品；

(八)违反章程第十九条第四款、第五款，支持无线电程序和活动的；

(九)违反章程第二十条从事视听商业交流的；

(十)违反章程第二十一条第一款和与行政命令相关的第二十一条第二款使用商业广告信息的；

(十一)违反章第二十三条第二款第(二)项和与行政命令相关的第二十三条第二款，把产品投入流通的；

(十二)违反章程第三十二条第一款的，不接受措施的或市场监督部门和代理人不支持的；

(十三)违反章程第三十二条第二款的，未给予回复、未正确回复、未完全回复或未及时回复。

违反条例，直接违反欧盟权利内容性规定的，

(一)符合章程第二款第(一)项符合的规定；

(二)符合第二款第(二)项、第(三)项、第(五)项的规定。

直到行政规定根据章程第三十七条第二款要求关于罚金规定上显现出一个特定的事实构成。

在第二款第(一)项和第三款第(一)项情况下，罚款50000欧元。在第一款、第二款第(二)项，和第三款第(一)项和第(二)项情况下，罚款30000欧元。在第二款第(四)项、第(十)项和第三款第(二)项情况下，罚款10000欧元。在其余情况下罚款5000欧元。

第三十六条　没收

实施违反第三十四条或第三十五条第一款、第二款或第三款的犯罪行为的，处以没收。《刑法典》第七十四条和本法第二十三条关于此规定同样适用。

第三十七条　授权

在联邦参议院授权范围内，联邦农业与食品部授权对于欧盟法制实行是必要的，可以：

(一)根据章程第三十四条第二款处罚犯罪;

(二)处罚违反章程第三十五条第三款的犯罪。

第八章　最 终 决 定

第三十八条　官方调查程序汇编手册

众议院对于消费者保护和食品安全出版了一本样品和产品调查程序的官方汇编手册。手册由来自监督部门,科学管理、消费者和经济领域的专家们合作完成。汇编手册能够连续应对处理最新的情况。

第三十九条　允许的例外情况

法律规定和基于法律的已颁布的行政命令可以使个别情况在根据章程第二款、第三款的规定时被允许。

有关产品的生产、交易、运输只有在官方监督下的例外情况下才被允许。如果产品存在期待性,那么法律的规定和基于法律颁布的行政命令可以被改变和补充。因此保护的利益,应当考虑所有的因素,例如,能影响工业生产或广告宣传。

若事实表明,当产品使用中的典型危险对人身健康没有威胁时,例外情况才能被允许。

存在章程第二款规定的例外情况,众议院对于消费者保护、食品安全的管控,可与经济调控和出口管制保持一致。

存在章程第二款规定的例外情况,允许约定的最长时间为三年。如被许可,则在三年内最多要求申请三次。

一个例外的许可可以因为重要理由而被取消,取消的许可会被公告。

在联邦参议院授权范围内,联邦农业与食品部被授权,在章程第二款例外的程序情况下,特别是关于允许的内容、形式、申请人的规模和其他细节,例如,申请的发行等,可颁布有关规定。

第四十条　来自其他欧盟成员国或者欧洲经济区协议国的产品

来自其他欧盟成员国或者欧洲经济区协议国合法生产投入流通的产品,

以及第三国已在其他欧盟成员国或者欧洲经济区协议国合法流通的产品,即使他们不符合联邦德国的法律规定和行政命令的要求,仍允许引入国内流通。

章程第一款不针对那些不符合已颁布的保护健康行政命令的产品。德国依据章程第三款关于产品的运输通过消费者保护与食品安全联邦局的普遍支配令在联邦指标上突出。

根据章程第二款的普遍支配令由消费者保护与食品安全联邦局和经济出口管制联邦局颁布,就此而言,不与健康保护的强制性理由对立。它由规划产品引入本国的人申请。对于产品健康危险的评判是国际研究应该顾虑的知识问题。普遍支配令适用所有符合来自其他欧盟成员国或者欧洲经济区协议国产品的进口商。

根据章程第二款的普遍支配令,由将规划产品引入德国的人申请。申请是一个对产品明确的描述,比如附带决定所必需的资料。申请需要决定一个适当的日期。如果九十天内没有收到关于申请的最后决定,申请者会被告知理由。

第四十一条　暂时性引入禁令

有以下情形的,职权部门有权在个别情况对本国的进口和其他法律上规定的产品进行禁止和限制:

(一)被德国委员会授权和联邦食品和农业部部长明确设定联邦标准的;

(二)存在事实表明,产品威胁人身健康的。

第四十二条　出口

确定出口到外国的,不符合法律规定和行政命令的产品。职权部门有权要求出口商品的生产者,对于那些不符合法律规定和行政命令的产品,通过合适的方法,使产品能够合格出口。

在本国基于法律规定和基于法律的已颁布行政命令而被拒绝流通的产品,可以退回给本国的供货人。章程第二款第(二)项仅针对符合此情形的。国际约定,联邦法律授权允许的团体可以保留,例如,欧盟的法律文书。

确定出口到外国，不符合法律规定和已颁布行政命令的产品，必须被分离出来，使公众明确知晓。

联邦食品和农业部部长被授权，通过众议院批准的法规实施欧盟的法律文书，禁止和限制产品在其他欧盟成员国、欧洲经济体的协约国或者第三国进行流通。

第四十三条　紧急情况下的行政命令

没有众议院发布的决定，当事人要求法规立即生效以实施欧盟法律文书的，根据法律行政命令可以在危急时刻迟延实行。

因不可预见的健康问题要求行政命令立即改变时，联邦食品和农业部部长可以在没有众议院的决定下根据章程第八条第二款和第九款自行改变。

根据章程第一款和第二款的行政命令不只是需要联邦部长的一致意见。行政命令在生效六个月后失效。它的有效期只能通过众议院的决定延长。

行政命令在例外情况下可以不受章程第一款和第二款约束。

第四十四条　借鉴欧盟法律的行政命令

如果涉及专业领域欧盟实行的法律文书，根据法律行政命令、法律文书可以借鉴法律和行政规定的目的而被颁布。

当没有众议院的决定时，联邦食品和农业部部长可以根据由来自欧盟的法律文件的有关技术性规定改编的法律使用过去的法规。

第四十五条　授权的改编

基于行政命令可以由联邦政府完全或部分承担各自的授权。如果依据章程第(一)项颁布的法规通过联邦政府的授权，以联邦政府通过的法律为准。授权通过法规全部或部分由其他部门承担。

第四十六条　法规的调整授权

联邦食品和农业部部长被授权，没有众议院的决定时，为了改变必要的规模，必须通过基于法律的处理法规调整。

第四十七条　临时行政命令

烟草产品和草药产品有以下情形时：

(一)在2016年5月20日前生产、投入自由流通和标记的;

(二)符合相关规定,允许在2017年5月20日前投入流通和流通后剩余的。

电子烟和回收物有以下情形时:

(一)在2016年11月20日前生产、投入自由流通和标记的;

(二)若产品具有一定的价值利益,允许在2017年5月20日前投入流通。

章程第七条针对自2019年5月20日起香烟和烟草的转变和自2024年5月20日起多余的烟草产品的使用。

章程第五条第一款第(一)项规定针对自2020年5月20日起使用的产品销售量占到3%的产品或者特定类型的香烟产品。

依据章程第六条第二款第(二)项,自2009年7月15日起适用《烟草税法》第二十五条第二款。《烟草税法》最终由2015年12月3日通过的法律的第十二条所修改。

附　　录

上海外国语大学2017年度国别与区域法律论坛会议综述

李柯萱　娄超凡*

2017年5月20日上海外国语大学"国别与区域法律论坛暨比较法的视界学术研讨会",在上外虹口校区图书馆606会议室隆重举行。校党委书记姜锋出席并致辞。科研处处长王有勇、法学院院长张海斌、党总支书记孙宇伟、副院长王海镇及专业教师代表和上外多语种法律硕士生共80多人出席了活动。

姜锋书记在论坛开幕式上致辞,他首先对论坛的举行表示祝贺,指出,国别与区域法律论坛的举行,对于彰显上海外国语大学"多语种+"学科建设的优势和特色,培养具有上外特色的涉外法律人才具有重要意义。"特色就是实力",姜书记希望上海外国语大学法学学科建设和人才培养,要放宽研究视界,以问题为导向,紧密围绕国别与区域法律研究的特色,不断提升跨文化沟通能力和涉外法律研究的视域和素养。同时,"学法律要有人文关怀",法学研究不仅要关心法律制度本身,还要追索法律制度背后承载的文化和价值问题,不断拓展法学研究的人文维度,服务中外法律人文交流,"做有温度的学问"。姜书记最后指出,"法律也是一种修养",法律人的道德素养和人格修养决定了法治的境界和品格,他希望在座同学能从身边的小事做起,德法

* 李柯萱,上海外国语大学2015级法律硕士研究生;娄超凡,上海外国语大学2015级法律硕士研究生。

兼修,在生活的细节与细微之处彰显法律意识与权利意识,努力将自己塑造成具有上海外国语大学特色的“多语种+”卓越国际化人才。

科研处处长王有勇在主旨报告中,分别从增强国家战略意识、国际交流意识和学科交叉意识的角度,阐释了国别区域研究的基本素养。他希望在座同学要坚持以问题为导向、以质量为导向的研究路径,不断提升自身法学专业素养和科学研究能力。法学院院长张海斌在发言中,解析了涉外卓越法律人才培养的新内涵、新维度,勉励大家要充分依托上外优势,努力提升跨文化法律理解能力、讲述中国法治故事的能力和参与国际重大法律事务的能力。

本届论坛围绕着比较公法、比较私法、比较司法、比较法律教育与法律职业四大主题进行了广泛而深入的研讨,会场气氛非常热烈。现将本次论坛探讨的主要内容综述如下。

一、比较公法专题

本届论坛的第一个专题围绕刑罚的传统与现代化、地方立法体制、英国脱欧等公法问题而展开,由李柯萱主持。

周晓程以《论阿拉伯地区恢复石刑的象征意义》为题做主题发言。首先,他简要介绍了石刑的含义及宗教背景。而后,讨论了石刑一直存在的问题。他考辩了石刑的起源,认为石刑最早出现在《旧约》和《犹太法典》中。先知穆罕默德参照犹太法律的规定,声明对通奸行为处以石刑,重申了伊斯兰教义对家庭、道德与荣誉的重视与维护。直至奥斯曼土耳其帝国末期,由于在伊斯兰法改革过程中大量移植了西方的法律制度,石刑衰落。20世纪60年代,石刑在恢复适用传统的伊斯兰法的运动中迎来了它的复兴。目前,仍存在石刑的国家包括伊朗、巴基斯坦、沙特阿拉伯、阿富汗等。其次,周晓程得出结论,认为虽然现代社会对石刑规定了严格的适用条件,但法官仍可使用自由裁量权判处被告有罪。当前,石刑具有更多的象征性意义,用来宣扬伊斯兰法的基本精神与价值追求。杨旭升对周晓程的论文作了点评,全面了对石刑的介绍。认为该论文在探讨阿拉伯地区法律制度方面具有积极作用，使读者了解了石刑的宗教背景及意义，同时他也提出，石刑也可针对男性施行，并建议论文在讨论恢复石刑的象征意义方面可以多一些笔墨。

张译元以《英国地方立法体制的特点——以苏格兰议会与威尔士议会的对比为切入点》为题，作了发言。他从苏格兰独立公投引出论文主题：在单一制国家中，像苏格兰议会拥有如此大的立法权力的地方议会实在少见。他对比了苏格兰议会和威尔士议会，认为两个议会同为权力下放政策的受益者，却拥有不同立法权限。他从两个议会的不同特点入手，分析了英国中央与地方在立法领域的关系，并认为相比威尔士议会，苏格兰议会的立法权限更大，立法活动更频繁、对政府的监督力度更大。权力下放政策、苏格兰的历史传统以及公投活动的推动都是导致苏格兰议会权力大的因素。论文最后认为，权力下放虽然一定程度能够减轻中央政府的负担，但是对下放的权力应该作出具体的限制。王丽姣对张译元的发言作出评议，她认为，本论文把握了时事热点，切入点具有问题导向性；从学术性来看，本论文注重数据应用及法案文本分析，总结的成因也很具代表性；从可读性来看，论文言简意赅，层次分明，表达准确；同时，本文应当进一步加强说理。

郝运主题发言的题目为《脱欧进程对英国法的影响以及相关文献概述》。他借鉴国外，尤其是英国法学界的观点阐述脱欧问题。论文回顾了英国引入欧盟法的历程，认为有必要在英语语境中了解脱欧问题的相关表述和概念。论文介绍了两个术语——“Brexit”（脱欧）和“In Or Out Option”（去留问题），以及3个国外法学领域研究的焦点议题，即废除条例草案、《里斯本条约》50条的“触发”问题以及米勒案。该论文认为，在国内对脱欧问题的研究方面，多是新闻性质的介绍，法学性质的论述较少；在国外对脱欧问题的研究方面，相关研究主要集中在以下三类：第一类分析英宪体制；第二类则专精于具体的部门法，着重探讨英国脱欧后诸多方面的问题；第三类是研究英国脱欧与苏格兰独立。韩智康对郝运的发言作出评议，指出了该论文选题的时代特色，并认为该论文梳理了国内外法学界对脱欧问题的研究观点，归纳了脱欧对英国法律体系的影响，我国学者应当注意到在脱欧问题研究上的空缺。

张哲以《互联网时代的共享经济对法律规制的挑战——以日本〈道路运输法〉和〈旅馆业法〉为例》为题,作了主题发言。就选题意义,张哲认为,以法律视角研究共享经济的文章较少,聚焦日本共享经济的法学研究则更少,而日本共享经济已成为亚洲的成熟典型代表,因此本论文的论述重点为日本对共享经济的法律规制,以及《道路运输法》对共享车辆的法律规制和《旅馆业法》对共享民宿的法律规制。对共享专车是否需要规制的问题,关键在于其服务是否有偿。另外,共享租车的法律规制难题在于租车人同时也是车辆的使用者的情形。对共享民宿规制的问题,首先需判断是否属于“经营”。近年来,日本制定了《国家战略特别区域法》等规定,开始放松对共享经济的管制。郑程程对张哲的发言作出点评,认为我国共享经济迅猛发展,共享经济也带来诸多社会及法律问题,为探索我国共享经济的发展模式以及法律规制问题,对日本共享经济的研究不可或缺。

沈志韬老师在总结发言中谈了三点感受:一是论坛的创新有高度。同学们以掌握的外语来研究外国法律制度的论坛形式颇有特色,同时将学术研究提升到与国家战略契合的高度。二是研究视角有广度。本次论坛是一次很好的“多语种+法律”人才培养的尝试,解答了法学专业在外语学院扮演着什么角色的问题,即培养学生探索语言背后的人文基础和法律基础,是国别与区域研究中的重要一环。三是研究有深度。本次论坛提供了一个比较法研究的新思路,即探索外国制度,不仅要从法律规定本身去探索,而且要从法律背后的社会环境、宗教传统以及立法趋势去探索,这样的研究更有深度,更能帮助我们理解一个制度的好坏以及是否适合中国的土壤。本次论坛既是展示学术成果的舞台,也将成为参与国家战略发展的平台。

二、比较私法专题

本专题围绕“比较私法”主题展开研讨,发言内容主要涉及各国民法、商法领域的法律热点问题,由张竹一主持。

徐可以俄罗斯历史上三次民法典编纂为视角展现了俄罗斯私法的复兴

历程。首先,她以俄罗斯法制史内容为时间背景,介绍了俄罗斯私法和私法精神在民法典发展历程中的变革。其次,介绍了现行《俄罗斯联邦民法典》私法复兴的特点,具体表现为:民事法律主体多元化,物权制度和债权制度的最新调整中蕴含着私法自治原则。最后,她从机构设置、民法理念的普及、外国法经验和本土化适应等多个角度总结了俄罗斯民法的私法复兴对中国的借鉴意义,分析了私法优越对我国立法的启示,并指出民法典编纂修改过程中可能会遇到的问题。借此题,她还倡导大家关注我国民法典的编纂和发展。史汗青对徐可的论文作了简要点评,认为论文结构严谨,逻辑性强,从时间顺序展开俄罗斯民法典编纂发展的进程,接着又从主体、物权和债权三方面论述俄罗斯私法的复兴之路。就可读性角度而言,本文言简意赅,思想表达连贯,但建议以更多的俄罗斯一手文献资料来充实论文。

张怡介绍了法国民事互助契约制度。张怡通过一组最新数据,从我国离婚率攀升和同性恋群体日渐庞大的社会现状为切入点,阐释了民事互助契约制度的存在价值和对我国的借鉴意义。在法国,该制度的建立与欧洲各国对协议同居的立法环境和法国自由浪漫的文化氛围密不可分。她强调民事互助契约制度保护的对象不仅同性伴侣,也包括异性伴侣。该制度的内容独立于婚姻和同居之外,而“契约”也强调了其合同的本质:以双方均为成年人且意思表达真实为基本要件,且对双方国籍并无苛刻限制。法国协议同居制度实施了 16 年,至今已较为成熟和完善,弥补了婚姻立法和自由同居之间的法律空白。同时,她也强调,因为中法之间的经济、文化、历史、社会差异明显,在法律移植过程中不能生搬硬套,应当根据我国的具体情况进行立法。庄奕对张怡的论文进行了点评。她认为,本文从社会环境和法律性质两个角度分析了该制度在我国实行的可行性,观点新颖,结构完整,条理清晰,并且建议本文可以对该制度如在我国立足将会遇到的阻碍加以论述。

陈儒杰探究了南非合同法中的“效力障碍”问题,从四个方面进行了介绍:混合法域的传统和合同法“效力障碍”的概念;南非合同法中无效合同的制度构成;南非合同中可撤销合同的制度构成;中非贸易前景展望。合同“效力障碍”通常分为无效性和可撤销性、未决的无效和相对无效三类。而在陈儒杰看来，所谓三类“效力障碍”都统一在“无效与可撤销”内。因此，他以南非“无效合同和可撤销合同”制度来探讨其合同“效力障碍”问题。其中，他对可撤销合同中的虚假意思表示进行了详细介绍，相比于我国《合同法》中虚假意思表示的有关规定，南非法律按照行为人的主观心理与虚假意思表示对结果进行了更为详细的划分。他强调，中国投资者在南非签订合同、履行合同，除了要深刻认识和理解南非合同法中的强制性法律规范，还必须清楚南非可撤销合同中的特别规定，才能防止因法律理解有误而引起的投资失败。宋爽对陈儒杰的发言进行了点评。她认为本文结合学术理论和案例实践，对中国投资商了解南非法律以及同南非进行贸易往来有一定的借鉴意义，并且还会发挥风险提示作用。同时，本论文从大陆法系和英美法系的区别来分析“合同缔结过程中的禁止”等具体情形，充分体现出比较法学研究的特点。

魏红结合2016年最新生效的英国《保险法》，对英国保险合同中的保证制度的改革进行了评价，认为此番改革既符合实践要求，也符合现代社会法律所追求的价值。起源于17世纪初的英国海上保险制度中的“保证”一词，其含义不同于我们一般理解的合同法中的保证，而是泛指保险合同中规定的某类条款，是最常见的风险控制条款。魏红对新旧两法进行了比较，认为新法在保留旧法的基本法律框架下，对以下几个问题作出了修改：第一，将违法保证条款后果中的解除保险合同下的一切责任修改为暂时中止保险责任；第二，废除“合同的基础”条款，不允许保险人把被保险人作出的保证内容列在保险合同中并使其成为合同条款的一部分；第三，增加“与实际损失无关条款”，明确规定保险制度下的责任免除，违反保证的行为“与实际损失无关”，保险人不能免责。尹晔对魏红的发言作出评议，认为本文把握法律发展的热点，有完整的结构体系，开拓了读者的视野，对实践有一定的借鉴意义。她还建议作者对英国保险法此番改革的原因进行探讨，另外，本文涉及的其他相关问题也仍有很大的研究空间。

最后,华瑀欣老师进行了总结发言。华老师提醒同学们在进行理论研究的同时,应当关注与实证案例的结合;在进行外国法律研究的同时,关注优秀经验对于我国法律的借鉴意义;在夯实法律基础的同时,多阅读外语原文文献,这样才能在论文中更全面地突出“多语种+”的优势。华老师从问题意识、写作规范、文献引证等几个方面,分别对同学们的报告进行了精彩的点评。

三、比较司法专题

本专题围绕“比较司法”主题展开研讨,讨论范围涵盖司法制度以及法律适用问题,由魏彤丹主持。

赵学慧的发言题目为“从加泰罗尼亚独立公投看西班牙宪法法院的地位和职能”。首先,论文从历史、文化、政治、经济等方面介绍了加泰罗尼亚地区要求独立的综合背景;其次,赵学慧结合加泰罗尼亚地区通过的独立声明被西班牙宪法法院认定违反宪法这一案例,分析了宪法法院独立于司法机关的特点,以及宪法法院具有的违宪审查、处理中央与地方自治组织之间与国家机关之间的权限冲突等职能;最后,赵学慧对比分析西班牙和法、德、韩、美等国的违宪审查制度,指出了我国违宪审查制度存在的问题,建议我国应该完善违宪审查机制,设立宪法法院作为独立的违宪审查机构,充分保障宪法区别于其他法律的根本大法地位,以保护公民的基本权利。王萍对该篇论文从两个方面进行了点评:一方面,选题具有实践价值,本文的阐述可以对我国当前的违宪审查制度建设提供参考;另一方面,在介绍加泰罗尼亚案例从而引出西班牙宪法法院职能时,建议可以通过补充对二者之间关系的论述以达到更好的衔接效果。

张玉珂以“日本少年司法制度”为题进行发言,介绍了日本少年司法制度诞生及变革的四个阶段:第一阶段是日本1882年《刑法》中对少年刑事政策进行了规定,12周岁以下为无刑事责任年龄,12~16周岁为相对无刑事责任年龄,16周岁以上为完全刑事责任年龄,未满20周岁犯罪的在量刑上予以减轻;第二阶段是日本少年司法制度的诞生——1922 年日本历史上第一部《少年法》(旧少年法)出台,同时日本 1907 年《刑法》修改了刑事责任年龄,规定不满 14 周岁的人为绝对无刑事责任能力人,已满 14 周岁的则为责任能力人,废除了"相对刑事责任"的概念;第三阶段是日本 1948 年《少年法》(新少年法)公布。至此日本形成了完善、科学的少年司法保护制度;第四阶段是对新少年法的争议和修改。在健全的少年司法制度的引领下,日本社会一直处于少年违法犯罪率较低的水平,其在未成年人保护和治理少年犯罪方面堪称世界楷模,对于我国在未成年人司法保护领域有重要的借鉴意义。顾是奕进行了点评,认为这篇论文简明扼要地介绍了日本司法制度的诞生、发展过程及所体现的保护主义理念,对于我国当前的青少年犯罪立法与未成年人保护具有很强的参考价值,并建议论文中增加少年司法制度发展过程中产生的社会影响方面的论述。

张恺以《浅析新西兰行政法中的实体正当期待保护原则》为题进行了发言。正当期待是由英国著名法学家丹宁勋爵首先提出的一个行政法上的新兴理论:不仅要保护公民在行政法上的程序利益,同时还要保护民众的实体利益。首先,从渊源角度介绍了期待利益的兴起及其在司法实践中具备可执行性的由来。其次,通过对考夫兰案的审判以及争议焦点的分析,介绍了与新西兰具有紧密联系且对其产生重大影响的英国行政法上的实体正当期待的确立,然后从期待利益的程序保护与实体保护两方面介绍了其在新西兰司法实践中的接受程度。最后,鉴于考夫兰案的经验,张恺认为期待利益不仅仅应在程序上受保护,民众的实体期待利益若满足一定的条件也理应得到保护。李妮桑对论文进行了点评,认为本文的优点在于以理论与实际案例相结合的方式将新西兰行政法中对于正当期待原则的继受问题与其中的争议问题进行分析。由于引用了大量的案例,笔者自身的观点表述得较为简略,建议简化案例而增加理论性的探讨。

唐彦的发言题目是《"鞭"还是"轭"? ——印度 1952 年〈电影法〉建构下的电影审查制度》。首先,介绍了印度殖民时期的电影审查制度,要求电影放映要经过地方政府的事先许可,并建立了电影审查委员会。虽然殖民时代早已远去,但其电影审查制度并没有被废除,而是以1952年《电影法》的形式继续存在。其次,唐彦阐述了现代印度电影的审查程序,一部影片的上映需要经过审查委员会初审,审查委员会可以依法对影片授予以下任何一个认证许可:U(不限制向大众放映)、UA(不限制向大众放映,12岁以下儿童要经父母同意)、A(仅向成年人放映)、S(仅向特定观众放映,如医生),审查委员会还可以改变或者拒绝认证许可。然后,唐彦以《孟买》《印度时代》等电影被删减的事例说明政府在电影行业发展中的关键地位。最后,唐彦从"阿巴斯诉印度政府案"分析了印度司法机关对于电影审查制度的态度,并指出印度电影审查制度亟须改革的原因。而后杨俊菲进行了点评,认为文中列举了一些遭删减的印度电影,但没有深入了解电影遭删减的原因而将遭删减的结果归结为电影审查制度,此结论较为肤浅。笔者的观点认为由于殖民带来的落后性才导致了《电影法》的不完善,此结论逻辑上缺乏理论支撑,难以成立。

最后,孔凡洲老师分别从问题意识、写作规范和文献引证等方面对几位同学的发言进行了总结性点评。首先,论文选题要有问题意识。选题的原因及意义都要经过反复地斟酌,从"为什么选、对中国当前的发展有何借鉴意义"等问题出发,要深入挖掘选题的背景,加上哲学思辨的基础,结合笔者自身的想法与观点,以广阔的视野去发现问题、思考问题。明确、得当的问题意识是一篇论文成功的基础,也能体现出一个研究者的基本素质。其次,在写作规范方面,孔凡洲老师详细分析了如何规范地书写论文摘要,并阐述了摘要与正文的关系,以及如何规范地引用参考文献,包括脚注中外文的翻译与引用等。最后,孔凡洲老师对几位同学的论文分别作了详细点评,在积极肯定的同时也提议大家要更加发挥自己的语言优势,将法学专业知识与多语种的优势充分结合。

四、比较法律职业与法律教育专题

比较法律职业与法律教育组成了本届论坛的最后一个专题,由娄超凡主持。

程东健围绕英国独具特色的“学徒制”法律教育作主题发言。首先，程东健介绍了“学徒制”法律教育的兴起与特点，并进一步分析英格兰的“学徒制”法律教育与欧洲大陆的学院式法律教育的不同，认为“学徒制”法律教育更注重在分析判例和实务训练中，让学徒掌握诉讼知识与技能，培养学徒独立分析和解决问题的能力，为律师职业做准备。其次，17 世纪后半叶之后，随着英国大规模的扩张，法律业务量增多，导致出庭律师没有时间顾及学徒，这种古老的法律知识传递方式受到挑战。然而，正是传统法律教育模式的衰落，才开启了英国 19 世纪的法律教育改革。当代英国的法律教育体制在改革之后趋于完善，逐步实现了法律教育的现代化，建立了一套现代法律教育制度和职业资格考试制度。最后，程东健指出研究英国的法律职业与教育体系对于我国法律教育改革有借鉴意义。具体而言，法律教育应使受教育者不仅具有综合全面的学术能力和独立思考能力，还要掌握法律基本知识和核心知识；不仅要养成法律价值观念，还要培养法律职业技能。

王艺玮做了题为《日本法曹养成制度》的主题发言。王艺玮首先对日本法曹养成体系作了概括介绍，主要包括 3 个阶段，即课堂教育、司法考试、实践培训。日本的法科大学院是在各大高水平学院的法学研究科和法学部基础上设立的高等教育机构，为日本法学教育的顺利开展奠定了坚实的基础。在日本，通过司法考试并不意味着取得了法律职业的从业资格，仅是获得了接受法律职业教育的资格。日本的司法研修所是第二次世界大战后在最高裁判所下设立的，其职能是对司法考试合格者进行法曹养成教育，以及对在职法官进行继续教育，旨在培养研修生的法曹职业意识和法律实务技能。最后，论文认为日本的法曹养成体系较为完备，3 个阶段相辅相成，然而也存在以下缺陷：第一，法科大学院的设立使大学中原有的法学部受到冲击，法学本科毕业的学生必须进入法科大学院才可能取得司法考试资格，从而影响法学本科招生；第二，新的司法考试通过率不高，没有达到预期水平，严重影响了法科大学院的定位和发展；第三，在司法研修阶段，日本职业人员虽成为这一制度的受益者，但是其独立性和创造性较欧美法律职业人员略有欠缺，所以该制度仍有不断改革的空间。

杨威介绍了印度的法律教育沿革和法律职业现状。印度律师数量位居世界前列，然而司法系统内部存在很大弊端，究其原因：一是印度的诉讼程序冗长、烦琐；二是印度法官数量少；三是印度官僚主义大量存在。结合国内法律教育改革与实践，把发言重点集中在印度法律教育对中国的启示。第一，中国与印度同属于发展中国家中的人口大国，在各方面有相似之处，所以印度法律教育的失败之处警示我国要避免走印度盲目扩张法律教育的老路；第二，1950年后印度不断学习发达国家的经营职业教育模式，取得了阶段性的成功，我国也应该不断吸取各国先进法律教育经验，重视国家化培养；第三，应重视平衡律师资格考试与法律教学之间的关系，提升整体的法律教育质量与法律人才素质。

卢永荣在其发言中以法官、检察官、律师为例，介绍了新加坡法律职业的现状和要求。新加坡的法官任选、检察官聘用以及律师考试资格要求都离不开“合格人士”制度：一个新加坡人成为符合要求的法律专业人士的制度，“合格人士”制度保证了新加坡律师职业的专业化与精英化。卢永荣指出如今全球化的进程不断加快，对法律职业的国际化视野提出了更大的挑战和更高的要求。在此背景下，新加坡的法律教育也在不断与世界接轨，不仅有法律教育委员会规定的核心课程，还重点开设了针对亚洲区域法制的课程，目的就是要拓展学生国际化视野。卢永荣最后总结道，新加坡独特的法律教育体制，与法律职业准入模式能为在不断进行法律教育改革摸索的中国，提供了许多有益启示。

董积霞作为此次论坛的最后一位发言人，首先她以巴黎二大为例介绍了法国的法律教育与法律职业的现状。法国的法律教育分为高等教育、职业教育及留学法律教育。法国高等教育拥有统一、严谨的教育体制，注重培养能力的教学体制，并注重基础与实践相结合。法国大学的法学院，培养出大量职业化与专业化的法律人才。在完成法学院的课程教育后，学生会根据自己的职业规划，在专门的国家法官学院和各个地区的律师学院接受职业教育，以为将来的法官或律师职业生涯做准备。其次，董积霞介绍了法国的法律职业。法国的法律职业相较于英美法系，有更加宽的外延，包括法官、检察官、律师、公证人、法学教授等各个阶层。董积霞指出法国法律职业与法律教育对中国的法学教育改革有指导与借鉴意义。

最后，刘海虹老师对本专题作总结发言。刘老师首先肯定了各位发言人对国外法律教育和法律职业领域问题的研究和思考。随后，刘老师从比较法研究的角度对论文中的问题提出指导意见。首先，作为一种法学研究方法，比较研究的出发点和落脚点都应该是本国法律制度中的问题，一部分同学在论文写作中没有明确的问题意识，往往会使对国外相关法律制度的分析与对我国的借鉴意义脱节。其次，刘老师也提醒大家在平时的学习中应该注意学术规范，学习利用专业的数据库，建立自己学习和研究的“文献夹”，在文献检索、收集、阅读和分析的过程中培养良好、严谨的引证习惯。最后，刘老师还指出上述论文在文献引证上的具体问题，比如，引用文献的权威性，转引的规范性等。

本届国别区域法律论坛，共收到多语种法律硕士生学术论文 55 篇，内容涵盖美国、英国、德国、法国、俄罗斯、西班牙、意大利、奥地利、日本、韩国、印度、沙特阿拉伯、南非等 20 余个国家和地区的法律制度。经过分专题报告交流和专家评审，论坛共评选出论文一等奖 6 篇、二等奖 7 篇、三等奖 8 篇。

上海外国语大学2017年度国别与区域法律论坛获奖论文名单

一等奖

张　哲:《互联网时代的共享经济对法律规制的挑战
　　——以日本〈道路运输法〉和〈旅馆业法〉为例》
张　怡:《法国民事互助契约制度及其对我国的启示》
张　恺:《新西兰行政法中的实体正当期待保护原则》
董积霞:《法国的法律教育和法律职业现状——以巴黎二大为例》
魏彤丹:《日本旅游法体系探究与对我国旅游法体系的思考》
李柯萱:《美国公民自治对行政权正当性危机的回应》

二等奖

张译元:《英国地方立法体制的特点
　　——以苏格兰议会与威尔士议会的对比为切入点》
魏　红:《英国保险合同中保证制度改革初探》
张玉珂:《日本少年司法制度的诞生与发展》
唐　彦:《"鞭"还是"轭"? 印度1952年〈电影法〉建构下的电影审查制度》
王艺玮:《日本法曹养成制度》
张竹一:《俄罗斯法律教育与职业特点——以莫斯科大学为例》
娄超凡:《南非法律教育与职业及其对我国的启示》

三等奖

徐　可:《俄罗斯民法的私法复兴与启示
——以俄罗斯历史上三次民法典编纂为视角》

陈儒杰:《探析南非合同法之“效力障碍”问题》

赵学慧:《从加泰罗尼亚独立公投看西班牙宪法法院的地位和职能》

程东健:《由“学徒制”的兴衰看英国法律职业教育的方向》

杨　威:《由印度法律教育沿革及法律职业现状》

卢永荣:《新加坡一体化的法律教育、资格考试和职业制度》

周晓程:《论阿拉伯地区恢复石刑的象征意义》

郝　运:《脱欧进程对英国法的影响以及相关文献概述》

图书在版编目(CIP)数据

比较法的视界 / 张海斌主编. -- 北京 : 法律出版社, 2018

ISBN 978 -7 -5197 -2265 -4

Ⅰ. ①比… Ⅱ. ①张… Ⅲ. ①比较法 - 文集 Ⅳ. ①D908 -53

中国版本图书馆 CIP 数据核字(2018)第 095031 号

比较法的视界
BIJIAOFA DE SHIJIE

张海斌 主 编

策划编辑 解 锟
责任编辑 解 锟
装帧设计 李 瞻

出版 法律出版社
总发行 中国法律图书有限公司
经销 新华书店
印刷 北京虎彩文化传播有限公司
责任校对 马 丽
责任印制 吕亚莉

编辑统筹 财经法治出版分社
开本 720 毫米 ×960 毫米 1/16
印张 17.75
字数 245千
版本 2018 年 8 月第 1 版
印次 2018 年 8 月第 1 次印刷

法律出版社/北京市丰台区莲花池西里 7 号(100073)
网址/www.lawpress.com.cn
投稿邮箱/info@lawpress.com.cn
举报维权邮箱/jbwq@lawpress.com.cn
销售热线/010 -63939792
咨询电话/010 -63939796

中国法律图书有限公司/北京市丰台区莲花池西里 7 号(100073)
全国各地中法图分、子公司销售电话:
统一销售客服/400 -660 -6393
第一法律书店/010 -63939781/9782
西安分公司/029 -85330678
重庆分公司/023 -67453036
上海分公司/021 -62071639/1636
深圳分公司/0755 -83072995

书号:ISBN 978 -7 -5197 -2265 -4
定价:68.00 元